KOLME YSTÄVÄÄ

ODOTA 4 THE 1

KOKO SARJA: KIRJA I: MITÄ TAPAHTUU, TAPAHTUU 2: KOTIIN PALAAMINEN

Cathy McGough

Stratford Living Publishing

MITÄ LUKIJAT
SANOVAT

Kolme ystävää kertoo Miranda, Terri ja Cheryl tarinan heidän etsiessään onnea elämästään. Kirjailija Cathy McGough on luonut kevyen katsauksen ongelmaan, jonka edessä useimmat meistä joutuvat jossain vaiheessa elämäämme. Miten päästä irti suureen seikkailuun, joka tarjoaa elinikäisiä hyviä muistoja, joita voi myöhemmin muistella.

Tytöt kutsuvat itseään Kolmeksi neitsytmuskettisoturiksi ja jakavat aina toistensa unelmia. He etsivät epätoivoisesti miestä, joka voisi hurmata heidät, mutta eivät koskaan löydä sitä oikeaa. Nyt, parikymppisinä, he tuntevat itsensä useimmiten yksinäisiksi ja ilman treffiseuraa.

Silti jokaisessa pilvessä on hopeareunus, joka kumoaa elämän tragedian. Se, miten tämä on toteutettu, on kunnianosoitus kirjailijan keksiliäisyydelle."

"Tutustu Kolmeen neitsytmuskettisoturiin. Osallistu suureen seikkailuun, kun kanadalaiset pikkukaupungin ystävät auttavat Mirandaa toteuttamaan pitkäaikaisen unelmansa nähdä Australia.

Riittää sanoa, että tapahtumat Australiassa ovat sekä iloisia että surullisia, ja niillä on syvällinen vaikutus Mirandaan, joka joutuu yllättävällä tavalla aikuisuuteen. Samaan aikaan Terri ja Cheryl tarjoavat tukea, joka ylittää ystävyyden velvoitteet."

"En yleensä pidä rakkausromaaneista, mutta tässä oli niin paljon käänteitä, että luin sen loppuun ja halusin lisää."

"Erittäin hyvä rakkausromaani. Jos haluat ottaa kuukauden vapaata ja viettää upean loman parhaiden ystäviesi kanssa, mutta et voi... lue tämä kirja! Siinä on hauskaa, hyvää ruokaa, juomaa ja romantiikkaa. Kaikkea, mistä tyttö nauttii!"

"Tämän kirjan lukeminen sai minut tuntemaan, että olisin itsekin Australiassa. Täydellinen "tyttöjen kirja"."

"Vaikka joissakin kohdissa naurat ääneen, suosittelen pitämään laatikollisen nenäliinoja lähellä. Usko minua, tarvitset niitä."

Hyville ystäville, mukavalle keskustelulle ja hyvälle viinille.

Sisällysluettelo

KIRJOITTAJAN
HUOMAUTUS

HYVÄT LUKIJAT,

Toivottavasti olette valmiita pakenemaan menneisyyteen! Maailmaan, jossa ei vielä ollut treffisovelluksia, valtavirran suoratoistopalveluita tai sosiaalisen median valta-asemaa – tiedätte kyllä, mitä tarkoitan!

Aikaan, jolloin jotkut asiat olivat yksinkertaisempia, toiset monimutkaisempia, jopa vaarallisia.

Aikaan, jolloin odottaminen ja haasteen vastaanottaminen eivät tuntuneet yhtä riskialttiilta.

Aikaan, jolloin ihmiset olivat läheisemmässä yhteydessä toisiinsa... vai olivatko?

Tämän matkan oppaiksi toimivat kolme ystävää: Miranda, Terri ja Cheryl.

Nauttikaa matkasta ja hyvää lukemista!

Cathy (Kirjoitettu 8. maaliskuuta 2026.)

"Ystävyys on sanoin kuvaamatonta lohtua, joka syntyy siitä, että voi tuntea olonsa turvalliseksi jonkun seurassa ilman, että tarvitsee punnita ajatuksiaan tai mitata sanojaan."

George Eliot

KIRJA I

MITÄ TAPAHTUU, TAPAHTUU

Luku 1

MIRANDA EVANS TIESI, ETTÄ hänen oli painettava kaasua pohjaan päästäkseen töihin ajoissa. Hänellä ei ollut varaa myöhästyä – taas. Niinpä kun hän hyppäsi vuoden 1991 Honda Civic Hatchbackiinsa ja käynnisti moottorin, hän ajoi autoa äärirajoillaan, vaikka se oli kanadalaisen ankarien talviolosuhteiden vuoksi hidasliikkeinen. Valitettavasti huurteenpoisto ei toiminut tarpeeksi nopeasti, ja pian hän alkoi raaputtaa lasia. Pieni raapaisu täältä ja pieni raapaisu tuolta. Kun hänellä oli tarpeeksi tilaa nähdä ulos, hän palasi sisälle ja painoi kaasun pohjaan. Sen oli pakko riittää, koska "Andrew-kusipää" odotti.

Hän kiihdytti Ontario Streetiä pitkin ja hellitti kaasua silloin tällöin mustan jään varalta.

Miksi minulla on niin tylsät vanhemmat?

Hän nosti molemmat kädet ohjauspyörästä sekunnin murto-osaksi ja takoi sitä. Ei aivan viisas suunnitelma.

Hänen autonsa lähti luisumaan. Hän onnistui saamaan sen takaisin hallintaan.

Miranda hengitti syvään. Hän ajatteli, että pari kappaletta saattaisi saada hänen mielensä pois asioista. Hän rakasti Oldies-kanavaa, jossa seksikäs neiti Tina Turner lauloi kuuluisinta rakkauslauluaan.

Häiriötekijä, mutta ei tarpeeksi – Mirandan ajatukset palasivat vanhempiinsa.

Joskus en voi uskoa, että he ovat synnyttäneet minut. Hei, ehkä minut vaihdettiin sairaalassa? Sellaista tapahtuu koko ajan, ja voisin olla yksi niistä vauvoista. Varmasti on vanhempia, joilla on tytär, johon he eivät millään pysty samaistumaan – ja he ovat minun vanhempani.

Vakavasti puhuen, näytän äidiltäni. Meillä molemmilla on punaiset hiukset, ja minulla on isäni pähkinänruskeat silmät... Silti joskus ajattelen, että äiti ja isä tietävät enemmän Nikkistä sarjassa Young and the Restless kuin minusta. Veikkaan, että jos Nikki ja minä olisimme hahmoja Jeopardy!-visailussa, he vastaisivat täydellisesti kysymyksiin hänestä ja saisivat nolla pistettä minusta. En voi kuitenkaan syyttää heitä, sillä loppujen lopuksi Nikki Reed/Newman elää jännittävää elämää, ja minun elämäni on tylsää. Luulen, että siksi halusin heidän olevan ensimmäisiä, jotka saavat tietää suunnitelmistani. Luulin, että he olisivat iloisia puolestani. Voi pojat, kuinka olinkaan väärässä!

Oldies-kanava palasi päivittäisiin masentaviin uutisiin. Miranda painoi hakupainiketta.

En voi antaa heidän masentaa minua. Olen viettänyt koko elämäni kuin vieras heille – etäännyttäen itseni. Suojellen itseäni. En tiedä, miksi päätin laittaa itseni likoon ja antaa heille uuden mahdollisuuden. He eivät koskaan ymmärrä minua!

Mirandan silmiin nousi kyyneleitä, kun hän kiihdytti keltaisen valon läpi. Melkein töissä, hän yritti ryhdistäytyä. Hän kiisi Vids-R-US Videon pysäköintialueelle. Renkaat kirskuttivat, kun hän ohjasi auton sokean mutkan ympäri. Hän painoi jarrut pohjaan ja väisti juuri ja juuri asiakkaan, joka oli palaamassa autolleen. Hän suuteli sydämellisen "anteeksi" miehen suuntaan ja nyökkäsi suostuvasti. Viimein hän pysäköi autonsa työntekijöiden pysäköintialueelle, tarttui käsilaukkuunsa ja sprinttasi sisälle.

Ovella väijyi Mirandan pomo Andrew – alias Andrew-the-Asshole. Hänen kätensä olivat ristissä, valmiina taisteluun.

"Taas myöhässä, Evans."

En muuten keksinyt nimeä Andrew-the-Asshole. Se on hellittelynimi, jota kaikki hänen uskolliset (ha! Ha!) työntekijänsä käyttävät. Kun Vids-R-US nimitti Andrew'n Vuosisadan johtajaksi, olimme vaikuttuneita, mutta hän oli meitä nuorempi ja me paheksuimme hänen "vain työtä, ei huvia" -asennettaan. Siksi nimi. Useimmiten hän on ihan mukava kaveri. Paitsi tietenkin silloin, kun olen myöhässä, ja olen AINA myöhässä.

"No, mitä sinulla on sanottavaa puolustukseksesi, Evans?"

Miranda oli myöhästynyt niin usein, että häneltä oli loppumassa tekosyyt. Joka kerta Andrew sanoi Mirandalle, että se oli viimeinen kerta – mutta sitten hän antoi Mirandalle uuden mahdollisuuden.

Totta puhuen Andrew oli pehmeä Mirandan suhteen.

Miranda ei ollut varma, kuinka paljon Andrewta voitiin vielä painostaa. Hänellä oli tunne, että Andrew oli lähestymässä murtumispistettä. Hän katseli ympärilleen. Hän oli saarrettu.

"Evans. Odotan." Andrew ristitti kätensä ja avasi ne sitten taas. Hän pyöritti jalkojaan kärsimättömästi. "Kun keksit tekosyytä, voisit ehkä miettiä, kuinka moni muu haluaisi työskennellä täällä Vids-R-Usissa. On satoja, ehkä tuhansia, jotka antaisivat mitä tahansa saadakseen työpaikkasi." Hän ristitti ja avasi kätensä uudelleen, ja astui sitten muutaman askeleen kohti Mirandaa.

"NO?" hän sanoi.

Hiljaisuus.

Ajattele, Miranda, ajattele! Haluaisin sanoa hänelle, että ottaisi tämän työn ja tunkisi sen sinne minne aurinko ei paista, mutta en voi. Tarvitsen tätä työtä nyt enemmän kuin koskaan. Ilman sitä en pääse mihinkään.

"Evans!"

Miranda säpsähti.

"Herää, herää! Hei. Onko siellä ketään?" Andrew kysyi, kun hän koputti nyrkillä lempeästi Mirandan päätä.

Jotain napsahti.

Jos Bette Davis olisi täällä, mitä hän tekisi? Hän ei sietänyt keneltäkään mitään. Mutta hän oli fiksu. Hän tiesi, milloin paljastaa korttinsa ja milloin pitää ne piilossa.

"Olen niin pahoillani, että myöhästyin, Andrew. Se ei tule toistumaan."

"Olet oikeassa, se ei tule toistumaan, Evans. Kirjaan tämän pysyvästi tiedoihisi, ja jos teet näin uudelleen, saat potkut. Ymmärrätkö?"

"Tiedän, tiedän. Jätä minut nyt rauhaan", sanoi Miranda hymyillen suloisesti hänelle, vaikka mielessään sanat Andrew-kusipää toistuvat jatkuvasti.

Hän katsoi jalkojaan.

Hitto, nämä lenkkikengät ovat huonossa kunnossa, hän ajatteli. Ehkä minun pitäisi piipahtaa lounastauolla ostamaan uudet?

Heidän katseensa kohtasivat.

Andrew tarkkaili Mirandaa. Hän pudisteli päätään puolelta toiselle. Miranda tunsi olevansa kuin lapsi, jota oli juuri toruttu, koska hän oli ottanut keksin purkista ilman lupaa. Minuutit kuluivat, ja Andrew päätti, että Miranda oli kiemurtellut tarpeeksi. "Nyt riittää, Miranda, olet hyvä tyttö."

Mitä tarkoitat LAPSELLA! Sinä olet minua nuorempi!

"Ja pidän sinusta, mutta nyt riittää. Jos mokaat taas, teet virheitä, osoitat huonoa asennetta tai olet taas minuutin myöhässä, niin kuten maailman suurin näyttelijä, herra Arnie Schwarzenegger, kerran sanoi: 'hasta la vista, baby'. Ymmärsitkö, Evans?"

Miranda nyökkäsi.

"Älä luule, ettenkö antaisi sinulle potkuja! Saat työtoverisi näyttämään huonolta. Saat minut näyttämään huonolta. Kaikki siksi, että et välitä! Pahempaa vielä – et ota vastuuta teoistasi. Keksit tekosyitä. Joten ota tästä opiksesi, Miranda. Kasva aikuiseksi. Sinulla on täällä hyvä tilanne. En ole varma, pitäisikö minun kertoa sinulle tätä." Hän epäröi.

"Kerro."

"Minulla on varmaan ollut reikä päässä, koska suosittelin sinua henkilökohtaisesti apulaisjohtajan tehtävään. Näen sinussa potentiaalia, tyttö. Jos vain osoittaisit vähän sitoutumista, voisit saada jotain aikaan elämässäsi. Panin itseni likoon puolestasi, etkä edes pysty tulemaan töihin yhtä päivää seitsemästä."

"Kuka, minä?"

"Kyllä, sinä. Mene nyt töihin."

"Minun täytyy viedä takkini varastoon. Anteeksi kaikesta."

Kun hän ohitti työtoverinsa, hän piti päänsä ylhäällä. Hän ei voinut uskoa sitä. Andrew oli suositellut häntä apulaisjohtajan tehtävään – muiden työntekijöiden sijaan – niiden, jotka aina onnistuivat tulemaan töihin ajoissa. Se oli liian uskomatonta ymmärtää.

Miranda mietti, oliko hän arvioinut Andrew'n väärin. Hän oli aina pitänyt tätä pienenä Hitlerinä. Hän puuteroi nenänsä ja laittoi hieman huulipunaa, ennen kuin astui takahuoneesta ulos valmiina aloittamaan päivän. Hän katseli ympärilleen. Andrew oli poissa, samoin Sarah ja Lisa.

Kuinka vastuutonta! Miranda ajatteli, lähettää kaikki kotiin, kun minä olin vielä takahuoneessa. Jos tämä paikka olisi minun, olisin niin vihainen, että kassakone oli jätetty vartioimatta. Miten he saattoivat tietää, kuinka kauan olisin takahuoneessa?

Kello soi ja asiakas astui sisään. "Hyvää huomenta", Miranda sanoi asettuessaan paikalleen tiskin taakse. Asiakas tiesi tarkalleen, mitä hän etsi ja mistä sen löytäisi. Hän skannasi Gladiatorin ja Casablancan ja ojensi videot. "Hyvää päivää", hän sanoi hymyillen. Puhutaanpa elokuvavalintojen eroista, Miranda ajatteli.

Kello soi satunnaisesti seuraavan puolen tunnin ajan, ja Mirandalla riitti tekemistä. Sitten ei ollut mitään tekemistä. Minusta on apulaisjohtajaksi, hän ajatteli, täytyy pysyä kiireisenä!

Taas yksi päivä Miranda Evansin tylsässä elämässä. Milloin elämäni muuttuu ja alkaa olla jännittävää?

Miranda huokaisi äänekkäästi ja katseli ympärilleen etsien jotain muuta, mikä pitäisi hänet kiireisenä. Hän kuuli ovikellon soivan, kun uusia asiakkaita saapui kauppaan. Jee, hän ajatteli, jotain tekemistä!

"Hei, Aldo ja Allan. Mukava nähdä teitä!"

"Missä se vanha kusipää Andrew on tänään?" Aldo kysyi.

"Ei hajuakaan. Hän jätti minut taas vastuuseen. Miten voin auttaa?"

"Tulimme vain katsomaan, mitä teet perjantai-iltana. Haluatko mennä elokuviin tai jotain?" Allan kysyi.

"Tarkoitatko treffejä?"

"Ei, ei helvetti", sanoi Allan. "Meidän poikien porukka kokoontuu, ja ajattelimme, että te tytöt haluaisitte ehkä liittyä seuraamme. Ei mitään velvoitteita, vain perjantai-ilta täynnä naurua."

"En tiedä", sanoi Miranda. "Minun täytyy ehkä olla töissä perjantai-iltana. Andrew-se-kusipää pitää minut melko kiireisenä näinä päivinä."

Andrew nousi seisomaan hyllyn takaa. Mirandan kasvot muuttuivat punaisiksi. Hän ei ollut töissä perjantai-iltana, ja hän tiesi sen. Hän käytti Allania tekosyynä kieltäytyäkseen näiden kavereiden kutsusta.

"Ööh, joo, kaverit. Miranda on töissä perjantai-iltana. Aiotteko vuokrata videoita? Jos ette, teidän pitäisi todella antaa hänen palata töihin."

"Tämän krapulan kanssa en voi keskittyä elokuvaan tänään", Aldo sanoi. "Mennään. Nähdään, Miranda. Hei, Andrew."

Allan heilutti kättään.

Andrew tuijotti Mirandaa. Hän ajatteli, kuinka kaunis Miranda näytti. Kiitollinen ja voimaton – mikä yhdistelmä, Andrew ajatteli.

"Kiitos, Andrew, he eivät ole ihan minun tyyppiäni."

"Ei kestä", Andrew sanoi.

Miranda oli ällistynyt. Hän mietti, kuinka kauan Andrew oli ollut kyykyssä siellä. Andrew oli vakoillut häntä.

Mikä kusipää!Nyt olen hänelle velkaa, ja hän tietää sen. Minun on saatava elämäni kuntoon.

Luku 2

ERJANTAI-ILTA KOITTI, JA MIRANDA oli lähdössä kaupungille kahden parhaan ystävänsä, Cheryl ja Terri, kanssa. Heidän satunnaisen ystävänsä Lindan oli tarkoitus liittyä seuraan, mutta hän perui viime hetkellä, koska hänellä oli parempaa tekemistä. Linda oli jälleen kerran nappannut treffit jonkun unelmamiehen kanssa, jonka hän oli tavannut äskettäin työskennellessään Joie de Vivre -kahvilassaan. Kukaan muu maailmassa ei olisi voinut nimetä yritystään Joie de Vivreksi paitsi Linda, ja se kantoi nimeä ylpeänä.

Ilmeisesti Lindan uusin poikaystävä työskenteli paikallisessa sanomalehdessä. Hän oli juonut kahvia siellä jo jonkin aikaa, tarkkaillen Lindaa. Yrittäen kerätä rohkeutta pyytää tätä treffeille.

Miranda, Cheryl ja Terri ihmettelivät, miten Linda teki sen! Hänellä oli aina treffejä. Jokainen viikonloppu oli varattu. Lindan kahvila sijaitsi todellakin hyvällä paikalla, aivan kaupungin keskustassa, ja hän houkutteli suuria väkijoukkoja lounasaikaan. Ei millään pahalla, mutta tytöt tiesivät olevansa kauniimpia kuin Linda. Totta, Linda oli blondi ja povekas, ja pirteä ja – no, he kaikki tiesivät miksi. Linda oli myöntyväinen nainen, ja miehet vetäytyivät häneen kuin hänellä olisi magneetteja rintaliiveissään.

"No, minne mennään?" Miranda kysyi.

Cheryl ja Terri vastasivat tavallisella olkapäiden kohautuksella.

"Ainakin olemme kaikki samalla aaltopituudella... Kukaan meistä ei tiedä, mitä tehdä perjantai-iltana."

"Tiedän, mennään syömään jotain", Terri sanoi.

Mikä uutuusidea,M   Miranda ajatteli, koska viime aikoina emme ole tehneet muuta kuin syöneet.

"Mennään syömään Caesar-salaattia Spice It Up -ravintolaan, siihen, jossa on kaikki ne komeat tarjoilijat."

"Spice It Up, joo, emme ole käyneet siellä ihailemassa henkilökuntaa muutamaan viikkoon", sanoi Cheryl. "Hitto, toivon, että minulla olisi päälläni se uusi punainen silkkipaita. Tiedätkö, mikä se on, Miranda? Se saa minut näyttämään siltä, että minulla on dekoltee."

"Ai, joo, harmi etten pukenut sitä, mutta en minäkään ole pukeutunut. Katso minua näissä nuhjuisissa vanhoissa farkuissani ja t-paidassani. Näytän ihan kamalalta, mutta olen valmis menemään Spice It Up -ravintolaan, jos te kaksi olette. Olemme kaikki alipukeutuneita. Sitä paitsi, minulla on kauhea nälkä!"

'Minullakin', sanoi Terri.

"Minullakin", sanoi Cheryl.

Kolme ystävää jutteli matkalla pyöröovien läpi. He huomasivat nopeasti, että paikka oli täynnä ja aulassa oli jono.

He huomasivat varauspöydän takana naisen, jolla oli kirjoituslevy ja joka näytti olevan hermoromahduksen partaalla. Hänellä oli hiirenruskeat hiukset, jotka näyttivät siltä kuin ne olisi aiemmin ollut kiinni nutturassa. Nyt se roikkui tukkoina, ja hiusklipsi liukui alas, alas jokaisen pään liikkeen mukana. Nyt se roikkui henkensä edestä. Hänen huulipunansa oli tahraantunut ja laikukas. Hänen kaksiosainen pukunsa ja puseronsa näyttivät siltä, kuin hän olisi nukkunut niissä, ja hiki valui hänen otsaltaan. Hän pyyhki sen pois takkinsa hihalla.

"No, no, kaikki", hän sanoi hyytelömäisellä äänellä. "Teemme parhaamme, todellakin parhaamme." Naisen äänensävy oli ystävällinen, lohduttava, mutta hänen kehonkielensä viestitti jotain enemmänkin tyyliin "mene hyppäämään järveen!"

Nainen kulki väkijoukon läpi, raapustellen, mutisten ja puhuessaan itsekseen. "Kuinka monta?" hän kysyi pysähtyessään hetkeksi kolmen ystävän luo. Odottamatta heidän vastaustaan hän jatkoi matkaansa.

"Anteeksi", sanoi Cheryl koskettaen hellästi epäsiistin näköisen naisen kyynärpäätä. "Kolme. Et odottanut vastaustamme." Cheryl luki naisen nimilapusta: Marty Mantle, S.I.U.:n apulaisjohtaja.

"Olen niin pahoillani", hän sanoi. Hän puhkesi itkuun, ja kun kyyneleet olivat kerran alkaneet virrata, hän ei pystynyt lopettamaan nyyhkimistä.

Ihmisjoukko tuijotti Martyä. He kuiskivat. Jotkut nauroivat.

"Marty, tarvitset tauon. Tule mukaani. Kaikki järjestyy. Ystäväni hoitavat asiat. Luota minuun", Cheryl sanoi ottaessaan leikekirjan Martyn vasemmasta kädestä ja ojentaessaan sen Mirandalle, joka työnsi sen pois vastalauseena. Cheryl jatkoi Martyn saattamista ulos huoneesta.

"Siinä hän menee taas", Miranda sanoi, "AP:n sosiaalityöntekijä koko maailmalle."

"Häntä on pakko rakastaa", Terri sanoi. "Katsotaanpa nyt, saammeko tämän selvitettyä."

Kesti hetken, ennen kuin Cheryl sai Martyn rauhoittumaan.

"Heillä ei ole aavistustakaan, millaista se on. Perjantai-ilta. Messut käynnissä. Kukaan ei tiennyt. Juuri naisyrittäjien messut. Koko paikka täynnä. Ei tarpeeksi henkilökuntaa. Todella ruuhkaista. Keittiö sekaisin. Ainakin puolentoista tunnin odotus. En saa ihmisiä sisään ja ulos tarpeeksi nopeasti. Menetän työni. En voi menettää työni, tarvitsen rahaa."

"Hengitä syvään", Cheryl sanoi. "Haen sinulle lasin vettä. Kaikki järjestyy. Ystäväni osaavat tehdä ihmeitä. Katsotaanpa."

"Kiitos paljon."

"Anteeksi, hyvät naiset ja herrat", Miranda sanoi. "Saisinko hetken huomionne? Ennakoimattomien olosuhteiden vuoksi Spice It Up on ylivarattu. Odotusaika on melko pitkä."

"Hän sanoi, että odotusaika on yli puolitoista tuntia", sanoi eräs nainen joukosta.

"Hän tietää sen", sanoi Terri. "Jos ette jaksa odottaa, voitte ehkä harkita illallista jossain muualla tänä iltana."

"Ennen kuin kaikki muut ravintolat sulkevat ovensa", sanoi Miranda.

Ovelle syntyi kiihkeä ryntäys, ja pian väkijoukko muuttui hallittavaksi ryhmäksi.

Kun Cheryl toi Martyn takaisin ulos, hän ei voinut uskoa silmiään. "Tarvitsin vain kolme enkeliä, kuten te, jotta voisin hengähtää. Viimeiset viisi tuntia on ollut kiireistä, ja nuo muutamat minuutit auttoivat todella. Tulkaa joskus drinkille minun laskuuni, vai aiotteko te tytöt odottaa?"

'Ei', sanoi Cheryl. "Luulen, että poistumme tieltäsi. Minulla on himo kiinalaiseen ruokaan."

"Kiitos, tytöt, ja muistakaa, että tarjoan juomat milloin tahansa", Marty sanoi.

He vilkuttivat Martylle kuin hän olisi vanha ystävä. AP oli sellainen paikka. Kaupunki, jonka tervetulokylttiin oli ikuisesti kirjoitettu "asukasluku 27 000", riippumatta siitä, kuinka monta ihmistä tuli tai lähti.

LUKU 3

KOLME YSTÄVÄÄ SUUNTASI LÄHIMPÄÄN kiinalaiseen ravintolaan, joka sijaitsi vain kolmen korttelin päässä. Oli jo melkein keskiyö, ja he olivat nälkäisiä! "Luulen, että paikka on suljettu", sanoi Miranda.

"Joo, sen täytyy olla suljettu. Paikka on autio", sanoi Terri.

"Olen varma, että olemme käyneet täällä aiemminkin, noin kello kahden aamuyöllä. Perjantai-iltaisin he tarjoavat lähinnä ruokaa mukaan. Mennään sisään ennen kuin pyörryn."

'Katsokaa', Terri sanoi, "siellä hän on, suosikki tarjoilijamme."

May-ling sanoi "Hei" ja asetti kolme ruokalistaa huolellisesti pöydälle. Sitten hän katosi, mutta palasi pian kannun kanssa, jossa kellui sitruunaviipaleita. Hän antoi jokaiselle tytölle lasin ja täytti sen sitten ääriään myöten. Sitten hän lähti taas pois ja palasi mukanaan kannu kuumaa kahvia.

"Rakastan tätä tyttöä", Terri sanoi, "hän on niin tehokas, että hän on kuin äitini."

"Oletteko valmiita tilaamaan?", May-ling kysyi.

"Tarvitsemme vielä muutaman minuutin", Cheryl sanoi.

"Selvä. Vilkuttakaa, kun olette valmiita, niin tulen takaisin."

"Odota hetki – tilataan munakääryleet nyt", sanoi Cheryl, "otan kaksi."

"Minä otan yhden", sanoi Miranda. "Täytyy jättää tilaa hyvälle ruoalle."

"Yksi minulle", sanoi Terri.

"Palaan muutaman minuutin kuluttua", sanoi May-ling.

"En voi uskoa, että hän on yhä tarjoilijana täällä", sanoi Terri. "Muistatteko sen kerran, kun hän juoksi perässäni kadulla huutaen 'Kuka otti ylimääräisen munakääryleen?'. Melkein kuolin – mutta rehellisesti sanottuna en edes huomannut, ettei hän ollut veloittanut siitä minua."

"Toki, toki", vastasi Miranda. "Tunnen sinut, Terri, ja tiedän, että olet koko ikäsi halunnut toteuttaa suuren munakääryle-keikan!"

"Joo, tiesimme, että sinussa on *Bonnie ja Clyde* -puoli", sanoi Cheryl.

"En tiedä teistä kahdesta, mutta tällaisen päivän jälkeen tarvitsen lasillisen viiniä. Tilataan pullo, kun hän tuo munakääryleet. Ai, sieltä hän tulee. Kiitos. Voisimmeko tilata pullon Chardonnayta?"

May-ling meni baaritiskin taakse. He kuulivat korkin poksahtavan. Hän palasi pöytään ja kaatoi Mirandalle maistiaisen viiniä. Se sai Mirandan hyväksynnän, ja lasit täytettiin kaikille.

"Kiitos. Miten olisi malja, meille?"

”Kyllä, kyllä”, kolme ystävää sanoivat ja kilistivät lasejaan yhteen.

”Muuten, unohdin kertoa teille, että minut melkein erotettiin eilen.”

”Taas!” Terri huudahti.

”Mitä teit tällä kertaa?” Cheryl kysyi.

”No, antakaa minun puhua loppuun, niin kerron. Eilen Andrew melkein räjähti minulle. Rehellisesti sanottuna, joskus hän on tosi ällöttävä. Päivä ei alkanut hyvin. Olin myöhässä ja sitten piti vielä raaputtaa ikkunat. Ajoin kaasun pohjassa, mutta saavuin silti myöhässä, ja Andrew odotti minua ovella. Miranda Evansin lyhyt ura Vids-R-US:ssa vilisi silmieni edessä.”

”Älä viitsi, älä jätä meitä jännitykseen”, Terri sanoi.

”Oletteko valmiita tilaamaan?” May-ling kysyi.

”Kyllä, Almond Guy Ding, Chicken Soo-Guy – kastike erikseen, kiitos. Special Fried Rice ja Honey-Garlic Spareribs. Sen pitäisi riittää, eikö niin?” Cheryl sanoi.

”No, luulen, että se riittää, ja meillä on vielä tilaa jälkiruoalle”, Terri sanoi.

”Ja onnenkekseille”, Miranda sanoi.

”No, kerro, mitä Andrew'n kanssa tapahtui?” Cheryl kysyi.

"Andrew haukkui minut kahden muun työntekijän edessä. Annoi minulle kunnon kuonoon ja sitten kääntyi ympäri ja kertoi minulle – ja heille – että hän suositteli minua apulaisjohtajan paikkaa. Olisitpa kuullut, kuinka hiljaista oli!”

”Voi voi. Mikä käänne. Pystyitkö kuitenkin selviytymään siitä?” Terri kysyi.

”Hän sanoi, että minulla on 'potentiaalia', lainausmerkeissä. Sitten Aldo ja Allan tulivat kauppaan, ja silloin tilanne oli taas vähällä mennä pieleen.”

"Allan ja Aldo, eivät kai ne kaksi luuseria", Terri sanoi.

"Jep, he tulivat kutsumaan meitä juhliin. Valehtelin ja sanoin, että minun piti olla töissä. He kutsuivat Andrew'ta lempinimellä, ja minun tietämättäni hän oli koko ajan täyttänyt hyllyjä yhden vitriinin takana. Melkein pyörryin."

"Silloinko hän suuttui?" Cheryl kysyi.

"Ei, hän ei suuttunut. Hän kertoi Allanille ja Aldolle, että olin töissä perjantai-iltana. Täydellinen valhe. Hän suojeli minua. Kiitin häntä, mutta nyt olen hänelle velkaa. Hän tietää sen. Minä tiedän sen."

"Toivon vain, ettei hän käytä asemaansa ahdistellakseen sinua seksuaalisesti", Terri sanoi.

"En usko, että hän on sellainen tyyppi. Hän on saita, hän on ahdasmielinen, mutta hän ei ole naistenmies. Useimmiten hän on hyvä pomo. Hän kuuntelee ehdotuksiamme, vaikka ei niitä toteuttaisikaan. Esimerkiksi ehdotimme, että kaupassa pitäisi aina olla kaksi meistä aukiolo- ja sulkemisaikoina."

"Teillä pitäisi olla kaksi ihmistä töissä. Entä jos joudut vessaan? Pitääkö sinun lukita kaikki ovet?" Terri sanoi.

"Me pidätämme. Joten kun joku tulee vapauttamaan meidät, hän tekee sitä useammalla kuin yhdellä tavalla!"

"Se ei ole hyväksi virtsarakollesi", sanoi Cheryl.

"Luuletko, että hän unohtaa sen, vai yrittääkö hän lunastaa palveluksen?" kysyi Miranda.

"Eikö hän ole naimisissa?" kysyi Terri.

"Luulen lukeneeni jostain, että hän meni naimisiin lapsuudenrakkautensa kanssa", sanoi Cheryl.

"En tiennyt, että Andrew on naimisissa", sanoi Miranda.

"Hän ei ole niin ruma", sanoi Cheryl. "Lisäksi hänellä on työpaikka Vids-R-Usissa loppuelämäkseen, jos hän haluaa. He pitävät häntä ihmeenä. Muistan sen artikkelin paikallislehdessä hänestä. Hänellä on mahdollisuus päästä minne tahansa maailmassa Vids-R-Usin kanssa. Voi, ruoka tulee. Tuoksuu taivaalliselta."

Kolme ystävää varustautuivat syömäpuikoilla ja valmistautuivat syömään koko annoksen.

"Enpä olekaan kertonut teille, miksi nukuin pitkään ja myöhästyin töistä eilen aamulla. No, tapasin vanhempani edellisenä iltana ja kerroin heille, että lähden Australiaan kuukaudeksi. He menettivät täysin malttinsa. Oli kuin he olisivat luulleet, että pyydän heiltä lupaa tai jotain. Olen täysi-ikäinen! Voin mennä minne haluan, milloin haluan!"

"Mutta Australia", Terri sanoi. "Miksi niin kauas?"

"Jostakin on aloitettava, ja Australia on aina kiehtonut minua. Olen kyllästynyt lukemaan paikoista, haluan mennä katsomaan niitä itse. En halua tyytyä Vids-R-Usiin ja odottaa jääväni sinne ikuisesti. Haluan elämältäni jotain enemmän."

"Minäkin olen aina halunnut mennä Australiaan", Cheryl paljasti. "Isäni kävi siellä ollessaan armeijassa, ja hän kertoi minulle siitä usein. Milloin aiot lähteä? Haluatko seuraa?"

"Joulukuussa/tammikuussa, ja se olisi mahtavaa! Meillä olisi niin hauskaa!"

"Se sopii minulle täydellisesti. Tehdas on kiinni joulukuussa ja tammikuun ensimmäisellä viikolla, joten laske minut mukaan", sanoi Cheryl.

"Haluaisin myös sanoa kyllä", Terri sanoi, "mutta en tiedä, pärjääkö herra Travetti ilman minua kokonaisen kuukauden. Hän luottaa minuun kaikessa."

"Mieti asiaa. Kerro minulle. Se ei olisi sama ilman Kolmea Neitsytmuskettia täydellisenä joukkona."

Keksin nimen Kolme neitsytmuskettisoturia. Se oli salainen nimi, jota emme kertoneet kenellekään muulle. Nykyään ei juuri halua käydä ympäriinsä kertomassa täysin tuntemattomille ihmisille, että on neitsyt. He saattaisivat pitää sinua outona tai jotain, vaikka et ole vain tavannut vielä oikeaa miestä. Olen 25-vuotias ja ylpeä siitä, että kuulun Kolmeen neitsytmuskettisoturiin. Mottomme on: Odota sitä yhtä.

Joskus olen kuitenkin huolissani meistä. 25-vuotiaana neitsyys on harvinaista, mutta ei mahdotonta. Luulen, että maailmassa on paljon muita meidän kaltaisiamme tyttöjä, jotka eivät uskalla myöntää, etteivät ole tehneet sitä. Vanhempieni aikoina tyttö joutui hylkiöksi, jos hän teki sen ennen avioliittoa. Nykyään, jos et tee sitä, olet friikki.

"Miranda, Miranda – yoo-hoo!" Terri sanoi.

"Ai, anteeksi, olin taas toisella planeetalla."

"Sanoin, että kysyn pomoltani maanantaina ja palaan asiaan. Minulla on kertynyt paljon lomapäiviä. En ole ollut lomalla sen jälkeen, kun aloitin siellä kaksi vuotta sitten."

"No niin, sinä ansaitset sen!" Miranda sanoi.

Miranda meni naistenhuoneeseen, kun Cheryl ja Terri riitelivät siitä, kuka saisi viimeisen annoksen Chicken Soo Guyta.

"Meidän on parempi odottaa, siltä varalta, että Miranda haluaa sen, eikö niin?" Cheryl kysyi.

Miranda istui alas. Hän naputti sormillaan pöytää, rummuttaen, kunnes huomasi kahden ystävänsä tuijottavan häntä.

"Mitä?"

"Onko se okei, jos Cheryl nielaisi viimeisen palan Soo-Guyta?"

"Voi, herran tähden, ota se vain! Reisilleni se ei kuitenkaan tee hyvää, ja olen täynnä. Anteeksi, May-ling, voisitko tuoda toisen pullon Chardonnayta?"

"Me suljemme pian, hyvin pian. Täytyy juoda nopeasti."

"Voi, herranen aika!" Cheryl huudahti. "Kello on jo yli kaksi."

"Unohda viini sitten. Vain lasku, kiitos," sanoi Miranda. "Vuokrasin Mission Impossible II:n ja Muriel's Weddingin – molemmat on kuvattu Australiassa, voin lisätä. Minulla on kotona runsaasti viiniä."

"Kuulostaa hyvältä, mennään," sanoi Terri.

He lähtivät matkaan, kolme ystävää, toivottomia ja ilman treffiseuraa perjantai-iltana.

LUKU 4

L ATTIA TÄRISI HEIDÄN JALKOJENSA alla. Musiikki jyrisi. *BUM, BUM, BUM*. Mirandan pää oli räjähtämäisillään pahasta krapulasta, jonka kipua pahensi hänen alapuolellaan sijaitsevasta asunnosta kantautuva kova musiikki.

"Mitä ihmettä?" Cheryl kysyi.

"Se on se rock and roll -idiootti, joka asuu alapuolellani. Joka lauantai on täsmälleen sama juttu. Yleensä se ei häiritse minua, mutta tänään pääni on kipeä."

'Minunkin', Terri sanoi. "Laitan kahvia keittymään. Miks et menisi katsomaan, voisiko hän hiljentää sitä edes hiukan?"

"Voin kokeilla. Hän on kuitenkin hassu tyyppi. Viimeksi kun pyysin häntä, hän hiljensi ääntä pariksi minuutiksi ja sitten nosti sen vielä kovemmalle kuin ennen. Kello oli kolme yöllä."

"Juodaan vain kupillinen kahvia, laittaudutaan ja lähdetään ulos. Voimme käydä aamiaisella Lindan kahvilassa, ja hän voi kertoa meille eilisestä suuresta treffistään."

"Ja eilisillasta puheen ollen, anteeksi, että aloin itkeä sen tietyn henkilön takia", Miranda sanoi.

"Ei se mitään, mutta sinun täytyy todella päästää irti, päästää hänet menemään. Hän ei ollut sinulle tarpeeksi hyvä muutenkaan", Cheryl sanoi.

"Kahvia, kahvia", Terri sanoi, "tarvitsen sitä vahvaa. Tarvitsen sitä mustana, ja tarvitsen sitä nyt."

"Kuulostaa kuvaukselta miehestä, jota minäkin tarvitsen", sanoi Miranda avatessaan olohuoneen kaihtimet. Oli kaunis talvipäivä. Hän huomasi, että yksinäinen vaahteranlehti roikkui yhä kiinni oksassa henkensä edestä. Hän oli tarkistanut sen joka ikinen päivä syksyn alusta lähtien. Hän tiesi, että tuuli veisi sen jossain vaiheessa. Toistaiseksi se tanssi hänen parvekkeensa ulkopuolella. Hän hengitti syvään, ja talvi-ilma sai hänet yskimään.

Eilen illalla tytöt olivat muutaman kerran *riidelleet*. Kuumaverinen riita puhkesi, ja se oli kokonaan Mirandan syytä. Kolme ystävää eivät riidelleet kovin usein, mutta kun riitelivät, siitä tuli yleensä iso rähinä.

"Tapaammeko me koskaan mukavia miehiä?" Miranda kysyi, sanoja mutisten. "Haluan vain löytää hyvän miehen, mennä naimisiin, ostaa talon, saada lapsia, koiran, ehkä kissan."

"Luulen, että olemme luultavasti ainoat jäljellä olevat 25-vuotiaat neitsyet AP:ssa, puhumattakaan koko Ontariosta, ja meitä pitäisi kunnioittaa", Cheryl sanoi.

"Neitsyys on täysin pois muodista", Terri sanoi, "en todellakaan mainostaisi sitä kaikille. Se on henkilökohtainen valinta."

Valinta oli henkilökohtainen, eri tasoilla kaikille kolmelle tytölle. Ei ollut niin, etteivätkö he olisi saaneet treffejä tai mahdollisuuksia. He eivät vain löytäneet sitä oikeaa. Miestä, jonka suudelma saisi heidän varpaansa kihelmöimään. Miestä, jonka suudelma laukaisisi ilotulituksen kuten *Love American Style* -sarjassa. Miestä, joka saisi heidät tuntemaan olevansa ainoat naiset maailmassa. Mies, joka ei juossut pakoon kuullessaan sanan sitoutuminen.

Hieman yli vuosi sitten Miranda luuli löytäneensä sen miehen. Hänen nimensä oli Charlie Smith. Hän sai Mirandan nauramaan. He puhuivat kaikesta. Heidän suhteensa oli niin hyvä; hänestä tuli neljäs ystävä. Miranda ja Charlie seurustelivat kolme kuukautta. He puhuivat avioliitosta, lasten saamisesta. Miranda oli varma, että rakasti häntä. Hän ei koskaan sanonut sitä hänelle, mutta tunsi, että Charlie tiesi. Sitten hän lähti, sanomatta sanaakaan.

Miranda ei koskaan toipunut siitä. Hän kaipasi häntä yhä. Mieti, mitä oli tehnyt väärin. Hän muisti viimeisen illan, jonka he viettivät yhdessä. He menivät elokuviin. Charlie saattoi hänet kotiin. Hän katsoi Mirandan silmiin ja suuteli häntä intohimoisesti. Mirandalla ei ollut aavistustakaan, että se oli hyvästisuudelma.

"Hänellä oli niin paljon hyviä puolia. Ei ihme, ettei hän halunnut minua", Miranda sanoi.

"Hän on pelkurimainen paskiainen", Terri sanoi. "Siinä se. Hän ei ole sen arvoinen. Anna hänen mennä."

"Veikkaan, että hän on nyt naimisissa, lapsia, elää unelmaamme jonkun toisen kanssa. Luultavasti blondin. Hän piti aina blondeista."

"Jos olet niin kiinnostunut, miksi et soita pankkiin ja selvitä, missä hän on? Hoida tämä asia kuntoon nyt ja ikuisesti. Minä teen sen puolestasi", sanoi Cheryl. "Tämä ei ole terveellistä, Miranda."

"Minun täytyy vain päästä pois, saada ajatukseni muualle. Tarvitsen vähän jännitystä elämääni, niin pystyn jättämään Charlien menneisyyteen. Tämä matka Australiaan tekee minulle todella hyvää. Se on juuri sitä, mitä lääkäri määräsi."

"Oletko varma, että Andrew antaa sinulle vapaata?" Terri kysyi.

"Hänellä on muita, jotka voivat hoitaa hommat, ei se ole iso juttu. Lisäksi teen vähän tutkimusta Australiassa, katson miten australialaiset pyörittävät Vids-R-Usia ja raportoin siitä hänelle. Muista, että olen potentiaalinen apulaisjohtaja. Se menee hyvin."

He pääsivät Joie de Vivreen. Lindaa ei näkynyt missään.

"Hei, Sal, missä Linda on?" Terri kysyi.

"Uh, hänellä oli myöhäinen ilta."

"Se on tyypillistä Lindalle. Sano hänelle, että odotamme pian täydellisiä yksityiskohtia," Miranda sanoi.

Cheryl tilasi pekonia ja munia, Terri otti paahdetun western-voileivän, ja Miranda tilasi bagelin ja kermajuustoa sen kylkeen. He joivat niin paljon kahvia, että olivat täysin virkeinä, kun lasku oli maksettava.

"Haittaako, jos piipahdamme kauppakeskuksen matkatoimistossa? Haluaisin hakea muutaman esitteen ja tarjouksen lennoista", Miranda sanoi.

"Hyvä idea", Cheryl vastasi. "Mitä enemmän tiedämme, sitä parempi."

Kun he saapuivat matkatoimistoon, siellä oli jono, ja tiskin takana oleva Joe Cool sanoi, että hän olisi "hetken kuluttua heidän kanssaan". He ottivat muutaman Australian matkaesitteen ja alkoivat selailla sivuja.

"Voinko auttaa?", Joe Cool kysyi lopulta.

"Kyllä, haluaisimme mennä Australiaan joulukuussa tai tammikuussa. Voisitko kertoa, kuinka paljon se tulee maksamaan?", Miranda sanoi.

"Se on sesonkiaikaa, se on kallein aika matkustaa. Kolme paikkaa?", Joe Cool kysyi. "Onko teillä mieluisaa lentoyhtiötä?"

"Air Canada, ehkä Qantas – riippuen hinnasta", sanoi Miranda.

"Sattumalta Air Canada on yhteistyössä Air New Zealandin kanssa, ja heillä on tarjous jouluksi. Teidän pitäisi lähteä 1. joulukuuta ja palata joko 31. joulukuuta tai 1. tammikuuta. Hinta on 2299,00 dollaria. Teidän pitäisi kuitenkin varata paikat heti ja jättää minulle käsiraha."

"Mikä tarjous!" Miranda huudahti. "Mitä te tytöt haluatte tehdä?"

"En voi maksaa takuumaksua tänään", Terri sanoi. "Voisitko varata paikkamme maanantaihin asti? Minun täytyy varmistaa asia pomoltani. Järjestämme maksun sitten."

"Voit varata kaksi paikkaa varmasti, ja me maksamme takuumaksumme", Miranda sanoi. "Tarvitsemme vain vahvistuksen yhdelle paikalle."

"Onko teillä kaikilla passit?" Joe Cool kysyi.

"Ei kellään meistä!"

"Tässä ovat lomakkeet. Varmistakaa, että hankitte valokuvat ja muut tarvittavat asiakirjat mahdollisimman pian, sillä lähdette 1. joulukuuta. Nimesi lisätään prioriteettilistalle, koska teillä on jo varattu lento. Maksatteko takuumaksun luottokortilla?"

"Ei, Interacilla", Miranda sanoi.

"Samoin", Cheryl sanoi.

"Kiitos avusta", sanoi Miranda. "Milloin tarvitset loput rahat?"

"Viikon päästä tästä päivästä – sitten voin auttaa teitä myös matkasuunnitelman kanssa. Se on iso maa, ja siellä on paljon nähtävää kuukauden aikana."

"Nähdään sitten."

"Voimme käydä ottamassa valokuvat kadun toisella puolella, kun palaamme ensi viikolla", sanoi Miranda. "Kaikki sujuu hienosti. Lähdemme Australiaan! Lähdemme todella Australiaan!"

"Minulla on nälkä", sanoi Terri.

Nämä kolme ystävää söivätkin melko paljon korvatakseen miehettömän elämänsä.

"Mennään syömään hotdog puistoon. On täydellinen päivä sille!" sanoi Terri.

"En vieläkään voi uskoa, että lähdemme", sanoi Miranda. "Näen sen jo mielessäni, me valkoisella hiekalla rannalla, katsomassa upeita australialaisia surffaajia. Ajattelen kaikkia heitä täällä – jäätyen perseensä irti!"

Miranda vei Cheryl kotiin ja Terrin kotiin. Hän pysähtyi 7-11:ssä ja osti suklaata, leipää ja maitoa ja meni sitten kotiin.

Cheryl asui äitinsä ja kahden nuoremman sisaruksensa kanssa. Terri asui äitinsä, isänsä ja vanhemman veljensä kanssa.

Miranda ei kuitenkaan ikinä asuisi vanhempiensa luona. Heidän luonaan oli mukava vierailla, mutta muutettuaan pois kotoa hän oli kasvanut niin paljon ja rakasti vapautta. Hän ei voisi ikinä palata asumaan heidän katonsa alle ja heidän sääntöjensä mukaan. Toki ei ollut helppoa tehdä outoja työvuoroja Vids-R-Usissa, mutta koska hän oli valmis ottamaan mitä tahansa tunteja saadakseen rahat riittämään, yksin asuminen helpotti asiaa. Se oli pääsyy, miksi hän ajatteli, että Andrew-kusipää piti hänet töissä, koska hän teki enemmän tunteja kuin kukaan muu eikä valittanut siitä.

Huomattakoon, että hän ei koskaan ehtinyt töihin ajoissa. Miranda kertoi Andrew'lle, kuinka paljon hän tarvitsi ylimääräisiä tunteja saadakseen rahat riittämään. Hän tiesi, että Andrew luotti häneen, kun tilanne kiristyi. Miranda piti itseään onnekkaana. Hän työskenteli paljon. Hän teki asunnosta kodin. Se oli Mirandan ensimmäinen koti. Hän oli siitä niin ylpeä.

Hän loikoili sohvalla, selaili kaikkia TV-kanavia ja totesi, ettei mitään katsomisen arvoista ollut. Jokaisella kanavalla näytti olevan urheilua, urheilua ja lisää urheilua. Hän painoi sammutuspainiketta. Hän käynnisti CD-soittimen ja kuuli Chris DeBurghin äänen. Hän nojautui sohvalle ja luki useita lukuja *The Poisonwood Bible* -kirjasta. Juuri tämä kirja, yksi Oprahin kirjakerhon valinnoista, inspiroi Mirandan ensimmäisen kerran matkustamaan. Hän tajusi, että ulkona oli kokonainen toinen maailma, joka odotti vain häntä tulemaan ja tutkimaan sitä.

Kunhan käymme Australiassa, mahdollisuudet ovat rajattomat. Sitten Afrikka, Intia, Kiina...Mikään ei pysäytä meitä!

Haaveillen kameliratsastuksesta Outbackissa Miranda vaipui lopulta uneen.

LUKU 5

ERRI LUONA TILANNE EI ollut niin rauhallinen ja rentouttava. Itse asiassa se oli enemmänkin kuin kolmas maailmansota olisi puhjennut.

"Kielän sinua lähtemästä", huusi Terri isä Angelo.

"Isä, rauhoitu. Olen aikuinen, voin mennä minne haluan. En tarvitse lupaasi."

"Asut minun katon alla, kiittämätön tyttäreni. Noudatat minun sääntöjäni. Et maksa vuokraa tai osta ruokaa. Sinulla ei ole aavistustakaan todellisesta maailmasta."

"En mene yksin, isä. Menen Mirandan ja Cheryl kanssa."

"Entä työsi? Sanoitko irti herra Travettille?"

"En, minun täytyy saada hänen lupansa lähteä. Kysyn häneltä huomenna. Halusin vain puhua siitä ensin sinulle ja äidille. Luulin, että olisitte iloisia puolestani."

"Teresa, Teresa," sanoi Angelo.

Kun hän oli vihainen, Angelo kutsui tytärtään aina Teresaksi. Kun Terri kuuli sen, hän tiesi, että isänsä oli valmistautumassa valtavaan räjähdykseen.

"Teresa, kolme nuorta, selvästi nuorta, naiviä tyttöä ei voi lähteä matkustamaan ympäri Australiaa. Mitä te kolme tiedätte maailmasta? Te työskentelette, ette tiedä mitään miehistä."

"Mutta isä, olen kaksikymmentäviisivuotias."

"Iästäsi huolimatta, Teresa, niin kauan kuin asut minun katon alla, noudatat minun sääntöjäni. Unohda se nyt. Se on parasta. Kiität minua vielä."

"Isä, soitan sinulle joka päivä,"

"EI!"

Terri pyysi ja katsoi äitiään saadakseen tukea. Terri äiti pysyi hiljaa.

Maria tiesi, ettei Angelo ollut vielä saavuttanut kiehumispistettään. Hän odotti sivussa, hiljaa, pää painettuna alas ikään kuin hänen koko huomionsa olisi keskittynyt ristipistoihin, jotka olivat hänen sylissään.

Terri katseli äitiään, joka näperteli käsityötä, ja tunsi vihaa häntä kohtaan. Hän halusi liittolaisen, jonkun, joka olisi hänen puolellaan. Varmasti äitikin voisi ymmärtää häntä. Itse asiassa Terri tiesi, että äiti ymmärsi, mutta tällä hetkellä äiti istui kuin näkymätön nainen olohuoneen toisella puolella.

Terri katsoi isäänsä, jonka kasvot olivat punaiset. Angelo käveli edestakaisin huoneessa kuin odottava isä. Ajoittain hän istui alas, löi nyrkkiään pöytään kuin lapsi, joka ei saanut tahtoaan läpi, ja hyppäsi sitten ylös ja alkoi taas kävellä edestakaisin.

Se oli tahtojen taistelu. Terrille kyse oli siitä, että hän todistaisi olevansa aikuinen. Angelolle kyse oli siitä, että hän suostuisi päästämään tyttärensä lähtemään.

"Isä, alan maksaa sinulle vuokraa."

"Teresa! Ei! Kyse ei ole rahasta. En halua sinun lähtevän!"

Terri isoveli Giovanni tuli huoneeseen. "Mihin mennä? Isä, kuulin huutosi kadun toiselta puolelta asti."

"Siskosi haluaa lähteä meiltä, mennä Australiaan ystäviensä kanssa."

"Ei tule kuuloonkaan, te tytöt ette voi mennä sinne yksin. Se on vaarallista. Se on kova maa, eikä teillä kolmella ole aavistustakaan, miten selviytyä erämaassa. Ei aavistustakaan."

"Emme aio osallistua *Survivor*-ohjelmaan, Giovanni! Aiomme majoittua hostelleihin, bed and breakfast -paikkoihin, paikkoihin, joissa olemme täysin turvassa."

Kun sana "hostellit" putosi hänen suustaan, Terri näki Giovannin reaktion. Hän toivoi voivansa perua sanansa. Kuumat kyyneleet valuivat hänen poskilleen.

"Hostellit!" Hän nauroi. "Te kolme ette selviäisi ilman omaa kylpyhuonetta. Teillä ei ole aavistustakaan, ei yhtään aavistustakaan."

Maria nousi rauhallisesti ylös.

He kääntyivät häntä kohti ja katselivat, kun hän laski käsityönsä varovasti pöydälle. Hänen katseensa pysyi alaspäin, kun hän käveli huoneen poikki.

"Mene huoneeseesi, lapseni, ja jätä heidät minulle. Kaikki järjestyy. Mene nyt."

Terri tiesi, että riitely olisi turhaa. Hän uskoi äitinsä tekevän kaikkensa isänsä vakuuttamiseksi. Palattuaan huoneeseensa Terri puki yöpuvun ylleen ja veti peiton leukaansa asti. Se ei tuonut hänelle lohtua. Hän tuijotti kattoa ja vaipui uneen.

Terri oli Australian erämaassa kahden ystävänsä kanssa. He olivat hyvin janoisia. Punainen pöly tuiskutti heitä kohti, ja pyörivät ruohopallot tulivat heitä tervehtimään. He liftasivat.

Kaukana näkyi taivaansininen, punaisella pölyllä peitetty pakettiauto, joka ajoi kohti kolmea ystävää. Kun auto saavutti tytöt, Marlboro-mies avasi oven heille ja kutsui heidät sisään.

"Tarvitsetteko kyydin?" hän kysyi.

"Kiitos, olemme eksyneet", sanoi Terri ja kiipesi hänen viereensä, ja Cheryl ja Miranda seurasivat perässä. Tila oli ahdas.

Hikinen, ruumiit vastakkain, kuumuus oli tukahduttavaa. Terri oikea puoli oli vasten Marlboro-miestä. Hän näki miehen parranjäljet leuassa ja haistoi hänen myskin tuoksunsa.

"Mistä olette kotoisin?" mies kysyi.

"Olemme Kanadasta ja olemme eksyneet." Terri ei voinut lakata katsomasta miehen suuta.

"Oi, te tytöt, teidän ei pitäisi olla täällä. Vien teidät takaisin *A Town Called Aliceen.*"

A Town Called Alice? Terri mietti. *Tunnen sen paikan. Olen nähnyt siitä televisioelokuvan PBS:llä.*

Auto alkoi kolista ja heilua. Kolina kävi yhä kovemmaksi.

Joku oli ovella. Se oli Maria.

"Isänne on ylpeä mies, mutta hän on myös hyvin itsepäinen. No, no, voitte mennä. Voitte mennä, soittaa joka viikko ja ostaa isällenne lahjan."

"Kiitos, äiti", Terri sanoi ja halasi äitiään lujasti.

"Menkää nyt nukkumaan. Älkää puhuko tästä aamulla. Antakaa sille aikaa."

Terri makasi selällään ja yritti palata uneensa. Marlboro-mies oli poissa.

Joskus Terri tunsi, että hänen halunsa mieheen oli niin voimakas, että hän oli räjähtämäisillään. Hänen vanhempansa tulisivat eräänä aamuna ja löytäisivät hänet – palasina.

Kaipaako kukaan minua, jos minä räjähtäisin?

Hänen vanhempansa kaipaisivat. Hänen veljensä kaipaisi. Hänen pomonsa kaipaisi. Miten hän pärjäisi ilman häntä? Hän tuhlasi rahaa kuin se olisi menossa pois muodista, ja Terri piti käskeä häntä lopettamaan.

Terri muisti illan, jolloin herra Travetti kertoi hänelle perheensä historiasta:

"Vanhempani tulivat Italiasta vuonna 1921. Heillä ei ollut rahaa. Isä oli räätäli, äiti oli räätäli, he valmistivat matkatavaroita. Nyt, viisikymmentä vuotta myöhemmin, valmistamme yhä matkatavaroita. Ilman heitä en olisi mitään."

Terri tiesi heti, että hän halusi työskennellä herra Travettille, olla osa hänen perheensä visiota, heidän unelmaansa.

Kun olen huomenna puhunut herra Travettille ja hän sanoo kyllä, katson, saammeko matkalaukkuja erinomaisilla tarjouksilla.

Terri oli niin innoissaan!

Aluksi hän ei saanut unta, mutta kun hän lopulta nukahti, hän näki unta pehmoisista koaloista.

LUKU 6

"Äiti, MINULLA ON JÄNNITTÄVIÄ uutisia", sanoi Cheryl. "En malta enää odottaa!"

"Mitä se on?" kysyi Janet.

"Ovatko Craig ja Evelyn jo kotona? Haluan kertoa sen teille kaikille yhdessä."

"Kyllä, Craig on olohuoneessa katsomassa televisiota ja Evelyn on huoneessaan. Craig! Evelyn! Tulkaa tänne, siskollanne on ilmoitus."

"Aiotko mennä naimisiin?" Craig kysyi.

"Olet raskaana", Evelyn sanoi.

"Evelyn, senkin ilkeämielinen pikkuinen", Janet sanoi. "Älä välitä hänestä, Cheryl. Mikä se suuri salaisuus on?"

"Toivon vain, että isäkin olisi täällä", Cheryl sanoi.

"Hän on täällä, kultaseni", Janet sanoi. "Jatka, me kaikki kuuntelemme."

"Lähden Australiaan!"

"Mitä?"

"Milloin?"

"Joulukuussa. Olemme jo maksaneet osan lentolipuista. Lähden varmasti Mirandan kanssa ja ehkä Terri. Hän toivoo saavansa vapaata töistä."

"Se on todella jännittävää!" Janet huudahti. "Ensimmäinen lomasi ulkomailla, ja ymmärrän, miksi ajattelet isääsi juuri nyt. Hän rakasti Australiaa. Se oli hänelle uskomattoman tärkeä paikka."

"Toisitko minulle bumerangin?" kysyi Craig, Cheryl seitsemäntoistavuotias veli.

"Totta kai. Australiasta on helppo löytää muutama bumerangi."

"Tuo minulle uimari Ian Thorpe. Jep, se olisi kivaa", sanoi Evelyn, kuusitoistavuotias, joka oli pian täyttämässä kaksikymmentäviisi.

"Kiva." Janet kysyi: "Mihin sinä hänet laittaisit?"

"Kyllä minä paikan löydän, äiti, älä huoli."

"Jos törmään Ian Thorpeen, katson, onko hänellä minulle isoveljeä – sitten meillä molemmilla olisi kaikki kunnossa."

"Voi luoja. Minulle tuli juuri mieleen jotain. Palaan heti," sanoi Janet.

"Mitä nyt?" Craig kysyi.

"Toivottavasti hän ei itke siellä takana, meillä tulee sinua varmasti ikävä, sisko", Evelyn sanoi.

"Lähden pois vain kuukaudeksi. Palaan ennen kuin huomaatkaan."

"Mutta joudut kuitenkin jättämään joulun väliin", Evelyn sanoi.

"Tiedän, mutta sille ei voi mitään. Saimme näille lennoille loistavan tarjouksen, ja nyt on sesonki ja kaikkea. Puhumattakaan siitä, että ajoitus on täydellinen, koska tehdas suljetaan joulukuussa. Ajoitus on täydellinen. Tämä tilaisuus on liian hyvä ohitettavaksi."

He kuulivat askelia tulevan kellarista. Janet kantoi selvästi jotain raskasta.

"Tarvitsetko apua, äiti?" Craig kysyi.

"Kyllä, se olisi kivaa, Craig," Janet sanoi siirtäessään osan vanhasta matkalaukun painosta pojalleen. "Huh, tämä on painavampi kuin muistan."

"Niin on, äiti, olisit soittanut minulle", Craig sanoi.

"No, nyt olemme ylhäällä – laitetaan se tänne alas, okei. Yksi, kaksi, kolme. Hienoa, katsotaanpa, muistanko missä avain on. Ai, muistan, se on kaapin Toby-purkissa. Kyllä, tässä se on. Tulkaa tänne. Kuten kaikki tiedätte, tämä kuului aikoinaan isällenne. Annanpa avata sen, ja kyllä, tässä on jotain sinulle, Cheryl, jotain, jonka uskon isäsi haluavan sinun saavan matkaa varten."

Se oli hänen isänsä laivastolaukku. Cheryl painoi sen poskeaan vasten. Se tuoksui yhä häneltä – Irish Springsiltä.

"Kiitos, äiti. En, en tiedä mitä sanoa. Olin jo onnellinen, mutta nyt olet tehnyt minut vielä onnellisemmaksi." Hän suuteli Janetia ja halasi häntä.

"Siellä on myös joitakin valokuvia, katsotaanpa niitä. Kyllä, tässä on isäsi Sydneyn satamasilta, Sinisillä vuorilla ja Sydneyn oopperatalolla. Hän näyttää niin komealta. Hän oli vasta kaksikymmentäviisi, kun nämä otettiin."

"Oliko isä samanikäinen kuin minä, kun hän meni Australiaan?"

"Kyllä, nyt, kyllä, en ollut ajatellut sitä aiemmin. Luulen, että ehkä sinun on tarkoitus mennä sinne, ja koska olet vanhin, luulen, että on aika laittaa tämä laukku käyttöön. Isäsi on aina hengessä mukanasi, ja nyt hänen laukkunsa voi olla myös mukanasi. Se tuo sinulle onnea. Juuri nyt – katso kelloa. On melkein keskiyö."

Craig, Evelyn ja Cheryl marssivat äitinsä ohi ja suutelivat häntä poskelle.

Janet pysyi matkalaukun luona tuntikausia. Hän otti kaiken sieltä ulos. Hän löysi rakkauskirjeen, jonka oli kirjoittanut Martinille. Itse asiassa jokainen kirje, jonka hän oli koskaan kirjoittanut tälle, oli sidottu yhteen rusetilla. Hän painoi ne rintaansa vasten, ja kyyneleet alkoivat valua.

Jotkut sanovat, että aika parantaa kaiken, mutta Janetin sydän jatkoi särkymistä. Hän siivosi keittiön ja asetti aamiaislautaset esille. Hän ei mennyt nukkumaan ennen kuin oli täysin uupunut. Hän ei kestänyt ajatusta toisesta yksinäisestä yöstä sängyssä, jota hän ja Martin olivat kerran jakaneet.

Cheryl ripusti laukun rintaansa ja nukkui sen kanssa.

Hän näki unta, jossa isä oli hänen kanssaan ja kertoi seikkailuistaan Australiassa: "Se voi olla hyvin ankara ja vaarallinen maa, Cher. Käy ehdottomasti katsomassa Sinisiä vuoria, ja kun ylität sillan Kolmen sisaren kalliomuodostelmalle, ajattele minua silloin. Olen siellä kanssasi. Olen tuuli, joka koskettaa kasvojasi."

Cheryl heräsi.

Se oli niin todellista, niin todella todellista. Kaipaan häntä niin paljon. Isä, kaipaan sinua niin paljon. Kukaan ei enää kutsu minua Cheriksi. Ei ole reilua, että sinä olet poissa ja me olemme täällä.

Luku 7

SUNNUNTAIAAMUNA KELLO 10 OLI Mirandan vuoro avata Vids-R-Us. Andrew ei ollut töissä tänään, mutta Miranda tiesi, että Andrew tarkisti aina, että avaaja saapui paikalle ajoissa. Miranda oli paikalla jo kello 9.50, ja hänellä oli paljon tekemistä hyllyjen täyttämisessä yön aikana palautetuilla videolevyillä.

Kello 10.03 saapui hänen ensimmäinen asiakkaansa. Mies valitsi kaksi videota ja huomasi unohtaneensa henkilötodistuksensa.

"Valitan", Miranda sanoi. "Yrityksen säännöt. Ei korttia, ei videoita."

"Narttu", mies sanoi ja työntyi sisään pyöröovista.

"Hyvää päivänjatkoa", Miranda sanoi.

Tänään mikään ei saa minua suuttumaan. Koska olen lähdössä Australiaan oikealle lomalle. Ensimmäinen kerta lentokoneessa. Ensimmäinen kerta ulkomailla. Mikään ei pilaa sitä minulle.

Lankapuhelin soi klo 10.05 ja hän vastasi ensimmäiseen soittoon. Andrew oli tarkka lankapuhelimen pitämisestä. Hän oli siinä mielessä ärsyttävä.

"Hei Andrew. Kyllä, olen ollut täällä viisitoista minuuttia. Olet kuitenkin myöhässä tarkistamassa, miten voin. Minun täytyy merkitä se muistiin. Ha ha. Nauti vapaapäivästäsi ja älä huoli. Kaikki on kunnossa. Muista, että minulla on potentiaalia apulaisjohtajaksi."

"Jatka samaan malliin, Evans."

"Voi, minun täytyy mennä. Uusi asiakas on juuri saapunut." Miranda laski puhelimen ja tervehti asiakasta sydämellisesti: "Hyvää huomenta."

Mies vastasi murinalla. Hänen ruumiinhajunsa leijui ilmassa ja pysyi siellä, vaikka hän oli nyt huoneen toisella puolella. Miranda suihkutti Windexiä tiskille yrittäen hajottaa hajua. Kun hän pyyhki tiskkiä, hän huomasi, että mies näytti olevan hieman eksyksissä.

Hän katseli, kun mies penkoi Uutuudet-osastoa ja heitti videoita lattialle. Mies oli kolmekymppinen, vaalea, ja hänellä oli yllään nahkatakki ja likaiset vanhat nahkasaappaat. Hän näytti ärtyneeltä, kun ei löytänyt tiettyä nimikettä.

"Voinko auttaa sinua löytämään jotain?" Miranda kysyi.

"Ei", mies sanoi, ravistellen kättään ja levittäen lisää hajua Mirandan suuntaan. Silloin Miranda havaitsi toisenkin tuoksun: viskin. Hän pidätti hengitystään.

Tiskin takana Miranda piti itsensä kiireisenä laittamalla DVD-levyjä takaisin hyllyille. Hän oli selin kassakoneeseen, kun kuuli askelia. Mies oli tulossa hänen luokseen tiskin taakse.

"Anna rahat, nukenpää. Minulla on ase takkini alla, ja aion käyttää sitä."

Aluksi Miranda luuli olevansa piilokameran kohteena tai jotain. *Tarkoitan, nukkenäppä. Missä tämä kaveri on ollut viimeiset viisikymmentä vuotta, aikakapselissa katsomassa Al Capone -elokuvia tai jotain?*

"Kassassa ei ole vielä paljon. Oikeasti, minulla on vain yksi seteli. Olemme olleet auki alle tunnin. Miksi et vain lähde, niin unohdetaan koko juttu, vai mitä? En kerro kenellekään."

"Anna rahat!"

Miranda ojensi miehelle 50 dollarin vaihtorahat.

"Siinäkö kaikki? Missä kassakaappi on?"

Miranda osoitti seinällä olevaa kylttiä, jossa ilmoitettiin, ettei tiloissa ollut kassakaappia.

"Pois tieltä", mies sanoi, työntäen Mirandan syrjään ja kurottaen käsin hänen käsilaukkuunsa. Hän penkoi sen sisällön läpi ja löysi sieltä alle 10 dollaria. Hän löi turhautuneena kassa-tiskille.

Sillä välin Miranda punnitsi vaihtoehtojaan. 1. Huutaa apua. Ulkona ei ollut ketään. Kukaan ei kuulisi häntä. 2. Soittaa hätänumeroon. Puhelin oli tiskin toisella puolella. Voisiko hän syöksyä miehen kimppuun kuin härkä posliinikaupassa, kaataa hänet ja ehtiä vielä soittaa hätänumeroon ennen kuin mies nousisi ylös? Ei. #3. Rukoilla. Se oli paras vaihtoehto kolmesta, ja Miranda alkoi lausua "Isä meidän" -rukousta.

Mies potkaisi kassakonetta ja kaatoi tietokoneen lattialle. *Auta minua, Jumala. Lähetä joku. Andrew? Andrew.*

Mirandan rukouksiin ei vastattu.

Mies tarttui hänen olkapäistään, ja hetken ajan Miranda luuli, että mies aikoi antaa hänelle päänyökkäyksen. Sen sijaan mies vain löi häntä niin kovaa, että Miranda kaatui.

"60 dollaria!" mies huusi ja puristi nyrkkejään. "Vain 60 dollaria!"

"Kuule, me kaikki teemme virheitä. Ota ne 60 dollaria ja mene, lupaan, etten kerro kenellekään. Voit lähteä täältä."

Miranda näki, että hänen sanansa menivät kuuroille korville. Mies oli paniikissa.

"Anna luottokorttisi!"

"Minulla... minulla ei ole yhtään", hän sanoi. *Muistutus itselleni – Hanki luottokortti hätätapauksia varten.* Hän säikähti ajatusta, ja pieni naurahdus pääsi hänen huuliltaan. Hän yritti pidätellä sitä, mutta mies kuuli sen ja raivostui. Hän nousi jaloilleen niin nopeasti kuin pystyi ja yritti juosta ovelle, mutta se ei auttanut. Mies sai hänet kiinni muutamassa sekunnissa.

Mies laittoi vasemman kätensä hänen kaulansa ympärille ja piti vankiaan otteessaan. Toisella kädellään hän penkoi hänen taskujaan, kunnes löysi etsimänsä. Avaimet.

Mies raahasi hänet etuovelle, lukitsi sen ja työnti hänet lattialle tiskin taakse. Nainen etsi mitä tahansa asetta, mutta ei löytänyt mitään. Hän kamppaili, kun mies repäisi napit hänen rakastetusta valkoisesta puserostaan ja näpelöi hänen rintaliivejään, kunnes hänen rintansa pomppasivat esiin. Mies kourasi niitä, kuolaamalla. Hikoilun ja viskin haju käänsi hänen vatsansa.

Hän huusi, mutta se oli viimeinen huuto, joka kuultiin tänä aamuna, kun mies tunki hänen suuhunsa liinan, jota hän oli käyttänyt tiskin pyyhkimiseen. Se haisi ja maistui Windexiltä ja pölyltä.

Mies repäisi häntä, ja nainen kamppaili, kun mies repäisi loputkin vaatteet pois. Mies käytti naisen rintaliivejä sitoakseen tämän kädet pään taakse, jotta nainen ei voisi vastustella. Nainen oli avuton, kun mies nuolaisi hänen rintojaan. Nainen huusi, mutta vain itselleen, sillä suukapulan takana huuto ei ole huutoa lainkaan, kun mies tuli hänen sisäänsä.

Kun se oli ohi, mies sanoi: "Halusin vain rahat, mutta kiitos." Hän katsoi naisen nimilappua ja luki tämän nimen. Hetken ajan Miranda luuli, että mies aikoi suudella häntä. Hänen vatsansa kouristi. Mies kumartui hänen ylleen ja löi häntä suuhun.

"Älä soita poliisille, tai tulen takaisin ja nappaan sinut uudestaan. Olet aika maukas." Mies vetäisi housunsa ylös ja puki takkinsa. Hän kurkisti Mirandan käsilaukkuun ja otti hänen lompakkonsa. Hän tunki sen taskuunsa.

"Muista, että löydän sinut ja tapan sinut ja kaikki rakkaasi, jos kerrot poliisille."

Se oli ohi. Mies oli poissa.

Miranda onnistui vapauttamaan kätensä hetken kuluttua. Kun mies raiskasi häntä, hän oli kadonnut turvallisten seinien sisään. Siellä mies ei voinut koskettaa häntä. Kun hän oli vapaa, hän keräsi vaatteensa lattialta kuin terälehtiä ja pukeutui.

Hän tiesi olevansa pulassa; suuressa pulassa, eikä hän tiennyt, miten selviytyä siitä. Miesellä oli hänen henkilötodistuksensa. Hänellä oli hänen osoitteensa.

Ei enää neitsyt. Ei enää yksi Kolmesta Neitsytmuskettisoturista.

Hän ei ollut varma, sanoiko hän sen ääneen vai ei, mutta sanat näyttivät kaikuvan ja kaikuvan ympäri huonetta. Hän oli ollut miehen lohdutuspalkinto. Hän oli odottanut kaksikymmentäviisi vuotta, ja mies oli ottanut hänet vastoin hänen tahtoaan. Hän nauroi ja alkoi sitten itkeä hillittömästi.

Hän nousi ylös ja näki kaksi ihmistä, miehen ja naisen, jotka painoivat kasvojaan lasia vasten. He halusivat sisään.

Parempi myöhään kuin ei milloinkaan.

Hän huomasi naisen hätääntyneen ilmeen, kun tämä tajusi, että toinen hänen rintoistaan oli yhä täysin paljaana. Hän tiesi, että hän oli varmasti helvetinmoinen näky. Hän tunsi yhä veren valuvan kasvoillaan. Hän oli sekaisin ja luultavasti shokissa.

Miranda otti puhelimen käteensä ja huokaisi helpotuksesta kuullessaan valintaäänen. Hän painoi pikavalintaa, Andrew'n numeroa. Mies vastasi. Nainen ei esittäytynyt.

"Minä lopetan! Minut on juuri raiskattu työvuoroni aikana! Olemme aina sanoneet, että avaamis- ja sulkemisvuoroissa pitäisi olla kaksi ihmistä!"

Hän sulki puhelimen odottamatta vastausta.

Hän soitti hätänumeroon ja kertoi ystävälliselle naiselle, mitä oli tapahtunut. Nainen sanoi lähettävänsä ambulanssin ja poliisin. Nainen kysyi, oliko hän kunnossa.

"En, en ole. En ole lainkaan kunnossa! Itse asiassa en luultavasti tule koskaan enää olemaan kunnossa!" Miranda huusi kuulokkeeseen.

Hän kaatui lattialle. Hän ei kyennyt ajattelemaan muuta kuin vettä. Kuumaa vettä. Kiehuvaa vettä. Virtaamassa hänen ylitseen. Ympäriinsä. Hän halusi repiä kaiken ihon pois kehostaan. Hän mietti, poistaisiko valkaisuaine hänen hajunsa.

Sitten hän ajatteli Australiaa. Hän oli lähdössä sinne muutaman viikon päästä. Hän ei tulisi koskaan enää takaisin Vids-R-Us:iin.

Kun he saapuivat, hän istui oven lähellä sikiöasennossa ja hyräili laulua Australiasta.

Luku 8

KESTI VAIN HETKEN, ENNEN kuin Miranda toivoi, ettei olisi sanonut mitään. Andrew yritti lohduttaa häntä halauksella. Miranda vetäytyi hänestä.

Poliisi lähetti paikalle naisen ja miehen: ylikonstaapeli Jim Millerin ja konstaapeli Gerri Mitchellin. He esittivät "hyvä poliisi, paha poliisi" -leikkiä. Ylikonstaapeli Miller oli kiltti, mutta konstaapeli Mitchell oli täysin tunteeton noita. Niin pahasti, että Mirandalla tuli itku kurkkuun.

Miranda kertoi heille toistuvasti, mitä oli tapahtunut. Hän toivoi, etteivät he kysyisi häneltä samoja kysymyksiä yhä uudelleen. Se, mitä oli tapahtunut, oli tapahtunut, eikä se muuttuisi, vaikka he pakottaisivatkin hänet toistamaan sen kuinka monta kertaa tahansa.

"Etkö ollut nähnyt miestä ennen tätä päivää?"

"En."

"Oliko hän jäsen?"

"En tiedä. Hän ei halunnut videoita. Hän halusi käteistä."

"Mitä hänellä oli päällään? Siniset farkut? Käyttikö hän bokserit vai alushousut?" konstaapeli Mitchell kysyi.

"Hänellä oli nahkatakki. Hän haisi hikoilulta ja vanhalta viskiltä. Hänellä oli siniset farkut ja saappaat. Cowboy-saappaat, luulisin. En huomannut, käyttikö hän bokserit vai alushousut."

Miranda sulki heidät mielestään laulamalla mielessään U2:n kappaletta.

Kun kuulustelu oli ohi, noin kolmekymmentä minuuttia myöhemmin, ylikonstaapeli Miller sanoi: "Olette ollut erittäin avulias, neiti Evans. Viedään teidät nyt ambulanssiin. Siellä voitte puhdistautua. Sitten voitte paremmin."

Miranda ajatteli, ettei hän enää koskaan voisi paremmin. Hän oli iloinen ambulanssin pauhaavan sireenin tuomasta rauhasta ja hiljaisuudesta. Mikä tahansa oli parempaa kuin konstaapeli Gerri Mitchellin kuulustelu.

Sairaalassa hän riisui vaatteensa ja odotti lääkärin tutkimusta.

"Anteeksi, neiti Evans", konstaapeli Gerri Mitchell sanoi. "Tulin hakemaan vaatteitanne testejä varten."

"Voitte polttaa ne, kun olette saaneet ne tutkittua."

"Teidän ei tarvitse nähdä niitä enää koskaan."

"Kiitos."

Hänelle tehtiin lääkärintarkastus ja otettiin näytteitä todistusaineistoksi. Verikoe tehtiin, jotta voitiin varmistaa, ettei tekijällä ollut sukupuolitauteja tai HIV:tä. Lääkäri sanoi, että Mirandan pitäisi käydä tarkastuksessa kerran kuukaudessa seuraavien kahden vuoden ajan, ennen kuin voitaisiin olla 100-prosenttisen varmoja siitä, ettei hänellä ollut aids-virusta.

Lopulta Mirandalle annettiin lupa käydä suihkussa.

"Onko ketään, jolle haluaisitte soittaa, neiti Evans, vanhempia, ystäviä? Voin ottaa heihin yhteyttä puolestanne, jos haluatte", kysyi konstaapeli Gerri Mitchell.

Miranda vastasi: "Ei."

"Mutta neiti Evans, tarvitsette jotain päälle puettavaa. Voinko hakea teille vaatteita? Mitä tahansa?"

"Avaimeni, hän vei avaimeni."

"Onko kellään muulla vara-avaimia?"

"Vuokraisäntälläni, rouva Piercellä."

"Selvä, neiti Evans, haen teille muutaman vaatekappaleen, jos se sopii teille?"

"Kyllä, kiitos."

"Ja pyydän vuokraisäntää vaihtamaan lukotkin, kun olen siellä."

"Mutta et kai kerro hänelle mitään siitä, mitä minulle tapahtui?"

"En sanaakaan, neiti Evans. Mene nyt suihkuun. Jätän vaatteesi oven ulkopuolelle."

"Konstaapeli Mitchell, kiitos."

"Teen vain työtäni."

Hän avasi kuuman veden täysille. Hän antoi veden valua iholtaan, viemäriin ja sieltä mereen. Kun hän ei enää tuntenut oloaan saastuneeksi, hän huomasi, että konstaapeli Mitchell oli asettanut hänen yöpussinsa tuolille oven sisäpuolelle. Hän oli kiitollinen siitä, että hänellä oli tavaransa, ja halasi niitä hetken, ennen kuin alkoi pukeutua.

Sitten hänen mieleensä juolahti ajatus: *hetkenä neitsyt, seuraavana hetkenä kuin sammakko tutkimuspöydällä, jota kaikki saavat kouria.* Hän värähti ajatuksesta, taisteli kyyneleitä vastaan ja päätti, että terapia saattaisi olla paikallaan.

Jos näen hänet vielä, hän kuolee. Lupaan sen! Miranda sanoi peilikuvalleen.

Konstaapeli Mitchell ajoi Mirandan kotiin mustavalkoisella partioautollaan.

"Onko ketään, joka voisi jäädä luoksesi yöksi? Rouva Pierce ei voi vaihtaa lukkoja ennen huomista."

"Ei, lukitsen oven kahdesti. Kyllä se menee. Kiitos, kaikesta. Olen pahoillani, että arvioin sinut väärin, kun kuulustelit minua. Taisin olla liian herkkä."

"Anteeksi, että jouduin olemaan niin ankara sinulle. Teen vain työtäni. Pidä huolta itsestäsi."

Mirandan kädet tärisivät, kun hän avasi oven. Sisällä hän kaatoi itselleen höyryävän kuuman kupin teetä. Hän harkitsi viskin lisäämistä siihen, mutta sen haju sai hänet voimaan pahoin.

Televisiosta tuli *Who Wants to Be a Millionaire*. Regis halusi epätoivoisesti jakaa rahaa. Miranda yritti keskittyä, mutta hänen ajatuksensa palasivat yhä päivän tapahtumiin.

Hän soitti videopuhelun Terrille ja Cherylille. "Teidän kahden täytyy tulla tänne heti. En voi selittää."

He olivat hänen luonaan 10 minuutissa.

Miranda ei kestänyt kertoa kaikkia yksityiskohtia uudestaan. Hän kertoi ystävilleen niin paljon kuin pystyi ja itki sitten itsensä uneen sohvalla.

Terri ja Cheryl menivät keittiöön. He eivät tienneet yksityiskohtia, mutta tiesivät tarpeeksi. Se oli törkeää.

"Pitäisikö meidän soittaa hänen vanhemmilleen?", Cheryl kysyi.

"Ei, Miranda ei ole läheinen heidän kanssaan. On hänen päätettävissään, milloin ja jos hän kertoo heille mitään siitä, mitä tänään tapahtui."

"Mutta heille pitäisi todella kertoa. He ovat hänen vanhempansa", Cheryl selitti.

"Jos kyse olisi minusta, sanoisin kyllä, mutta ei Mirandasta, hän ei haluaisi meidän kertovan heille."

"Okei", Cheryl sanoi, tarjoten Terrille brandyä ja kaataen itselleenkin.

"Hänen kaltaistensa eläinten pitäisi olla eläintarhassa. Hän ei sovi ulos maailmaan", Terri sanoi.

"Kastrointi olisi hänelle liian hyvä rangaistus."

Sohvalla Miranda kuuli ystäviensä kommentit. Hän toivoi, että kaikki olisi ollut vain pahaa unta, mutta hänen ruumiinsa kipuili, ja hän tiesi, että se oli totta. Hän yritti kovasti olla tuntematta mitään.

No, *tunnottomuus* oli se mielentila, jota hän toivoi.

Luku 9

" HEI ROSA, ONKO HERRA Travetti varattu? Minun on ehdottomasti puhuttava hänen kanssaan", Terri sanoi.

"Hän puhuu puhelimessa Rooman kanssa. Se ei kuitenkaan kestä kauan. Istu alas."

"Kiitos, Rosa."

"Herra Travetti, Terri haluaisi tavata teidät."

"Kutsu hänet sisään." Hän oli iloinen, niin iloinen, koska hänen poikansa Amadeo oli tulossa kotiin lomille. Amadeo johti yhtiön tytäryhtiötä Italiassa, eikä hän ollut ollut kotona lähes kahteen vuoteen. Hän nojautui tuolissaan taaksepäin ja sytytti sikarin. Hän otti pitkän henkäyksen. "Terri, miten minun ahkerin työntekijäni voi tänään?"

"Voin hyvin, kiitos, entä te?"

"Olen seitsemännessä taivaassa! Poikani tulee kotiin lomille. En malta odottaa, että saan kertoa siitä vaimolleni ja muulle perheelle. Hän ei ole ollut kotona kahteen vuoteen. Hän johtaa liiketoimintaamme Roomassa."

"Olen niin iloinen sinun ja rouva Travettin puolesta. Voisinko pyytää sinulta palvelusta?"

"Jos voisin toteuttaa kenen tahansa toiveen, se menisi sinulle, Terri."

"Kiitos, sir. Haluaisin ottaa kuukauden lomaa joulukuussa mennäkseni Australiaan ystävieni kanssa."

"Selvä."

"Haluatteko, että otan yhteyttä työvoimatoimistoon? Katsotaan, saavatko he jonkun korvaamaan minua?"

"Ei, Terri, se ei ole tarpeen. Poikani voi auttaa minua, kun olet poissa. Älä huoli, pidä vain hauskaa."

"Kiitos paljon, minun on parasta palata töihin." *Jee! Lähden OZ:iin!*

Luku 10

Aika kuluu ja Miranda jatkaa eteenpäin. Muutama kuukausi myöhemmin hänen elämänsä on muuttunut. Muutos on ollut uskomaton.

Miranda omistautui matkan suunnittelulle sataprosenttisesti. Hän liittyi kirjaston jäseneksi. Hän uppoutui kaikkeen australialaiseen: oppikirjoihin, CD-levyihin, elokuviin, dokumentteihin ja sanomalehtiin. Hän eli ja hengitti Australiaa. Itse asiassa se oli ainoa asia, josta hän pystyi puhumaan, ja siitä tuli hänen elinehtonsa.

Hänen innostuksensa oli tarttuvaa, ja se auttoi häntä työhaastattelussa. Paikka oli herra Travettin yrityksen tytäryhtiössä. Terri suositteli Mirandaa työhön, joka vaati jonkin verran sihteeri- ja vastaanottokokemusta.

Miranda oli huolissaan siitä, ettei hänellä ollut tarvittavia pätevyyksiä, mutta herra Travetti ja hänen uusi pomonsa herra Mandelbaum uskoivat, että hänellä oli paljon annettavaa heidän yritykselleen.

KOLME YSTÄVÄÄ ODOTA 4 THE 1   51

"Pelkästään hänen innostuksensa saa sinut haluamaan palkata tämän tytön", herra Mandelbaum sanoi.

"Mutta hän ei voi aloittaa ennen tammikuuta", herra Travetti mainitsi.

"Voimme odottaa; minulla on hyvä tunne tästä tytöstä."

Loma Australiassa. Uusi työpaikka. Elämä oli parempaa kuin hän olisi koskaan voinut kuvitella. Hän ryhtyi terveellisiin elämäntapoihin ja aloitti juoksemisen. Hän aloitti joogan. Hän oppi uimaan.

Miranda Evansilla oli ensimmäistä kertaa elämässään päämäärä.

Luku II

Jos ajatus on käynyt mielessäsi ja olet huolissasi Mirandasta, älä ole. Hän ei piilotellut totuutta. Itse asiassa hän kohtasi sen suoraan, kun hän kertoi vanhemmilleen ryöstön yksityiskohdat. Hän päätti olla kertomatta heille raiskauksesta. Se olisi vain aiheuttanut heille tuskaa.

Ottaen huomioon, että Miranda ei ollut läheinen vanhempiensa kanssa, hänen aikomuksensa suojella heitä tuskalta osoitti valtavaa kasvua. Aiemmin hän olisi todennäköisesti nauttinut siitä emotionaalisesta myllerryksestä, jonka olisi voinut aiheuttaa heidän elämäänsä. Hän olisi tuntenut, että oli koston aika.

Miranda Evans syntyi 1. elokuuta 1977 AP-sairaalassa kello 5.22 aamulla. Hän painoi 3,2 kiloa. Hän oli itsepäinen vauva, joka oli kaksi viikkoa myöhässä, ja Elizabeth ja Tom Evans olivat hyvin helpottuneita ja innoissaan, kun hän vihdoin syntyi.

Elizabeth ja Tom olivat molemmat nelikymppisiä, ja Miranda oli ollut suunnittelematon vauva. He tajusivat pian, kuinka paljon työtä vauvan kasvatus vaati päivittäin, ja olivat hukassa.

Mirandan kasvaessa ikäero hänen vanhempiensa ja muiden vanhempien välillä tuli selvästi esiin, kun hän aloitti koulun.

"Onpa kivaa, että isovanhempasi tuovat sinut kouluun", muut lapset sanoivat.

He nauroivat, kun saivat tietää totuuden, ja Miranda tunsi häpeää.

"Kävelen kotiin joka päivä ystävieni kanssa", Miranda kertoi vanhemmilleen. Usein hän käveli kotiin yksin. Vanhemmat eivät koskaan tienneet sitä.

"Jos et puhu siitä, sitä ei ole koskaan tapahtunut", Elizabeth ja Tom Evans sanoivat usein.

"Mutta isä, se tapahtui", Miranda vastasi.

"Älä välitä. Jätä heidät huomiotta, niin he löytävät huomenna jonkun toisen kiusattavaksi", Elizabeth vastasi.

Mutta niin ei koskaan käynyt. Lapset tekivät niin kuin lapset tekevät. He näkivät herkän kukan. Jonkun, joka oli erilainen. Jonkun, joka näytti tunteensa avoimesti. Ja lapset olivat armottomia kiusaajia.

"En halua mennä enää kouluun – koskaan!" Miranda sanoi äidilleen eräänä aamuna.

"Mikä hätänä?" Elizabeth kysyi, kun hän kampasi tyttärensä hiuksia.

" "Se johtuu muista lapsista. He kutsuvat minua kuparipääksi ja tönivät ja lyövät minua. Yksi tyttö sanoi, että hän hakkaa minut tänään, jos en tuo hänelle dollaria."

"Älä välitä hänestä, niin hän katoaa. Minuakin kiusattiin, kun olin sinun ikäisesi. Se teki minusta vahvemman ihmisen."

"Mutta äiti!" Miranda huudahti, kun äiti työnsi hänet ulos etuovesta ja heilutti hyvästiksi.

Myöhemmin, päivällispöydässä, Miranda istui alas. Hänellä oli musta silmä. Kumpikaan vanhemmista ei maininnut sitä. Hän näki heidän katsovan häntä. He sivuuttivat sen. He jatkoivat syömistä. He ojensivat leipää, suolaa ja pippuria. He söivät, eikä kukaan puhunut.

Muina iltoina Mirandan vanhemmat istuivat päivällispöydässä ja puhuivat merkityksettömistä asioista, kuten säästä tai siitä, mitä televisiossa oli.

Mustan silmän tapauksen jälkeen Miranda tajusi, ettei tunteiden näyttämisessä ollut mitään järkeä. Sen sijaan hän rakensi muurin.

Vanhetessaan hän hyväksyi vanhempansa sellaisina kuin he olivat, koska hän ei tiennyt, kuinka erilainen hänen suhteensa vanhempiinsa oli verrattuna muihin teini-ikäisiin.

Sitten hän tapasi Terri ja Cheryl. Hän näki, miten heidän perheensä suhtautuivat toisiinsa. Pitivät hauskaa yhdessä. Kunnioittivat toisiaan, ja hän halusi enemmän. Hän halusi, että hänen perheensä olisi kuin muut perheet.

Mirandan vanhemmat eivät koskaan hemmotelleet häntä, ja monin tavoin hän tiesi, että hänen syntymänsä oli ollut *virhe*. Vanhemmat eivät koskaan sanoneet sitä hänelle, mutta hän tiesi sen olevan totta. Vanhemmat eivät halunneet lasta. Hänen äitinsä oli vaihdevuosien alkuvaiheessa, kun hän tuli raskaaksi. Abortti oli varmasti käynyt heidän mielessään.

Miranda tiesi ja hyväksyi kaikki nämä tosiasiat. Hän hyväksyi myös aukot lapsuudessaan. Kaikki ne vuodet, joista hän ei muistanut mitään. Hänen ystävänsä pystyivät kertomaan, mitä he olivat tehneet tiettynä päivänä tiettyyn aikaan, koska heidän vanhempansa olivat puhuneet siitä. Mirandalla oli tunne, että hänen muistonsa oli pyyhitty pois.

Ja niin Mirandan ystävistä tuli hänen perheensä, ja heidän perheistään tuli hänen perheensä.

Kerran Mirandalla oli hullu suunnitelma. Hän ajatteli, että jos hän toisi ystäviensä perheet yhteen vanhempiensa kanssa, he saattaisivat ymmärtää, kuinka erilainen heidän perheensä oli, ja yrittäisivät muuttaa sitä. Elizabeth ja Tom Evans lähtivät kotiin heti illallisen jälkeen.

Miranda ajatteli äitiään enemmän raiskauksen jälkeen. Hän mietti, millaista äidille oli ollut huomata olevansa raskaana. Miranda mietti tätä, koska hänkin olisi saattanut tulla raskaaksi. Olisiko hän tehnyt abortin? Kysymys, johon hän ei koskaan saisi vastausta.

LUKU 12

MIRANDA JUOKSI PORTAITA YLÖS asuntoonsa. Hän löysi etuovesta kiinnitetyn viestin. Se oli hänen vuokranantajaltaan, rouva Pierceltä. Siinä muistutettiin ystävällisesti, että vuokra oli myöhässä.

Miranda kaivoi sekkivihkonsa työpöydän laatikosta ja juoksi takaisin alas portaita. Hän aikoi maksaa vuokran ja käyttää tilaisuutta hyväkseen esittääkseen rouva Piercelle erään idean.

"Hei, rouva Pierce", Miranda sanoi. "Tässä on vuokrasekki. Anteeksi, että se on myöhässä."

"Voi, ymmärrän kyllä, kultaseni, sinulla on ollut paljon tekemistä viime aikoina."

"Niin onkin."

"Näytät kuitenkin upealta, Miranda. Sinussa on tapahtunut muutos, eikö niin?"

"Maailma antoi minulle sitruunoita, joten tein sitruunameringuepiirakan."

"Hyvä sinulle, Miranda, hyvä sinulle. Haluaisitko tulla sisään kupilliselle teetä?"

"Kyllä, kiitos, jos se ei ole vaivaa. Minulla onkin sinulle melko tärkeä asia."

"Tule sisään, kultaseni, istu alas, laitan veden kiehumaan." Miranda oli käynyt rouva Piercen asunnossa aiemminkin. Siellä oli aina ollut sellainen ummehtunut tuoksu, kuin kasvit ja talkkijauhe yhdistettynä.

"Haluaisitko keksin tai pari?"

"Voit houkutella minua yhdellä, mutta älä kerro kenellekään, jooko? Yritän päästä kuntoon, jotta en pelästytä kaikkia, kun pukeudun uimapukuun."

"Sinulla on ihana vartalo. No, mitä halusit kysyä minulta?"

"Minulla on ystävä, joka on kiinnostunut vuokraamaan asuntoni alivuokralaisena, kun olen poissa. Sopiiko se?"

"Mikä hänen nimensä on?"

"Christina."

"Kuinka kauan olet tuntenut hänet?"

"Emme ole tavanneet – itse asiassa – hän on ystäväni ystävän ystävä. Hänellä on kallis asunto Torontossa. Hän työskentelee maailman suurimmassa kirjakaupassa. Hänellä on ystäviä täällä ja hän tarvitsee paikan, jossa asua jouluna."

"No, Miranda, jos varmistat, että hän tietää säännöt ja mistä löytää minut, jos hän tarvitsee minua, niin se sopii minulle. Kiitos, että kysyit. Monet eivät olisi kysyneet. "

"Kiitos, rouva Pierce, piipahdan käymässä, kun hän saapuu, ja esittelen teille Christinan. Nautin teekupillisesta ja jutustelusta, mutta minun on parasta lähteä. Minulla on vielä pakkaamista."

"Nähdään huomenna. Toivotan teille silloin hyvää matkaa."

Matkalla asuntoonsa Miranda tunsi hieman syyllisyyttä. Hän ei ollut kertonut rouva Piercelle kaikkea. Alun perin Christina oli aikonut majoittua hotelliin. Miranda kuuli ystävänsä ystävän selittävän tämän ja suostutteli hänet välittämään Christinan puhelinnumeron. Miranda soitti hänelle, esittäytyi ja selitti lähtevänsä ulkomaille ja että hänen asuntonsa oli vuokrattavissa lomakauden ajaksi. Se tuntui kaikilta osin täydelliseltä ratkaisulta. Miranda sai jopa pienen voiton, kun hän pyysi 50 dollaria lisää kuukausivuokraa. Christina ei välittänyt – Toronton vuokrat olivathan paljon korkeammat.

"Minun luonani sinulla on kaikki kodin mukavuudet", Miranda sanoi. "Ja voit kastella kasvejani puolestani."

"Voi ei", Christina sanoi, "en ole hyvä kasvien kanssa. Itse asiassa tapan ne."

"Ehkä annamme sitten rouva Piercen hoitaa kasvit. Hän on vuokraisäntäni. Hän on innokas tapaamaan sinut."

"Olen kiinnostunut näkemään, näytätkö siltä kuin luulen", Christina sanoi. "Kuulostat punapäältä."

"Mistä tiesit? Onko sinulla psyykkinen yhteys tai jotain?"

"Ei. Muista, että olet ystäväni ystävän ystävä – he mainitsivat hiuksistasi."

"Odotan innolla tapaamistamme. Heippa."

LUKU 13

" TERRI", SANOI HERRA TRAVETTI. "Olen kutsunut tänään kaikki koolle, jotta voin tehdä ilmoituksen. Onko kaikilla lasit täynnä samppanjaa? Nostakaa sitten lasinne kanssani ja kohotetaan malja uudelle kirjanpitovastaavallemme, neiti Terri Russolle!"

"Voi luoja", sanoi Terri, "en tiedä mitä sanoisin. Kiitos, herra Travetti, kiitos todella paljon."

"Kiitos, rakas tyttö. Sinulla on kaksinkertainen työmäärä molemmissa yrityksissä, ja on jo korkea aika, että palkkasi heijastaa sitä. En aio kertoa palkankorotuksesi yksityiskohtia täällä, ellei tietenkään halua, että teen niin?"

"Ei, luulen, että voimme pitää yksityiskohdat salassa. En voi uskoa, että järjestit kaiken tämän, tämän juhlan, samppanjan, minulle."

"Yritämme olla hajoamatta, kun olet poissa, kultaseni. No, mene nyt ja hyvää matkaa!"

"Hyvää matkaa", Terri työtoverit huusivat. Sitten kaikki alkoivat laulaa: "Sillä hän on iloinen ja hyvä tyyppi, sillä hän on iloinen ja hyvä tyyppi, sillä hän on iloinen ja hyvä tyyppi, jota kukaan ei voi kieltää."

Terri perääntyi ulos huoneesta, ja he lauloivat yhä, kun hän astui hissiin. Hän ei voinut uskoa onneaan, kirjanpidon varapuheenjohtaja. Hän ei malttanut odottaa, että saisi kertoa uutisen perheelleen ja ystävilleen.

LUKU 14

MIRANDA, TERRI JA CHERYL olivat todella innoissaan matkastaan, ja he olivat matkalla lentokentälle Terri vanhempien farmariauton takapenkillä.

"Mitä teette, kun saavutte perille?" Angelo kysyi.

"Menemme suoraan hotelliin, kirjaudumme sisään ja soitamme sinulle. Sopiiko, isä?"

"Selvä, älkää puhuko tuntemattomille."

"Australiassa kaikki ovat vieraita", Maria sanoi. "Älä huoli. Tytöt pitävät hauskaa ja ovat varovaisia. Eikö niin, tytöt?"

'Kyllä', he sanoivat ja nyökkäsivät päätään kuin kolme koiranpatsasta.

"Äiti, isä, kiitos, että toitte meidät lentokentälle. Nähdään uudenvuoden aikaan."

"Kyllä, kiitos herra ja rouva Russo", Miranda ja Cheryl sanoivat.

Angelolla oli kyyneleet silmissä. Samoin Marialla.

"Olkaa varovaisia, tytöt", Angelo sanoi.

"Olemme, isä, älä huoli."

He kulkivat elektronisen portin läpi, ja Cheryl laite piippasi.

Nainen, jolla oli elektroninen sauva, osoitti sitä häntä kohti. Hän pysähtyi katsomaan, mutta päätti sitten päästää hänet läpi.

"Vanhempasi ovat liian söpöjä, Terri. Luulisi, etteivät he enää ikinä näkisi sinua tai jotain", Miranda sanoi.

"Jep, he ovat harvinaisia helmiä", Terri sanoi. "Meillä on vähän aikaa tappaa. Haluatko mennä syömään jotain? Kuulin, että lentokoneiden ruoka on kauheaa.

"Hei, katso, Swiss Chalet, voimme yhtä hyvin nauttia erinomaisen viimeisen aterian Kanadan maaperällä", Miranda sanoi.

"Swiss Chalet, täältä tullaan!" Terri huudahti.

"Aion syödä vain keittoa. En voi uskoa, että lentokoneen ruoka voi olla niin huonoa kuin ihmiset sanovat", Cheryl sanoi.

"No, saamme pian selville, mutta en ota riskejä", Miranda sanoi. "Tämän jälkeen hankin varastoon roskaruokaa. Tämä lento on aivan liian pitkä, jotta voisi olla jumissa ilman ruokaa!"

Käsimatkatavarat olivat täynnä ja pullistivat romaaneista ja kaikenlaisesta kuviteltavissa olevasta roskaruoasta. He nousivat koneeseen, istuutuivat paikoilleen ja pian kone oli ilmassa.

"Tiedätkö", Terri nauroi. "Minun piti luvata soittaa isälleni joka sunnuntai-ilta, tapahtui mitä tahansa. Hänellä on aikataulumme ja hän tietää, missä olemme joka hetki. Jos en soita hänelle sovittuna aikana, voit olla varma, että hän soittaa heti Australian poliisille. Rehellisesti sanottuna, hän on niin huolissaan!"

"Minusta vanhempasi ovat söpöjä, Terri. He välittävät sinusta todella ja eivät pelkää näyttää sitä. Ihailen sitä", sanoi Miranda. Miranda katseli pilvien lipuvan ohi miettiessään vanhempiaan. He tiesivät hänen lähtevän ja toivottivat hänelle hyvää matkaa. He kysyivät, lähettäisikö hän heille postikortin.

Myös Cheryl äiti halusi tulla tyttöjen läksiäisiin, mutta kaikki eivät mahtuneet mukaan. Janet ei ollut huolissaan siitä, että tytöt joutuisivat vaikeuksiin. Hän tunsi olonsa turvalliseksi, koska Miranda oli heidän mukanaan. Loppujen lopuksi Miranda oli paljon itsenäisempi kuin hänen kaksi ystäväänsä. Hän asui yksin. Hän maksoi omat kulunsa.

Jokainen, joka on koskaan lentänyt Australiaan, tietää, että tämä on itsestään selvää, mutta lento oli PITKÄ. Tytöt olivat innoissaan kaikesta ja nauttivat pienistä uutuuksista, kuten pähkinöistä ja appelsiinimehusta sekä mahdollisuudesta ostaa Duty Free -tuotteita lennolla. Mutta 12 tunnin, 15 tunnin jne. jälkeen uutuudenviehätys katoaa varmasti.

Elokuva ei kiinnostanut heitä lainkaan, koska he olivat nähneet sen jo viikkoja sitten. Miranda otti esiin korttipakan, ja he alkoivat pelata Hearts-korttipeliä.

"Ai, ruoka tulee. Katsotaanpa, mitä se on", Cheryl sanoi.

"Se tuoksuu ihan hyvältä", Terri sanoi.

"En koske siihen", sanoi Miranda. "Kumimainen kana ei ole koskaan ollut suosikkini. Sämpylä näyttää syötävältä. Katso, ensimmäinen uusiseelantilainen voimme ja juustomme."

Lennon aikana tytöt kaivoivat loputtomasta roskaruokavarastostaan kaikenlaista, cheeseballeista Twizzlereihin, Mars-patukoihin ja Maynardin viinikarkeihin. Kun laskeutuminen Sydneyyn alkoi, heidän varastonsa oli täysin tyhjentynyt.

Kun he vihdoin saapuivat Sydneyyn lähes 24 tunnin lennon jälkeen, he tönivät toisiaan päästäkseen näkemään vilauksen Sydneyn satamasta ja oopperatalosta. Vesi Sydneyn satamassa kimalteli.

"Tiedätkö", Terri sanoi, "Nicole Kidmanin ja Tom Cruisen talo on jossain täällä!"

"Tom ei kuitenkaan asu siellä enää. En ymmärrä, miten Nicole päästi hänet karkuun", sanoi Miranda.

"Olen varma, että asioissa on enemmän taustalla kuin tiedämme. Kukaan ei jätä avioliittoa, kun lapsia on mukana, ellei ole pakko. Uskon siihen todella", sanoi Cheryl, kun he nousivat koneesta.

Heti kun he astuivat ulos, kosteus ja painostava ilma iskivät heihin kuin tiiliseinä. Oli helvetin kuuma!

"Yök! Tajuatteko, että olemme pitäneet samoja vaatteita päällä yli 24 tuntia? Meidän on parasta pysyä muiden tuulen alla", sanoi Miranda.

"Tyypillistä onnea, että tapaan unelmieni miehen juuri nyt", sanoi Cheryl.

"Voi, olen niin iloinen, ettei kukaan tule meitä vastaan lentokentälle", sanoi Terri. "Kuinka noloa se olisikaan."

"Minun tuurillani Tom Cruise seisoo tuolla", sanoi Miranda tutkiessaan kylttejä ja yrittäessään selvittää, minne heidän pitäisi mennä tullin läpi ja hakemaan laukkunsa.

"Hei, katso noita tyttöjä, he olivat samalla lennolla kuin me, eikö niin?", kysyi Terri. "Mutta nyt heillä on eri vaatteet."

"He ovat varmaan vaihtaneet vaatteet lentokoneen vessassa", sanoi Miranda.

"En tullut ajatelleeksi sitä!" sanoi Cheryl. "Kylpyhuoneet eivät ole tarpeeksi suuria edes kissan heiluttamiseen!"

"No," kuiskasi Terri, "ne ovat tarpeeksi suuria joillekin ihmisille seksin harrastamiseen. Luin siitä jostain."

"Ei voi olla totta!" sanoi Cheryl. "Ällöttävää. Puhutaanpa epätoivosta!"

"Vaihdan aihetta, mutta luulen, että tarvitsemme vähän käteistä," sanoi Terri.

"Minulla on pari sataa Kanadan dollaria. Vaihdetaan ne Australian dollareiksi. Ne riittävät, kunnes pääsemme pankkiin", sanoi Miranda.

"Hyvä idea, se auttaa meidät yli", sanoi Cheryl.

Lentoaseman edessä he pysäyttivät taksin, joka vei heidät Sydney Hiltoniin. Miranda sai suihkun ensimmäisenä, sitten oli Terri ja lopuksi Cheryl vuoro.

"Saavuimme juuri ajoissa lounaallekin, kuinka täydellistä, että saamme ensimmäisen australialaisen ateriamme. Kysytään vastaanoton mieheltä, että suosittelisiko hän meille jotain paikkaa", Terri ehdotti.

"Hotellimme tarjoaa hienointa ruokaa, jossa on perinteisiä australialaisia ruokia ja laaja valikoima kansainvälistä keittiötä", concierge neuvoi.

"Kiitos", Terri sanoi. "Syödään vain täällä, niin voimme mennä ulos tutkimaan Sydneyä ilman, että meidän täytyy huolehtia vatsastamme."

Heidät ohjattiin ravintolaan, josta avautui näkymä Sydneyn horisonttiin.

"Voinko tarjota teille viiniä ennen aterian alkua, hyvät naiset?"

"Kyllä", Miranda sanoi. "Haluaisimme kokeilla pulloa Cabernet Sauvignonia. Suosittele meille australialaista viiniä."

"Kuulen aksentin; oletteko amerikkalaisia?"

"Ei, mutta olette lähellä", vastasi Cheryl. "Olemme kanadalaisia."

"Voi, anteeksi. Toivottavasti en loukannut teitä."

"Ei, ei se mitään. He ovat naapureitamme – se on tosiasia. Sitä paitsi meillä on ystäviä ja sukulaisia Yhdysvalloissa", sanoi Terri.

"Haluaisimme myös maistaa paikallisia ruokia, mitä suosittelette?"

"Jos pidätte kanasta, kokeilkaa krokotiilia tai emua. Jos pidätte naudanlihasta, raakana, kokeilkaa kengurua. Jos mieluummin syötte kalaa, kalmaria tai barramundia, ne ovat erinomaisia valintoja. Hummeri on myös hyvää, teemme erinomaista Lobster Mornayta, mutta se on hirveän kallista."

"Mikä on hummeri Mornay?" Cheryl kysyi.

"Se on hummeria kermakastikkeessa. Erittäin maukasta."

"Kokeilen sitä", Cheryl sanoi.

"Haluaisin barramundin", Terri sanoi.

"En pidä ajatuksesta syödä emua tai kengurua. Kokeilen krokotiilia, kiitos."

Tarjoilija ehdotti pulloa Brown Brothers Cabernet Sauvignonia, jota Miranda maistoi.

"Se on ihanaa", hän sanoi.

"Brown Brothersilla ei voi mennä vikaan, kun olet täällä", tarjoilija sanoi. "Ruokanne tuodaan pian."

"En voi uskoa, että olemme todella täällä", Miranda sanoi ja sai kyyneleet silmiinsä.

"Tiedän miltä sinusta tuntuu, tämä on ollut tavoitteemme niin kauan, ja olla nyt oikeasti täällä, syömässä australialaista ruokaa, juomassa australialaista viiniä, no, se on aika huikea tunne", sanoi Cheryl.

"Säästetään jälkiruoka kuitenkin myöhemmäksi", sanoi Terri. "Minua kiinnostaa päästä ulos katsomaan Sydneyn vilinää. Meidän pitää hakea kartta conciergelta siltä varalta, että eksymme. Sitten voimme suunnata lähimpiin nähtävyyksiin.

Ruoka saapui, ja kolme ystävää syöksyivät siihen. Kaikki kolme ruokalajia olivat meheviä ja maukkaita.

"Luin turistille suunnatun esitteen, jossa sanottiin, ettei tippejä tarvita. Tarjoilijat saavat täällä riittävän palkan ja pitäisivät sitä loukkauksena. Mutta katso, kassakoneen vieressä on tippikulho. Pitäisikö meidän antaa, vai eikö? En halua loukata ketään", Miranda sanoi.

"Mielestäni meidän pitäisi. Tarjoilija oli loppujen lopuksi erinomainen", Cheryl ehdotti.

Concierge-tiskiltä he hakivat kartan ja huomasivat pian, että tärkeimmät nähtävyydet, kuten Sydney Harbour Bridge, olivat kävelymatkan päässä.

"Mennään Circular Quayhin (lausutaan KWAY), mikä outo nimi. Sitten oopperataloon ja sieltä Sydney Harbour Bridgeen", Terri ehdotti.

"Luulen, että se lausutaan KEY", sanoi Miranda. "Jep, tässä on ääntäminen siinä kirjassa, jonka ostimme australialaisesta terminologiasta."

"Ainakin siinä on U. En ole ikinä keksinyt, miksi Qantas kirjoitetaan ilman U:ta", sanoi Cheryl.

"Se on mysteeri, doo-do-doo-do doo-do doo-do", sanoi Terri.

"Katso, tämä on Circular Quay ja kaikki muu on juuri täällä. Kuinka hienoa!" Terri sanoi.

"Katso, polun varrella on tähtiä eri kirjailijoille, jotka ovat käyneet täällä. Mark Twain käveli tällä samalla polulla, jolla minä kävelen", Miranda sanoi.

"Vau, katso kaikkia lauttoja, meidän täytyy mennä lauttamatkalle", Cheryl sanoi.

"Ensiksi katsotaanpa tarkemmin Sydneyn oopperataloa ja katsotaan, pääsemmekö sisälle kierrokselle", Terri sanoi. "Se näyttää upealta, kuin pilvimuodostelmilta."

He kävelivät rantaa pitkin ja ylös Kuninkaalliseen kasvitieteelliseen puutarhaan, sitten läpi The Rocks -alueen ja Sydneyn satamasiltaan. He varasivat Sydneyn satamasilta-kiipeilyn kahden päivän päähän ja ottivat sitten taksin takaisin hotelliin. He olivat uupuneita.

LUKU 15

"Voi ei!" huudahti Miranda. "Olemme nukkuneet koko päivän! Katso nyt, alkaa jo hämärtyä. Herää, Terri, herää, Cheryl!"

"Mikä hätänä?" kysyi Terri.

"Mikä hätänä? Nukuimme ja nyt olemme menettäneet kokonaisen päivän Sydneyssä."

"Ei voi olla totta", sanoi Cheryl, "se ei ole mahdollista."

"No, katso todisteita. Oli melkein keskiyö, kun menimme nukkumaan, ja nyt kello on viisi iltapäivällä. Olemme juuri ajoissa illalliselle!"

"Mielestäni meidän pitäisi järjestää päivittäinen herätyspalvelu", Terri ehdotti.

"Meillä on vielä tämä ilta. Voimme yhtä hyvin ottaa siitä kaiken irti. Ylös ja liikkeelle, kaikki!"

LUKU 16

"Voisitteko kertoa, missä lähin pankki on?" Terri kysyi vastaanottovirkailijalta. "Meidän pitää lunastaa muutama matkasekki."

"Lähin pankki on vain muutaman korttelin päässä, mutta valitettavasti se on suljettu."

"Selvä, mennään mihin tahansa pankkiin – vaikka jouduttaisiinkin ottamaan taksin", Miranda sanoi.

"Valitettavasti kaikki pankit ovat suljettuina. Jotkut sulkevat klo 17.00 ja toiset klo 16.30, mutta sen jälkeen mikään ei ole auki – paitsi Eftpos."

"Eftpos, se on kuin meidän Interac", sanoi Miranda. "Onneksi meillä on luottokortit, tytöt."

"Voin auttaa teitä lunastamaan osan matkasekkeistänne täällä hotellissa hätätapauksessa. Olemme jo tarkistaneet passinne henkilöllisyyden varmistamiseksi."

"No, mielestäni tämä on hätätilanne. Olisi hienoa, jos voisitte auttaa meitä", sanoi Cheryl.

"Tulkaa mukaani."

Concierge meni pankkihuoneeseen ja palasi sitten virallisen näköisen miehen, hotellinjohtajan, kanssa. Hän auttoi heitä mielellään.

Lopulta heillä oli rahaa taskussaan ja he olivat valmiita lähtemään katsomaan Sydneyä.

Jälleen kerran kosteus iski heihin kuin isku kasvoihin.

"En halunnut sanoa sitä aiemmin, mutta tämä näyttää kyllä väärennökseltä", Terri sanoi.

"Minusta se näyttää kauniilta", Cheryl myönsi, "mutta se tuntuu oudolta."

"Se on muovia", Miranda sanoi selailtuaan esitteen sivuja.

"Ei se oikeasti ole", Terri sanoi. "Sinä vedät meitä nenästä."

"En vedä. Täällä sanotaan, että vuoteen 1996 mennessä kaikki australialaiset käyttivät muovirahaa. Siinä on suojapinnoite, joten se ei ime kosteutta, ja seteli kestää jopa neljäkymmentä kuukautta verrattuna paperiseen, joka kestää vain noin kuusi kuukautta", Miranda luki. "Vau, mikä hieno australialainen keksintö."

"Katso, sitä ei voi repiä", Terri sanoi.

"Pidän kanadalaisesta rahastamme, mutta tämä säästäisi varmasti puita. Mielestäni meidän pitäisi ottaa muutama seteli mukaan ja lähettää ne pääministeri Chretienille", Miranda ehdotti.

"Meidän on muistettava, tytöt; heidän GST-veronsa on jo lisätty hintaan. Meidän ei tarvitse laskea sitä itse kuten kotona", Terri sanoi. "Meillä on niin paljon opittavaa. Eikö tämä olekin jännittävää! Ja tässä on vielä jotain muuta. Tiesittekö, että täällä ei ole pennejä?"

"Ihanko totta, miten se toimii?" Cheryl kysyi.

"Kaikki, mitä ostat, pyöristetään joko ylöspäin tai alaspäin", Terri sanoi.

"Joten jos kassakone näyttää 1,99 dollaria, minun pitää maksaa 2,00 dollaria?" Cheryl kysyi.

"Kyllä, minusta se on siistiä, ja veikkaan, että lopulta se tasoittuu", Miranda sanoi. "Minulla on kauhea nälkä! Mennään syömään ensimmäiseen ravintolaan tai kahvilaan, jonka näemme."

"Tuolla on yksi, aivan kadun varrella. Mennään sinne", Cheryl sanoi.

"Siellä on tarjolla vain kakkua ja kahvia, mutta se ei haittaa. Se voi olla välipalamme, kunnes löydämme jotain muuta. Sopiiko se kaikille?" Terri kysyi.

"Kuka meistä kieltäytyisi mahdollisuudesta maistaa australialaisia jälkiruokia? Ei missään nimessä", Miranda sanoi. "Ottaisin kahvia."

"Millaista?" mies tiskin takana kysyi.

"Tavallista", Miranda sanoi.

"Haluaisitteko café lattén, cappuccinon, skinny lattén, skinny cappuccinon vai täysmaitokahvin?"

"Tämä on liian monimutkaista", sanoi Miranda. "Otan cappuccinon ja palan aprikoosileivosta, kiitos."

"Minä kokeilen café lattéa", sanoi Terri. "Ja palan juustokakkua."

"Haluatteko sen kanssa kermaa vai jäätelöä?"

"Ei kumpaakaan", Terri sanoi.

'Selvä', mies sanoi.

"Ottaisin jääkahvin ja lamingtonin, kiitos", Terri sanoi.

Heitä pyydettiin maksamaan heti, ja he saivat tikun, josta löytyi numero, jotta tarjoilija löytäisi heidät.

"Vau, tämä vaihtoraha on tosi raskasta", Cheryl sanoi. Hän oli saanut kaikilta takaisinmaksun kolikoina.

"Anna kun katson", Terri sanoi. "Voi, katso kaikkia näitä söpöjä pikkueläimiä."

"Olet oikeassa, Terri, ne ovat todellakin söpöjä", Cheryl sanoi, "mutta et kai halua, että näitä kolikoita kolisee liikaa taskussasi? Ei tarvitsisi montaakaan, jotta rahavyösi repeäisi palasiksi."

Pian kello oli jo lähes kahdeksan.

"Tilaamme vain huonepalvelusta", sanoi Terri. "Jalkani ovat kipeät ja olen väsynyt kävelemään ympäriinsä."

"Ensin meidän on käveltävä takaisin hotelliin", sanoi Miranda. "Jos näemme matkalla jotain, mikä miellyttää meitä, voimme mennä sinne, muuten huonepalvelu sopii minulle mainiosti."

"Voi luoja, mikä tämä on cheeseburgerissani?", huudahti Cheryl.

"He laittoivat siihen munan ja punajuurta, yök", Miranda myötätuntoisesti sanoi. "Olen todella iloinen, etten tilannut sellaista. Kai sitä tarkoitetaan sanalla 'kaikki kikkareet'."

Cheryl avasi sämpylän ja alkoi repiä hampurilaistaan palasiksi. "Perunat ovat kuitenkin todella maukkaita; ne maistuvat jostain syystä kanalta."

"Se on varmaan sitä oranssia kamaa, mitä ne laittavat niiden päälle", Miranda sanoi nostaessaan kannen paljastaen Caesar-salaattinsa. "Voi luoja, mikä tämä on?" Kokonaiset anjovikset olivat ripoteltuina salaatin päälle. Muna, joka oli melkein kovaksi keitetty, makasi kuin hyytelö salaatin päällä. Se oli vielä lämmin.

"Pelkään nyt nostaa kansiani," sanoi Terri. "Mutta tilasin klubileivän. Eivät kai he voi mokata klubileipää?" Hän nosti kannen. Tomaatti ja salaatti olivat kohdallaan. Kalkkunan sijaan siinä oli kokonainen kananrinta. Pekonin sijaan oli viipale kinkkua.

"Jos me kaikki toimimme kuin kirurgit ja poistamme huonot palat, kaikki menee hyvin. Sitä paitsi, aamiaiseen ei ole enää kauan", Miranda ehdotti.

He soittivat conciergelle, joka järjesti herätyksen kello 7 aamulla. He asettivat herätyksen kello 7.30 varmuuden vuoksi.

Kolme ystävää meni nukkumaan vatsan kurniessa. Ehkä he kaikki näkivät samaa unta: aamiaista.

Luku 17

SEURAAVANA AAMUNA HE OLIVAT levänneet hyvin, mutta nälkäisiä. He söivät hotellin ravintolassa ja suuntasivat sitten kohti Sydney Harbour Bridgea. Kiipeily alkoi kello 9, ja heidän piti olla paikalla jo klo 8.45 valmistautuakseen.

"Kiipeily kestää kolme tuntia", lippuja myynyt mies kertoi heille.

Kolme ystävää katsoivat toisiaan. He eivät olleet osanneet odottaa, että kiipeily kestäisi niin kauan.

He siirtyivät odotustilaan odottamaan kutsua kiipeilyyn. Kiireinen juoksu vessaan ja nopea kulaus energiajuomaa saivat heidät takaisin odotustilaan juuri ja juuri ajoissa.

Heille tehtiin alkometritesti, ja sitten he allekirjoittivat terveydentilaa koskevan lausunnon. Seuraavaksi allekirjoitettiin vakuutuslomake. Sitten heille annettiin avaruuspuvut, kuten astronautit käyttävät NASA:ssa. He valitsivat hatut ja käsivarsinauhat.

Sitten alkoivat tekniset asiat. Heille annettiin mahdollisuus testata kiinnityslaitetta, joka pitäisi heidät kiinni sillassa ja kiipeilyryhmäänsä.

Cheryl, joka ei ollut suuri korkeuksien ystävä, tunsi olonsa hieman huonovointiseksi, kun heidän piti tehdä koekiipeily ylös ja alas tikkaita. Hän selviytyi kiipeämisestä ylös hyvin, mutta kun hänen piti kiivetä alas selkä edellä, hän melkein jänisti.

"En usko, että pystyn tähän", Cheryl sanoi.

"No niin, Cheryl, sinä pystyt siihen. Muista: *Kolme muskettisoturia*! Me pystymme mihin tahansa!" Miranda sanoi.

"Lähes mihin tahansa. Mutta en tähän."

"No niin, Cheryl, kunhan pääset sinne ja näet maisemat, kaikki menee hyvin. Olet täysin turvassa", Terri selitti.

"Mitä nyt?", vastuuhenkilö kysyi.

"En usko, että pystyn tähän", Cheryl sanoi.

"Tule eteen, pysy minun kanssani, autan sinut tämän läpi", heidän oppaansa sanoi. "Vielä yksi asia, jota kannattaa miettiä: peruutuksista ei makseta hyvitystä. Menetät rahasi. Olet tullut näin pitkälle; pystyt siihen!"

Heidät jaettiin viiden muun henkilön ryhmään. He seisoivat yhdessä ja kertoivat toisilleen, mistä olivat kotoisin ja miksi olivat tulleet kiipeämään. Mukana oli englantilainen pariskunta, joka oli haaveillut Sydney Harbour Bridgen kiipeämisestä vuosia, vanhempi pariskunta Queenslandista, joka oli aina halunnut tehdä sen, viisitoistavuotias tyttö Sydneystä, joka oli tehnyt sen aiemmin ja jonka kokemus oli ollut niin upea, että hän halusi tehdä sen uudelleen, sekä Miranda, Cheryl ja Terri.

Hän oli parikymppinen, ja hänen lempinimensä oli Mac. Hän selitti, kuinka heidän pitäisi auttaa edellä kulkevaa henkilöä saamaan radiot toimimaan, ja pian he olivat matkalla. Mac varmisti, että Cheryl oli edessä, vanhempi pariskunta seurasi perässä, sitten tulivat Terri ja Miranda, lontoolainen pariskunta ja lopuksi teini-ikäinen tyttö. Heidän kohtalonsa olivat kaikki sidoksissa toisiinsa.

Cheryl keskittyi, jotta hän ei sortuisi katsomaan alas. Sillä välin Terri ja Miranda katselivat tarkkaavaisesti, kun autot sujahtivat heidän alapuolellaan, ja niiden perässä junat. Vesi tanssi ja kimalteli voimakkaiden auringonsäteiden alla. Kun he etsivät tiensä pitkin valtavaa metallirakennelmaa, heidän näkymäänsä avautui nyt Sydneyn oopperatalo. Se näytti niin pieneltä.

Mac puhui mikrofoniin ja kertoi tiimilleen Sydneyn historiasta ja nähtävyyksistä. Hänen äänensä piti Cheryl keskittyneenä.

Kun he lähestyivät lippuja, jotka odottivat heitä sillan huipulla, jokainen huokaisi upeasta näköalasta. Mac otti valokuvia, ja kolme ystävää olivat niin synkronissa, että he lauloivat Celine Dionin kappaleen kertosäettä.

"Olen maailman kuningatar", Miranda huusi.

Laskeutuminen osoittautui paljon helpommaksi. Näkymä sillan toiselta puolelta avautui kohti kaukana siintäviä Sinisiä vuoria.

Cheryl polvet tärisivät niin pahasti, että hän pelkäsi menettävänsä tasapainonsa. Hän alkoi hyperventiloida, ja Mac ryhtyi nopeasti toimeen, tarjoten hänelle vettä ja taputtaen häntä käden selkään.

"Keskity", Mac sanoi, "laske tikkaiden askelmia ja laske ääneen, kun laskeudut. Odotan sinua alhaalla."

"En pysty siihen."

"Kyllä pystyt."

"Haluatko, että menen ensin?", Miranda ehdotti.

Cheryl nyökkäsi, ja he vaihtoivat paikkoja.

"Nähdään hetken päästä, Cher, pystyt siihen!", Miranda sanoi.

Miranda tiesi, että se oli Cheryl isän antama lempinimi hänelle. Se sai hänet toimimaan, ja pian Cheryl ja Miranda odottivat ensimmäisellä tasolla Terri liittyvän seuraansa.

Palattuaan sisälle he huusivat riemunkiljahduksen siitä, että olivat kiivenneet aina Sydneyn satamansillan huipulle asti. He palauttivat varusteet ja pesivät kätensä, ja sitten vaihtoivat omat vaatteensa ylleen. Siihen mennessä heidän todistuksensa, joka osoitti heidän onnistuneen sillan kiipeämisessä, oli valmis.

Kun he kävelivät ulos The Rocks -alueelle ja huomasivat, että kello oli jo yli kaksi, he etsivät ruokapaikkaa ja löysivät söpön pienen pubin nimeltä The Lord Nelson. He olivat hyvin janoisia ja päättivät ottaa paikallista olutta ja tilasivat kolme pintia Foster's Lageria. Loppujen lopuksi, mikä voisi olla australialaisempaa kuin se? Tutkittuaan huolellisesti ruokalistaa he päättivät valita jotain perinteistä, eli australialaisen lihapiirakan ranskalaisilla ja salaatilla.

"No", sanoi Cheryl, "emme ainakaan herätä kiinnostusta niissä australialaisissa komeissa miehissä, joita näemme nyt kaikkialla ympärillämme. Luuletko, että näytämme liian kanadalaisilta? Liian turistimaisilta?"

Miranda ja Terri olivat miettineet samaa asiaa. He sopivat, että jonkun heistä pitäisi kysyä joltakulta. He tilasivat uuden kierroksen lager-olutta toivoen, että se antaisi heille rohkeutta kysyä joltakulta.

"Anteeksi, mutta me vain mietimme. Näytämmekö turisteilta? Voitteko sanoa?"

He alkoivat nauraa, ensin mies ja sitten kaksi naista. He olivat myös pohjoisamerikkalaisia.

"Olemme olleet Australiassa yli kaksi viikkoa", mies sanoi. "Olen Robert ja nämä ovat ystäväni Linda ja Evie."

"En voi uskoa tätä", Terri sanoi, "kaikista ihmisistä, joilta päätimme kysyä."

"Ihan totta", Robert sanoi. "Teidän pitäisi hankkia varusteet ja suunnata Bondi Beachille. Kun olette auringossa, hiekalla ja aalloissa, kaikki näyttävät samalta."

"Paitsi että me olemme valkoisia kuin lakana", Miranda sanoi.

"Totta, totta, mutta saatte väriä aika nopeasti", Evie sanoi, "mutta älkää tehkö samaa virhettä kuin me. Jos käytätte uimapukuja kotoa, erottutte joukosta kuin särkynyt peukalo."

"Aioimme ostaa uimapuvut täältä", Terri sanoi.

"No, ette voi tulla Uuteen Etelä-Walesiin katsomatta Bondia. Mistä teidän pitäisi hankkia uimapuvut, tytöt?" Robert kysyi.

"Menkää David Jonesiin, siellä on erinomainen valikoima", sanoi Linda. "Tässä, piirrän teille kartan."

"Onko teillä tytöillä mitään menoa lauantai-iltana?", kysyi Robert, ja he kaikki pudistivat päätään kieltävästi. "Tulkaa sitten mukaan, meidät on kutsuttu BYO-juhliin (tuo oma alkoholi)."

"Kyllä, tässä on puhelinnumeromme. Soittakaa, jos haluatte tulla mukaan. Voimme poimia teidät matkan varrelta. Siitä tulee varmasti hauskaa," sanoi Linda.

"No, oli kiva tavata teidät kaikki. Nauttikaa matkan loppu ja toivottavasti nähdään taas," sanoi Robert.

"Ai, ja muuten," sanoi Evie, "Älkää antako niiden australialaisten suostutella teitä kokeilemaan Vegemiteä, koska se on ällöttävää!"

"Ihanko totta?" kysyi Miranda. "Olen aina halunnut maistaa sitä."

"Hei ja kiitos," sanoi Cheryl, ja he seurasivat nopeasti karttaa matkalla David Jonesiin. He kävivät monissa kaupoissa The Rocksissa. Yksi niistä oli nimeltään The Mad Hatter, täydellinen paikka hankkia aurinkosuojahattuja. He huomasivat, että kaupat olivat auki torstai-iltana kello 21 asti. Koska oli torstai, heillä oli tunteja aikaa shoppailla ja nauttia.

Seuraavana päivänä he ottivat lautan ja menivät Darling Harbouriin. Paddy's Market oli vielä auki ja täpötäynnä, joten he raivasivat tiensä sen läpi ja tulivat ulos useiden matkamuistoja ja t-paitoja täynnä olevien kassien kanssa. Terri löysi täydellisen paikan ostaa isälleen didgeridoo, mutta päätti odottaa, kunnes he palaisivat Sydneyyn matkan lopussa, jotta hänen ei tarvitsisi raahata sitä mukanaan.

Illalliseksi he söivät Darling Harbourissa ravintolassa nimeltä The Fish House. He kävelivät Chinatownin läpi ja menivät sitten David Jonesiin kokeilemaan uimapukuja. Niiden sovittaminen oli hieman traumaattista, koska he olivat niin kalpeita, mutta he toivoivat, että ne sulautuisivat ympäristöön, kun pääsisivät rannalle.

"Hei", Miranda sanoi. "Täällä sanotaan, että meidän pitää varoa tappajameduusoja ja tappajahaita vedessä. Voi pojat, jos meduusa tulee lähellekään minua, minusta tulee itsekin hyytelöä ja teidän täytyy kantaa minut kotiin laatikossa."

Cheryl ja Terri nauroivat, miettien salaa, kuinka yleisiä meduusat olivat. He pyyhkivät pelon mielestään, kun he suuntasivat takaisin hotellihuoneeseen.

Vaikka oli vasta perjantai, Terri päätti soittaa isälleen ajatellen, että jos soittaisi hänelle tänä iltana, hänen ei tarvitsisi huolehtia soittamisesta uudelleen sunnuntaina. Isä oli uskomattoman iloinen kuullessaan hänen äänensä, mutta suuttui nopeasti tajutessaan, että Terri soitti illalla, josta he eivät olleet sopineet. Terri selitti, että kaikki oli hyvin. Heillä oli fantastista, ja hän kertoi isälleen kiipeämisestä Sydney Harbour Bridge -sillalle. Heti sanottuaan sen Terri toivoi voivansa perua sanansa, koska tiesi isänsä ajattelevan, että he olivat hulluja kiipeämään sinne. Hänen yllätyksekseen isä ei ollut vihainen siitä, vaan sanoi itse asiassa haluavansa nähdä valokuvia todisteeksi siitä, että he olivat kiipeäneet. Terri sanoi, että hänellä oli paitsi valokuvia, myös todistus siitä.

"Rakastan sinua, Teresa."

"Minäkin rakastan sinua, isä."

Seuraavana päivänä suunnitelmana oli suunnata Bondi Beachille.

"Tiesitkö, että Australiassa on maailman korkein ihosyöpätapausten määrä?" Cheryl sanoi.

"No," Miranda sanoi, "jos minun on kuoltava, mieluummin jotain hieman nopeampaa kuin melanooma, vaikkapa meduusapisto tai hain syömä."

Terri heitti tyynyn Mirandaan, ja Cheryl teki samoin.

Mihin he olivatkaan itsensä saattaneet?

Luku 18

JUNAMATKAN JA BUSSIMATKAN JÄLKEEN he saapuivat Bondi Beachille. Kukkulan laelta näkymä oli upea. He menivät rantataloon, vaihtoivat uudet uimapuvut ylleen ja löysivät paikan merenrannalta.

He merkitsivät paikkansa hiekkaan ja suuntasivat sitten suoraan veteen. He juoksivat sitä kohti kuin lapset, jotka olivat olleet suljettuina taloon päiväkausia. Hiekka poltti heidän jalkapohjiaan, ja aurinko paahtoi heidän päälleen. Aallot suutelivat rantaa.

"Huh, tämä on aika pirun kylmää, tytöt", Miranda sanoi.

Terri ajatteli Mirandan vain olevan nynny ja jatkoi kahlaamista hieman syvemmälle. Tuleva aalto hyppäsi hänen polvilleen.

"Huh!" Terri huusi, "Et sinä vitsaile!"

Miranda katsoi Cherylia. Cheryl katsoi Terriä. Terri katsoi Mirandaa.

"VITTU!" he huusivat juostessaan ja sukeltaessaan veteen. He tunsivat olevansa kuin Robert Redford ja Paul Newman, kun he hyppäsivät kallionkielekkeeltä elokuvassa *Butch Cassidy ja Sundance Kid.*

"Minä pidän silmällä tappavia lonkeroita", sanoi Cheryl.

Miranda ja Terri purskahtivat nauruun.

"Luuletko, että ne tulisivat pyytämään lupaasi tai jotain?" Miranda kysyi.

"Kyllä, äiti, saanko pistää sinua?" Terri sanoi.

"Okei, okei te kaksi. Te tunnette minut ja fobiani", Cheryl sanoi. Hän ui takaisin kohti rantaa.

"Tule takaisin!" Miranda pyysi, "Me vain vitsailimme."

Cheryl kääntyi ympäri ja näytti kahdelle ystävälleen suurimman mahdollisen kielisuudelmansa. He vastasivat samoin ja seurasivat häntä sitten rantaan. Pieni kaveri, jota he tarkkailivat, kulutti aikaa ja oli jo kauan myöhässä.

He laittoivat tummat aurinkolasit päähänsä ja piiloutuivat romaaniensa taakse. Ajoittain romaanit laskivat alas synkronoidusti, kun söpö kaveri käveli ohi. He selailivat sivua toisensa jälkeen, huomatessaan, ettei kukaan kaveri näyttänyt olevan tulossa heidän suuntaansa.

"Luulen, että valitsimme huonon paikan", Cheryl sanoi kääntyessään juuri ajoissa nähdäkseen joukon poikia juoksevan kohti surffilautojaan. "Hei, katsokaa tätä!"

Miranda ja Terri istuivat pystyyn ja näkivät yhdeksäntoista pientä surffaria ryntäävän kohti aaltoa.

"No, ei ihme, katsomme väärään suuntaan!" Terri sanoi.

"Surffaus on niin siistiä", Miranda sanoi. "Jos osaisin uida hyvin, olisin siellä heti."

"En minä", Cheryl sanoi. "Ei ikinä. Ei kaikkien niiden tappavien otusten kanssa vedessä."

"Haluaako kukaan Bacardia?" Terri kysyi avatessaan kylmälaukun ja avatessaan yhden pullon.

"Oletko varma, että se on ok, tarkoitan juoda rannalla?" Cheryl kysyi.

"Robert, se kaveri, jonka tapasimme pubissa, sanoi, että se on täysin laillista täällä. Katso tuonne, nuo kaverit kävelevät ympäriinsä olutpulloja kädessään. Näetkö?" Miranda sanoi ja osoitti kahta nuorta miestä, jotka olivat tuskin tarpeeksi vanhoja ostamaan alkoholia.

"Entä rikkoutuneet lasit? Mietin, onko se ongelma?" Cheryl kysyi.

"Roskakoreja on joka puolella – älä huoli siitä, Cheryl. Olen varma, että se on kunnossa", Miranda sanoi.

"Ehkä he vievät roskansa kotiin mukanaan, aivan kuten junissa", Terri ehdotti.

"Katsokaa, katsokaa!" Miranda sanoi, kun kolme nuorta miestä lähestyi. He asettuivat makuulle kolmen ystävän viereen.

Miehet teeskentelivät olevansa viileitä ja välinpitämättömiä puhumalla keskenään.

Miranda huomasi yhden heistä katsovan heitä.

"Oliko se jotain, mitä sanoimme?" Miranda sanoi, kun pojat ottivat pyyhkeensä ja jatkoivat matkaa.

"Tällä menolla emme tule koskaan tapaamaan yhtään australialaista miestä," Cheryl sanoi.

"Ehkä he odottavat, että naiset tekevät täällä ensimmäisen siirron?" Terri sanoi.

"No, kuka helvetti tietää? Emme halua näyttää siltä, että olemme helppoja. Vai mitä?" Miranda kysyi.

He olivat yhtä mieltä siitä, että odottaminen oli paras lääke. Loppujen lopuksi he olivat olleet Australiassa vasta muutaman päivän, eivätkä he aio antaa miesten tapaamisen estää heitä nauttimasta olostaan. Sitä paitsi he olivat Bondi Beachillä, kolme sinkkua, viehättävää tyttöä, lomalla, nauttimassa elämästä ja tarkkailemassa tarjontaa. Ei ollut kiirettä.

Iltapäivällä kolmen maissa tuli niin kuuma, että he päättivät lopettaa päivän.

"Olen varmaan punainen kuin rapu", Miranda sanoi.

"Tunnen oloni ällöttäväksi, kun ihollani on kaikki tämä aurinkovoide", Cheryl sanoi. "Se saa minut tuntemaan oloni limaiseksi, ja inhoan sitä, miten hiekka tarttuu siihen."

"Taidan olla onnekas", Terri sanoi. "En pala. Se johtuu italialaisista juuristani – sukulaiseni asuivat Sisiliassa."

Miranda oli salaa huolissaan miesten tapaamisesta. Hän oli murehtinut ja miettinyt, mitä tekisi, jos tapaisi jonkun. Kertoisiko hän miehelle hyökkäyksestä? Tuntisiko hän tarvetta kertoa miehelle kaiken? Ja jos kertoisi, inhoaisiko mies häntä, vai rakastaisiko hän häntä entistäkin enemmän?

Mirandalla oli ollut muutamia painajaisia saapumisestaan Sydneyn jälkeen. Painajaiset koskivat hallinnan menettämistä, sen riistämistä, itsensä menettämistä jonkun toisen vallassa. Hyökkäys leikkii hänen alitajunnassaan.

Miranda työnti nämä ajatukset mielensä takaosaan eikä kertonut niistä ystävilleen. Hän ei halunnut masentaa heitä, ei tällä kerran elämässä -lomalla.

Cheryl ja Terri olivat samalla aaltopituudella, huolissaan Mirandasta. Miranda ei ollut käynyt yhdelläkään treffeillä sen jälkeen, kun se tapahtui. Hän ei ollut edes ollut kahden kesken pojan kanssa. He halusivat suojella häntä.

Cheryl ja Terri päättivät, että jos jompikumpi tai molemmat tapaisivat pojan, he toimisivat tiiminä. Ja jos tulisi päivä, jolloin Miranda luottaisi mieheen tarpeeksi kertoakseen heille, että he voivat häipyä – he vetäytyisivät.

Kun Miranda olisi valmis, hän ottaisi ohjat käsiinsä.

LUKU 19

TASAN KELLO 9 AAMULLA herätyskello soi, ja Miranda ojensi kätensä ja sammutti sen. Hetkeä myöhemmin puhelin soi, kun vastaanotto soitti varahälytyksenä. Miranda pyyhki unet silmiltään ja katsoi alas huomatessaan, että punainen viestipainike vilkkui kirkkaasti häntä kohti. Hän soitti vastaanottoon. Terrille oli tullut kiireellinen viesti.

"Herää, Terri. Sinulle on kiireellinen viesti. Sinun on soitettava kotiin välittömästi."

"Voi ei, jotain kauheaa on varmasti tapahtunut!" Terri sormet vapisivat, kun hän painoi puhelimen näppäimiä. Hänen vanhempansa eivät olisi soittaneet hänelle keskellä yötä, jos kotona olisi kaikki hyvin. Ehkä he olivat sekoittaneet kellonajan? Puhelimen toisessa päässä soi kerran, kahdesti, ja kolmannella soitolla joku vastasi. Miranda ja Cheryl odottivat jännittyneinä.

"Kyllä, isä, ymmärrän. Christina. Kyllä. Voi luoja, en voi uskoa tätä. Tämä on kuin elokuvasta."

"Mitä, mitä???" Miranda ja Cheryl kysyivät.

"Kerron sinulle hetken kuluttua, okei isä, mikä numero se on? Kyllä, kerron hänelle. Kiitos, että kerroit meille." Hän laski puhelimen. "Miranda, tätä ei ole helppo kertoa, joten sanon sen suoraan. Christina on kuollut. Hän hyppäsi, putosi tai hänet työnnettiin parvekkeelta. Kukaan ei tiedä varmasti. Rikostekniset tutkijat etsivät todisteita. He etsivät motiivia."

"Mutta miten? Siinä ei ole järkeä", Miranda sanoi.

"Ilmeisesti rouva Pierce kuuli huudon ja juoksi teidän asuntoonne. Ovenne oli auki ja ensimmäisen huudon jälkeen ei kuulunut enää huutoja. Hän astui sisään ja löysi paikan tyhjänä. Kaikki näytti olevan kunnossa. Sitten hän huomasi, että siellä oli vetoa, ja näki verhot heiluvan sisään ja ulos. Hän löysi terassin ovet auki. Jäätävän kylmä tuuli puhalsi sisään. Hän oli pyjamassa, mutta jokin sai hänet menemään parvekkeelle. Missään ei kuulunut ääntäkään, sillä kello oli vasta 3 aamulla. Hän katsoi alas ja näki Christinan, joka makasi maassa yöpuvussaan, joka lepatteli hänen ympärillään kuin valkoiset siivet."

"Voi luoja!" huudahti Cheryl.

Hän käytti Mirandan puhelinta ja soitti hätänumeroon. Matkalla alakertaan hän otti sohvalta peiton ja meni sitten Christinan luo. Christina hengitti vielä tuolloin. Rouva Pierce silitti hänen selkää ja kehotti häntä jaksamaan, että kaikki tulisi olemaan hyvin. Christina näytti yrittävän sanoa jotain. Aluksi rouva Pierce yritti rauhoittaa häntä, mutta se vain ahdisti tyttöä entisestään.

"Miksi? Miksi minä? Miksi?" olivat Christinan viimeiset sanat.

Tuntui kestävän ikuisuuden, ennen kuin poliisi ja ambulanssi saapuivat. Rouva Pierce vapisi niin kovasti, että hän pelkäsi saavan hypotermian, mutta hän ei halunnut siirtää Christinaa eikä jättää häntä yksin ulos – vaikka tämä olisi jo siirtynyt tästä maailmasta taivaaseen.

Poliisi kuulusteli rouva Pierceä ja tajusi pian, että asunto oli ollut alivuokrattuna. Rouva Pierce antoi heille Mirandan nimen ja kertoi, missä tämä oli ja milloin hän palaisi Kanadaan.

Ylikonstaapeli Jim Miller saapui paikalle vähän myöhemmin ja tunnisti Mirandan nimen papereista.

Poliisi otti yhteyttä Christinan omaisiin ja järjesti ruumiin kuljetuksen kotiin Torontoon heti, kun rikostekninen tutkimus oli saatu päätökseen.

"Siinä oli koko tarina", Terri sanoi. "Se on kuin elokuvasta."

"Voi luoja, voi luoja", Miranda toisti hysteerisesti.

"Ylikonstaapeli Miller, muistatko hänet, Miranda?", Terri kysyi.

"Kyllä muistan, luuleeko hän, että mies, joka raiskasi minut, ja tämä murhaaja, saattaisivat olla sama henkilö?"

"Hän etsii todisteita."

Miranda pystyi vain itkemään. Se eläin oli tehnyt sen taas, ja tällä kertaa hän oli tappanut jonkun. Miksi? Rahan takia? Miranda tiesi, ettei voisi koskaan palata kotiin. Ei enää koskaan asuisi omassa asunnossaan, kaikki – hänen koko elämänsä oli saastunut.

"Mutta, Miranda, he eivät ole sulkeneet pois itsemurhaa", Terri sanoi. "Ei kokonaan. Se ei ehkä liity mitenkään häneen."

"Mutta miksi Christina olisi vuokrannut asuntoni, tullut AP:hen, jossa hän halusi olla ystäviensä lähellä lomien ajaksi – ja sitten hypännyt parvekkeeltani? Siinä ei ole mitään järkeä."

"Mutta toisaalta", Cheryl ehdotti. "Jotkut ihmiset tekevät hulluja asioita, varsinkin jouluna."

Ihmettelen, tietävätkö vanhempani. Miranda ajatteli. *Jos he tietävät, miksi he eivät soittaneet minulle? He eivät luultavasti osaisi selvittää maakoodia, vaikka heidän henkensä riippuisi siitä.*

Luku 20

MIRANDA NÄPPÄILI NUMEROT SOITTAAKSEEN AP:n poliisilaitokselle.

"Ylikonstaapeli Jim Miller, kiitos."

"Kuka siellä?"

"Miranda, Miranda Evans."

"Hetkinen, kiitos."

"Neiti Evans? Ylikonstaapeli Jim Miller tässä, miten voitte?"

"Olen peloissani siitä, mitä asunnossani on tapahtunut."

"Oliko tyttö masentunut tai jotain, kun tapasitte hänet?"

"Ei, ei lainkaan. Hän oli erittäin innoissaan siitä, että sai viettää lomansa AP:ssa."

"Kiitos, se oli kaikki, mitä halusin tietää tällä hetkellä. Nauttikaa lomastanne ja soittakaa minulle, kun pääsette kotiin. Voimme käydä asiat läpi silloin. Tiedämme, miten ottaa teihin yhteyttä, jos tarvetta ilmenee. Sillä välin, älkää huoliko asiasta."

"Kiitos, ylikonstaapeli Miller."

Niin hän sanoi ääneen, mutta mielessään hän ajatteli: *Hän uhkasi minua! Hän sanoi, että jos kerron poliisille, hän tappaa kaikki rakkaani ja sitten minut. Mutta miksi hän hyökkäisi Christinan kimppuun? Siihen ei ollut mitään syytä. Christina oli olosuhteiden uhri.*

"Tarkistamme asuntosi todisteiden varalta ja teemme luettelon sen sisällöstä. Kun palaat, voit tarkistaa sen varmistaaksesi, ettei mitään puutu. Voit välittää tiedot vakuutusyhtiöllesi. Kiitos, että soitit."

Miksi joku olisi mennyt asuntooni? Ellei sitten halunnut varastaa jotain. Ei sillä, että minulla olisi paljon ylellisyyttä tarjottavaa.

"Ylikonstaapeli Miller, oliko ovesta murtauduttu?"

"Ei, mutta parveke on saattanut olla lukitsematta. Ehkä tunkeilija pääsi sisään sieltä, jos sellainen oli. Tai Christina on saattanut hypätä. Taistelun jälkiä ei ollut, vaikka vuokranantaja vannoo kuulleensa kovaa, verta hyytävää huutoa."

Mirandan lopetettua puhelun kolme tyttöä istuivat sängyillään, hämmentyneinä aamun uutisista. Miranda tunsi syyllisyyttä, ikään kuin hän olisi ollut syynä jonkun toisen kuolemaan.

Cheryl soitti alakertaan ja pyysi huonepalvelua. Viime kerran jälkeen hän tiesi, mitä ei kannata tilata. Sen sijaan hän pyysi keittoa. Heidän piti syödä. Heidän piti pitää voimansa yllä, olipa miten oli, he olivat maksaneet paljon rahaa tästä ainutkertaisesta matkasta, eikä heillä ollut mitään keinoa auttaa, koska olivat toisella puolella maailmaa.

Terri selaili australialaisia televisiokanavia. "Aivan kuin kotona", hän sanoi, "ei mitään katsottavaa."

"Vietetään päivä hotellin lähellä", Miranda sanoi. "Sopiiko se sinulle?"

"Voimme käyttää uima-allasta, tehdä vähän liikuntaa ja ottaa rennosti tänään", Cheryl sanoi.

"Ja palata takaisin raiteille huomenna", Terri sanoi.

Juuri silloin Miranda muisti, että hän oli jättänyt kopion heidän aikataulustaan asunnossaan Christinalle puhelimen vieressä olevaan pöytään.

Olenko tulossa vainoharhaiseksi? Mutta entä jos? Entä jos hän aikoi etsiä minua – ja löysi sen sijaan Christinan? Entä jos hän tappoi Christinan minun sijastani? Ja nyt, nyt hänellä on aikatauluni. Meidän aikataulumme. En voi kertoa Terrille ja Cherylille. Ei ole järkeä, että kolme vainoharhaista muskettisoturia vaeltaa ympäri Outbackia, eihän? Jos jotain tapahtuu, minun on kerrottava heille. Toistaiseksi aion toivoa, että nämä kaksi tapahtumaa eivät liity mitenkään toisiinsa.

LUKU 21

SEURAAVANA AAMUNA KOLME YSTÄVÄÄ heräsi ja pakkasi laukkunsa kahden yön matkaa varten Sinisille vuorille. He joivat nopeasti kupin kahvia hotellissa, nousivat sitten junaan Wynyardin asemalla, vaihtoivat junaa Centralin asemalla – ja olivat pian matkalla.

Juna oli ylellinen, ja heillä oli oma hytin. Heidän määränpäänsä oli Katoomba, pieni kaupunki sata kilometriä Centralista.

"Vau, tässä kirjassa sanotaan, että Katoomba on 3336 jalkaa – lähes 1000 metriä merenpinnan yläpuolella", Miranda sanoi.

"Mitä muuta siinä sanotaan?", Terri kysyi.

"Siinä sanotaan, että meidän pitää mennä Echo Pointiin. Sieltä näemme Kolme sisarta, koska ne ovat vain sadan metrin päässä toisistaan. Luulen, että voimme kävellä sinne rautatieasemalta. Sinne on vain kolmenkymmenen minuutin matka. Voimme syödä ensin pikaisen aamiaisen ja sitten käydä katsomassa nähtävyyksiä."

"Kuulostaa hyvältä suunnitelmalta", sanoi Cheryl.

Cheryl tuijotti ulos ikkunasta, ajatuksiinsa vaipuneena. Hän ei halunnut olla se, joka ottaisi esille Christinan kuoleman. Hän tarkkaili vaihtelevaa maastoa, puita, joissa näkyi vielä merkkejä metsäpaloista, ja nautti näkymästä.

Terri otti käteensä australialaisen version saippuaooppera-lehdessä. Hän selaili sivuja. "Tämä on hulvatonta, tytöt! Ette usko tätä!" Terri sanoi. "Katsokaa tätä, *The Young and the Restless* -näyttelijät – tämä kaveri on ollut kuolleena jo yli kaksi vuotta! Tämä tyttö ei edes ole enää sarjassa! Vau, ovatpa he kaukana ajasta!"

"No, luulenpa, että *Y & R*:n ja yleisesti päiväsaikaan esitettävien ohjelmien katsominen ei ole täällä niin suuri markkina kuin Pohjois-Amerikassa. Tarkoitan, että jos australialaiset olisivat kiinnostuneita *Y & R*:stä, he voisivat selvittää kaiken muutamassa sekunnissa puhumalla pohjoisamerikkalaisille sukulaisilleen ja ystävilleen", sanoi Cheryl.

"Mutta he eivät *tiedä* olevansa kaukana jäljessä", sanoi Terri.

"Hei, eikö se olisi jotain. Vuotaisi se, niin he kaikki tietäisivät juonen etukäteen! Kukaan ei vaivautuisi katsomaan *Y & R:ää* enää koskaan – ennen kuin he olisivat saaneet kiinni muusta maailmasta, siis," Miranda sanoi.

"Kuvittele kaikki ne mainostulot, jotka TV-kanavat menettäisivät! He olisivat äärimmäisen kännissä. Mutta hei, katsojien pitäisi olla ärsyyntyneitä. Nykypäivän satelliittien ansiosta ei ole mitään syytä, miksi ohjelmatolisivat niin kaukana jäljessä. En vain ymmärrä sitä", Terri sanoi.

"Saippuaoopperat ovat kai ikuisia", Cheryl sanoi. "Ja ehkä täällä on niin hyvä sää, että he mieluummin liikkuvat ulkona kuin katsovat televisiota."

"Veikkaan, että kyse on rahasta", Miranda sanoi. "Televisiokanavat ovat vain saitoja, ja koska kukaan ei valita, niiden ei tarvitse tehdä asialle mitään."

Puolitoista tuntia myöhemmin Miranda luki yhä Bill Brysonin *Down Under* -kirjaa. Juna saapui Katoomban asemalle, ja kolme ystävää nousi junasta.

"Eikö tämä olekin kätevää", Terri sanoi, "matkailuneuvontapiste aivan rautatieaseman ulkopuolella."

"Hankitaan kartta ja ohjeet parhaaseen ravintolaan, josta voimme löytää aamiaista", Terri sanoi.

" "Ehkä meidän pitäisi viedä tavaramme ensin mökille?" Cheryl ehdotti.

Miranda katsoi karttaa.

"Paras paikka aamiaiselle on Paragon Café", matkailuneuvontapisteen nainen kertoi heille. "Kävelkää vain tuota tietä pitkin." Hän osoitti vasemmalle. "Ja ravintola on oikealla puolella, noin viiden minuutin kävelymatkan päässä, ette voi olla huomaamatta sitä. Se on historiallinen rakennus ja ruoka on erinomaista. Aamiaisen jälkeen jatkakaa samaa tietä noin 20 minuuttia. Mökkinne ovat vasemmalla puolella. Jos pääsette Echo Pointiin, olette menneet liian pitkälle!"

"Kuulostaa aika yksinkertaiselta. Kiitos avusta", Miranda sanoi. "Okei, lähdetään."

"Minulla on hirveä nälkä", Cheryl valitti. "En todellakaan odottanut junamatkan olevan näin pitkä."

"Tässä se on, kuinka söpöä, he ovat virallisesti merkinneet *sisä-* ja *ulko*-alueet kyltillä ja kaikella," Terri sanoi.

"Vau, tämä on kuin astuisi aikakoneeseen ja tulisi ulos, hurjista kaksikymppisistä!" Cheryl huomautti.

"Itse asiassa on 1930-luku," menuja jakava mies selitti. "Tämä rakennus on listattu National Trustin suojelukohteeksi art deco -sisustuksensa vuoksi."

"Olen todella vaikuttunut", sanoi Cheryl. "Ja teettekö myös omat suklaanne?"

"Kyllä, olemme kuuluisia niistä. Voitte maistella muutaman lähtiessänne, jos haluatte. Haluatteko aamiaisen vai lounasmenun?"

"Aamiaista kaikille", sanoi Miranda. "Olemme olleet junassa koko aamun Sydneystä asti, ja olemme nälkäisiä."

"Tarjoilijanne tulee pöytäänne muutaman minuutin kuluttua. Haluatteko aluksi mehua tai kahvia?"

"Cappuccinoja kaikille", sanoi Terri.

"Minulle iso", lisäsi Miranda.

Aamiainen saapui pian cappuccinojen jälkeen.

"Ällöttävää!" sanoi Miranda. "Tämä näyttää enemmänkin kinkulta."

"Olen samaa mieltä", Terri sanoi, "mutta ehkä se maistuu paremmalta kuin miltä näyttää. Ei se ole pahaa, kunhan leikkaa kuoren ja ne valkoiset jutut pois."

"Pidän pekonistani rapeana", Miranda valitti, kun hän kasasi voita leivän päälle ja ahmi sen. "Anteeksi, voisinko tilata lisää leipää? Maksan siitä ylimääräisen."

Muutama minuutti myöhemmin Mirandan eteen tuotiin yksi paahtoleipäviipale.

"No paska, olisi kai pitänyt pyytää kaksi viipaletta, koska jostain syystä hän antoi minulle vain yhden, mitä sille mahtaa?" sanoi Miranda. "Meidän on parasta lähteä joka tapauksessa, syön paahtoleipäni matkalla ulos, kun maksamme."

Tytöt huomasivat, ettei heillä ollut laskua, ja odottivat vielä hetken. Tähän mennessä Miranda oli syönyt paahtoleipänsä, eikä tarjoilijasta vieläkään näkynyt jälkeäkään. Terri päätti käydä takahuoneessa katsomassa, oliko tarjoilija tauolla tai jotain, mutta hän ei nähnyt tätä. Lopulta hän onnistui saamaan toisen tarjoilijan huomiota. "Anteeksi, emme anna laskuja täällä. Menkää kassalle, niin joku auttaa teitä." Tytöt vaelsivat kohti kahvilan etuosaa.

"Tämä ei tunnu oikealta", Terri sanoi. "Voisimme kävellä suoraan ulos ovesta maksamatta, eikä kukaan edes huomaisi. Katoomban ihmiset ovat todella rentoja!"

"Olen samaa mieltä", Miranda sanoi, "tarkoitan, että siellä on kaksi tiskkiä, yksi sisään ja yksi ulos, ja siellä myydään suklaata ja kakkuja, ja siellä on jono eikä laskuja, olisi niin helppoa vain kävellä ulos." Miranda ei olisi yllättynyt lainkaan, jos ihmiset olisivat kävelleet ulos – mutta toisaalta henkilökunta näytti täysin luottavan siihen, että kaikki maksaisivat.

"Kunnioitusjärjestelmä todella toimii australialaisissa ravintoloissa, mutta en todellakaan usko, että se toimisi Kanadassa, vai mitä?" Miranda kysyi.

"Ihmiset jättävät rahaa pöydille kotona, eikä kukaan varasta sitä – joten luulen, että se on vain sitä, mihin on tottunut", Cheryl sanoi.

Lopulta he päättivät olla ostamatta suklaata, koska kävelymatka oli kaksikymmentä minuuttia pitkä ja lämpötila oli huikea.

"Ei ole järkeä raahata mukana sulanutta suklaata", Miranda sanoi.

Mökki oli täynnä ylellisyyttä, kuten mikroaaltouunia, kahvinkeitintä ja poreallasta.

"Vau, olemme osuneet jackpottiin tämän paikan kanssa", Terri sanoi.

"Meidän on kuitenkin parasta lähteä liikkeelle", Miranda sanoi. "Päivä on jo yli puolivälissä, emmekä ole vielä edes nähneet The Three Sistersia. Päivä kuluu vauhdilla, emmekä halua missata mitään."

Kun he saapuivat Blue Mountainsille – noin kymmenen minuuttia myöhemmin – kolme ystävää seisoi reunalla ja katseli maisemaa ihastuneina. He tuijottivat ulos ja katselivat, kuinka tuhannet, ehkä miljoonat eukalyptuspuut kylpeivät sinisessä sumussa.

"Olen nähnyt kuvia Grand Canyonista ja muistan sen *The Brady Bunch* -sarjasta, mutta se ei vedä vertoja sille, mitä olen nähnyt täällä. Tämä on niin valtavan erilainen kuin Grand Canyon", Terri sanoi. "Onko se vain mielikuvitustani, vai onko siellä ihmisiä kävelemässä sivualueelta suoraan yhden Kolmen sisaren sisään?"

"Minäkin näen jotain", sanoi Cheryl. "Onko kellään teistä vaihtorahaa kaukoputkeen?"

Kyllä vain, useat ihmiset kävelivät pienellä sillalla kallion reunalta kohti yhtä Kolmesta sisaresta.

"Meidän on pakko tehdä se!" huusi Miranda. "Se näyttää mahtavalta! En malta odottaa, että on meidän vuoromme!"

"Menkää te tytöt edellä, en ole varma, pystynkö siihen. Silta näyttää täältä katsottuna aika pieneltä ja kapealta, en tiedä", sanoi Cheryl.

"Älä nyt, Cheryl, Sydney Harbour Bridgen jälkeen tämä on lastenleikkiä!" sanoi Miranda.

Cheryl muisti, kuinka hänen isänsä oli ilmestynyt hänelle unessa ja sanonut olevansa hänen kanssaan, kun hän ylittäisi sillan Three Sisters -kalliomuodostelmaan. Huomenna he tekisivät matkan.

Toinen vierailtu infopiste sijaitsi kätevästi Echo Pointin lähellä, samoin kuin muutama matkamuistomyymälä.

"Meidän täytyy palata tänne huomenna", Terri sanoi, "haluaisin ostaa muutaman matkamuiston."

"Hei, katsokaa, täällä on Sceniscender. Se on Australian jyrkin köysirata. Se vie sinut 545 metrin matkan päähän Jamison Valleyn sademetsään, joka on Unescon maailmanperintökohde. HUI. Ai, ja se vie sinut suoraan sademetsän kävelytielle. Kello on vasta 15.45, ehdimme kyllä", Miranda huudahti.

"Miten pääsee takaisin huipulle?", Terri kysyi.

"Hm, hyvä kysymys", Cheryl sanoi. "Emme halua jäädä sinne jumiin. Kuulin, että täällä on yöllä tosi kylmä."

"Olet oikeassa", sanoi Miranda. "Täällä vietetään joulua heinäkuussa, ja siellä sataa lunta ja kaikkea, mutta nyt on kesä, joten en usko, että meidän tarvitsee huolehtia siitä valkoisesta tavarasta." Hän käänsi vielä muutaman sivun. "Ai, tässä se on, Katoomba Scenic Railway, maailman jyrkin rautatie."

"Otetaan bussi, niin meillä on enemmän aikaa kävellä sademetsässä", Cheryl ehdotti. "Katso, tuolta tulee yksi."

"Mikä tuo hassu ääni on? Se on kookaburra!" Miranda sanoi. "Ensimmäinen kookaburramme! Ja katso, tuolla antennilla on toinenkin!"

He katselivat kahta lintua. Koo-ka-ka-ka-ka-ka kaikui ilmassa. Siihen vastattiin samanlaisella naurulla, melkein kuin ne kävisivät keskustelua.

"Luultavasti aviopari", sanoi Cheryl, kun he nousivat bussiin ja lähtivät liikkeelle Echo Pointista. *Miksi, oi miksi, ajatteli Cheryl, on kaikki tässä paikassa niin suurta, niin korkealla?*

"Siellä se on", huusi Miranda. "Kuvittele, että olet siellä, lentämässä taivaalla vain noiden kaapeleiden varassa."

"Suu kiinni, Miranda", Terri sanoi, "sinä ärsytät Cherylia. Olen varma, että se on täysin turvallista."

He ostivat liput ja odottivat jonossa, kunnes oli kolmen ystävän vuoro nousta kyytiin. Se tärisi, kun he astuivat sisään. Edessä, takana ja molemmilla sivuilla oli lasipaneelit.

"Minä seison takana", sanoi Cheryl.

"En usko, että takana olemisesta olisi sinulle mitään hyötyä, jos törmäisimme", sanoi Miranda.

"Älä ole niin ilkeä, Miranda, mikä sinuun on mennyt?", kysyi Terri.

"Minä vain vitsailen, anteeksi, Cheryl."

Se nykäisi eteenpäin, pysähtyi ja aloitti sitten sujuvan matkan taivaalla.

"Voitte vapaasti kävellä ympäri matkustamoa", opas kertoi heille.

Matka oli huomattavan lyhyt, ja pian he saapuivat sademetsän sydämeen. Ilma tuoksui eukalyptukselta, suolta. Se oli hallitseva luonnollinen tuoksu.

Kahden tunnin kävelyn jälkeen heidän jalkansa olivat kipeät.

"Nautin todella siitä juomasta Marrangaroo-lähteestä", Miranda sanoi. "Se oli niin puhdasta ja raikasta."

"Se maistui todella hyvältä kaiken tämän kävelyn jälkeen", Terri sanoi. "Ja minne nyt? Miten pääsemme junalla takaisin huipulle?"

Miranda katsoi karttaa. "Seuraamme tätä reittiä. Se vie meidät Scenic Railwaylle ja takaisin huipulle. Kartan mukaan näiltä alueilta louhittiin savikiveä vuonna 1862, ja köysirataa, jolla olemme nousemassa, käytettiin aikoinaan kuljettamaan kaivostyöläisiä ylös ja alas jyrkänteeltä."

"Toivottavasti sitä on modernisoitu sen jälkeen", Terri sanoi juuri kun he lähestyivät rataa. "Hups, puhuin liian aikaisin. Meidänkö pitää mennä tuonne ylös, *taaksepäin?*"

"Siltä se ainakin näyttää", sanoi Cheryl.

"Tässä kyltissä lukee, että ennen nostettiin 18 ihmistä 60 kilowatin voimalla, nyt nostetaan 84 ihmistä 150 kilowatin voimalla, joten sitä on modernisoitu", sanoi Miranda.

Juna laskeutui. Miranda, sitten Terri ja lopuksi Cheryl nousivat kyytiin.

"Uh, missä turvavyöt ovat?" Terri kysyi.

"Ja missä on tanko, josta pitää kiinni?" Miranda sanoi.

Vaunu nykäisi ja alkoi vetää heitä taivasta kohti. Liike työnsi heitä eteenpäin. Kaikki kolme pitivät kiinni kaiteesta henkensä edestä, kun maisema vilisi ohi.

"Vau, se oli mielenkiintoista", Terri sanoi, "missäköhän tyttöjen vessa on? Ai, siinähän se on. Palaan hetken kuluttua."

'Okei', Cheryl sanoi, "minä tarvitsen todella JUOMAA!" Hänen polvensa tärisivät.

"Olet liian hauska", Miranda sanoi. "Sydney Harbour Bridgen jälkeen – se ei ollut mitään!"

"Sinäkin pelkäit, Miranda", Terri sanoi, "näin, kuinka rystysi muuttuivat valkoisiksi, kun se kapistus veti meitä ylöspäin."

Miranda näytti Terrille kieltä.

Lyhyen kävelymatkan jälkeen takaisin hyttiinsä he selailivat Keltaisia sivuja ja päättivät käydä katsomassa kävelymatkan päässä sijaitsevaa pihvi- ja mereneläviä tarjoavaa ravintolaa. Katoombassa kaikki näytti olevan kävelymatkan päässä.

"Pitäisikö meidän varata pöytä?" Cheryl kysyi.

"Ei se haittaa, jos soitetaan ja kysytään", Terri sanoi, otti puhelimen ja puhui kuulokkeeseen. "Meillä on tunti aikaa valmistautua, joten meidän on parasta kiirehtiä. Ilmeisesti heillä on tänä iltana todella kiire, joten on hyvä, että tarkistimme."

"Meidän on ostettava myös vähän tarvikkeita, ehkä matkalla on jokin lähikauppa?" Miranda mietti.

45 minuuttia myöhemmin he lähtivät kävelemään. Cheryl jalat kipuivat niin paljon, että he päätyivät pysäyttämään taksin. Kuljettaja pysähtyi 7-Eleven-kauppaan, jotta he voisivat ostaa muutamia tarvikkeita, ja ravintola tarjoutui ystävällisesti säilyttämään niitä vaatesäilössä, kunnes he olivat valmiita lähtemään. Pian he nauttivat ravintolan tunnelmasta ja illallisesta tyylikkäästi samalla kun ihailivat upeaa yömaisemaa Blue Mountainsista.

"Katoombassa näyttää olevan pulaa meidän ikäisistämme ihmisistä, oletko huomannut?" Miranda kysyi.

"Kyllä, olen huomannut. Paljon ikäihmisiä – vähän miehiä", Terri sanoi.

"Ehkä he valitsivat halvemman ravintolan", Cheryl ehdotti, "sitä paitsi olen muutenkin liian väsynyt!"

"Katso kuitenkin ympärillemme", Miranda sanoi. "Pelkkiä pareja. Ei yhtään sinkkumiestä – baarimikkoa lukuun ottamatta."

Kolme ystävää nauttivat ateriastaan, joka oli ylellisempi kuin he olivat odottaneet. Sen jälkeen he harkitsivat kävelyä ruoan sulattamiseksi – mutta Cheryl jalat eivät kestäneet sitä. He ottivat taksin takaisin mökille ja nostivat jalat ylös. Tunteja myöhemmin, vaikka he olivat uupuneita, he eivät saaneet unta. He päättivät katsella vähän televisiota.

"Kuinka he kestävät tätä?", Terri kysyi. "Vain viidellä kanavalla. Minä tulisin hulluksi!"

Terri kirjoitti muutaman postikortin. Cheryl luki kirjaa ja joi lasillisen viiniä porealtaassa. Miranda käpertyi sohvalle ja luki.

Tai niin se näytti hänen kahdelta ystävältään. Näytti siltä, että Miranda oli uppoutunut kirjaan, vaikka hän oli huolissaan Christinasta. Hän ei saanut sitä mielestä. Hän ei tiennyt miksi, mutta oli varma, että Christina oli murhattu. Mutta miksi? Siinä ei ollut järkeä.

Huomenna soitan äidille ja isälle. Jos he edes muistavat, että heillä on tytär.

LUKU 22

IRANDA HERÄSI ENSIMMÄISENÄ. HÄN löysi kylpyhuoneesta puhelinpistokkeen. Hienoa, hän soittaisi vanhemmilleen sieltä. Ei ollut syytä herättää Terriä ja Cherylia. Miranda ei ollut täysin varma, paljonko kello oli kotona. Hän arveli, että siellä saattoi olla jo jopa kello 19. Hän mietti, olivatko vanhempansa kotona.

Yksi soittoääni. Kaksi soittoääntä. *Pitäisikö minun sulkea puhelin????* Neljä soittoääntä. *Kyllä, sulje puhelin –*
"Miten sinulla menee, äiti? Entä isällä?"
"Meillä menee hyvin. Millainen sää Australiassa on? Paljonko kello on?"
Turhaa small talkia. Olen sinun tyttäresi! Puhu minulle! Kuin olisin oikea ihminen. Joku, josta välität. Joku, jota – rakastat. Puhu minulle!
- Hiljaisuus – minuutit kuluu – rahat menevät hukkaan –
Ja hukasta puheen ollen, tiesitkö, että vesi australialaisessa WC:ssä pyörii vastapäivään???

"Äiti, kuulitko siitä tytöstä, joka asui alivuokralaisena asunnossani? Siitä, mitä hänelle tapahtui? Tiesitkö, että hänet murhattiin?"

"Miranda, häntä ei murhattu. Lehdessä sanottiin, että hän teki itsemurhan. Sinulla on kyllä mielikuvitusta."

"Itsemurha – ovatko he 100 % varmoja?"

"Hetkinen, isäsi haluaa kertoa sinulle, mitä hän luki lehdestä. En koskaan lue lehteä, tiedätkö."

"Okei, hei hei äiti. Hei isä."

"Mitä kello on siellä? Onko siellä kuuma?"

"Kello on kahdeksan aamulla, ei ole vielä kuuma, isä, mutta myöhemmin lämpötilan pitäisi nousta 32 asteeseen."

"Ai, se ei ole sitten niin paha. Kyllä, kyllä kulta, tiedän – äitisi on huolissaan siitä, kuinka paljon tämä maksaa sinulle – kuollut tyttö lähetti itsemurhakirjeen vanhemmilleen. Se saapui seuraavana päivänä hänen kuolemansa jälkeen."

"Se on kai hyvä asia hänen vanhemmilleen, että he voivat tulla sen kanssa toimeen."

"Se todellakin oli."

"Täällä on aika jännittävää, isä. Kiipesimme Sydney Harbour Bridge -sillalle. Olemme juuri nyt Blue Mountainsissa, mökissä ja,"

"Se on hienoa, hienoa, olemme iloisia kuullessamme sinusta, mutta tämä puhelu maksaa sinulle omaisuuden! Lähetä meille postikortti ja kerro siitä, kun pääset kotiin. Hei hei."

No, ainakin tänään, ensimmäistä kertaa, olen toisella puolella maailmaa vanhempieni suhteen, sen sijaan että tuntisin niin ja asuisin samassa kaupungissa.

Miranda suihkutti partavaahtoa jalkoihinsa ja alkoi ajella niitä. Kun hän veti terää ylöspäin, hän tunsi inhoa vanhempiaan kohtaan. Hetkeä myöhemmin hänet valtasi syyllisyys ja ahdistus. Hän kaipasi heidän hyväksyntäänsä – halusi olla lähellä heitä – ja sitten halveksi itseään siitä, että tarvitsi heitä.

Sydämessään, syvällä loukkaantumisen takana, Miranda hyväksyi vanhempansa sellaisina kuin he olivat. Hän alkoi itkeä. Hän vihasi heitä. Hän nyyhkytti matkalla höyryävään suihkuun.

Ryhdistäydy, tyttö! Tämä on kerran elämässä -loma, eikä kukaan aio pilata sitä!

Kun hän tuli ulos, ystävät olivat jo hereillä ja kahvipannu oli päällä. Terri teki munia ja paahtoleipää. Cheryl oli iloisella tuulella ja lauloi radion mukana. Miranda oli hiljainen.

Hieman yli tunti myöhemmin he olivat bussissa matkalla kohti Kolmen sisaren kallioita. Kuljettaja kysyi, halusivatko he kuulla Kolmen sisaren tarinan. Se auttoi häntä kuluttamaan aikaa.

"Kauan sitten kolme sisarusta, Meehni, Wimlah ja Gunnedoo, asuivat Blue Mountainsissa isänsä kanssa, joka oli noitatohtori. Hänen nimensä oli Tyawan."

"Kuinka jännittävää, että isä oli noitatohtori", Terri sanoi.

"Et ehkä ole samaa mieltä, kun olen kertonut tämän tarinan loppuun", bussikuski sanoi. "He pelkäsivät bunyipiä, joka asui läheisessä syvässä kuopassa."

"Mikä on bunyip?" Miranda kysyi.

"Bunyip on kuin haamu tai vampyyri, se juontaa juurensa aboriginaalien ajoista", bussikuski selitti. "Nyt teidän on parasta antaa minun jatkaa, tai en ehdi kertoa tarinaa loppuun ennen kuin teidän on jatkettava päiväänne. Noitatohtori joutui lähtemään pois. Hän kätki tyttärensä kallion laelle, muurin taakse. Hänen tyttärensä kyykistyivät siellä kauhuissaan, kun yhtäkkiä suuri tuhatjalkainen ryömi kohti heitä. Meehni heitti sitä kivellä. Se tepsi ja pelästytti olennon pois, mutta valitettavasti se herätti toisen: bunyipin. Sisaret tarrautuivat toisiinsa, kun bunyip lähestyi heitä yhä enemmän. Heidän isänsä kuuli metelin. Pelastaakseen tyttärensä hän muutti heidät kiviksi maagisen luun avulla. Bunyip kääntyi häntä kohti. Hän pudotti taikaluun ja etsii sitä yhä tänäkin päivänä. Hänen tyttärensä toivovat, että jonain päivänä hän löytää sen ja vapauttaa heidät."

"Se on niin surullista", sanoi Cheryl, kyyneleet valuen poskille.

"Ainakin kolme ystävää ovat yhä yhdessä", sanoi Miranda.

"Kyllä, se on jonkinlainen lohtu", vastasi Cheryl.

"Kiitos paljon, että kerroit meille tarinan. Se tekee matkastamme ensimmäisen sisaren luo vieläkin paremman. Tämä on ollut mielenkiintoisin bussimatka, jonka olen koskaan tehnyt", Terri sanoi.

"Ei kestä kiittää, nauttikaa päivästänne."

He kävelivät mutkittelevaa polkua pitkin, kunnes saavuttivat Jättiläisportaat. Vuoren juurelle johti 800 porrasta, mutta päästäkseen ensimmäisen sisaren luo heidän tarvitsi laskeutua vain yhden tason verran.

Portaat olivat hyvin kapeat, ja ihmiset nousivat ylös samaan aikaan kun he laskeutuivat alas. Kolme ystävää tarttuivat kiinni vuoren oikeaan reunaan, koska vasemmalla puolella ei ollut mitään suojaa.

Kun he vihdoin saapuivat sillalle, polun kapeus sai heidät kaikki pysähtymään. Se oli pieni riippusilta. Puuskittainen tuuli sai sen heilumaan kevyesti. Vain yksi henkilö kerrallaan pystyi ylittämään sen.

Terri astui sillalle ensimmäisenä ja ylitti sen toiselle puolelle, ja hänen perässään tuli Cheryl, joka ei katsonut alas eikä epäröinyt. Miranda oli seuraava. Kaksi poikaa odotti hänen takanaan.

Miranda otti viisi askelta ja jäi sitten paikoilleen. Hänestä tuntui, kuin joku olisi tarttunut hänen nilkoistaan alhaalta. *Bunyip?* Mikä se sitten olikin, se oli saanut hänet otteeseensa eikä hän pystynyt liikkumaan. Ei senttiäkään. "Liikettä, Sheila", sanoi yksi Mirandan takana olevista pojista kärsimättömänä.

"No niin, Sheila, mitä sinä teit, kadotitko pullosi?", kysyi toinen.

"Ensinnäkin, minulla ei ole pulloa, ja toiseksi – nimeni ei ole Sheila... Anteeksi, mutta en voi liikkua. Jalkani eivät liiku!"

Terri käveli takaisin Mirandan luo. Hän ojensi kätensä Mirandan käden kohti ja yritti vetää tätä eteenpäin. Mirandan ylävartalo syöksyi eteenpäin, mutta jalat eivät suostuneet liikkumaan.

'Perääntykää', Terri sanoi kahdelle miehelle, "te saatte hänet hermostumaan. Antakaa hänelle tilaa."

"Meillä ei ole koko päivää aikaa, tiedättehän. Helvetin Sheila – korkean paikan kammo."

Miranda ei voinut mennä taaksepäinkään.

"Teidän on saatava helikopteri tänne ylös, jotta saan minut alas, koska nämä jalat eivät liiku mihinkään."

"Pelkäätkö aina korkeita paikkoja näin paljon?" miehet kysyivät.

"No, en pelännyt viime viikolla, kun kiipesin Sydney Harbour Bridgeen. En edes pelännyt. Tuntuu siltä, kuin *joku* tai *jokin* pitäisi kiinni nilkoistani. Haluan jatkaa matkaa. Haluan päästä toiselle puolelle. Mutta en, en pysty."

Tähän mennessä kyyneleet virtaivat Mirandan kasvoilla. Cheryl tuli hänen luokseen. Hän kumartui. Hän nosti kuvitteelliset kädet Mirandan nilkoista. Yksi kerrallaan

Mirandan jalat alkoivat liikkua eteenpäin. Se toimi. Miranda oli vapaa.

"Kumpi kolmesta sisaresta tämä mahtaa olla?" Miranda kysyi: "Ei kai sillä ole väliä, koska aion halata häntä." Hän levitti kätensä ja painautui turvalliseen kalliomuodostelmaan. Se tuntui viileältä, ja rauhallisuus valui Mirandan kehoon.

"Nuo tyypit olivat kuitenkin aika töykeitä", Terri sanoi, "Eivät juuri empaattisia tyyppejä."

"Hei, minne he menivät?" Miranda kysyi.

"Ai, he lähtivät jo kauan sitten – olit liian kiireinen halailemassa Meehniä, Wimlahia tai Gunnedoota huomataksesi sitä", Cheryl sanoi.

"Ehkä meidänkin pitäisi palata takaisin", Terri sanoi, "Pärjäätkö sinä ylityksen, Miranda?"

"Luulen niin, mutta ehkä minun pitäisi mennä tällä kertaa edellä?" Hän astui sillalle ja oli hetkessä toisella puolella.

Cheryl seurasi, sitten Terri. He kiipesivät portaat ylös ja kävelivät pian mutkittelevaa polkua pitkin. Huomenna he lähtisivät Katoombasta.

Kolme ystävää eivät olleet kiinnittäneet paljon huomiota kahteen australialaiseen poikaan. Pojat olivat kiinnostuneita Terristä ja Cherylistä, ja he ajattelivat, että heidän korkeita paikkoja pelkäävä ystävänsä tulisi hyvin toimeen Mirandan kanssa. Se oli tyttöjen ensimmäinen tilaisuus tavata sinkkuja, eivätkä he olleet edes huomanneet sitä.

Toivotaan, ettei se ollut heidän viimeinen tilaisuutensa.

LUKU 23

SEURAAVANA AAMUNA KOLME YSTÄVÄÄ pakkasivat tavaransa ja olivat ulkona jo kello 9. Heillä oli juuri tarpeeksi aikaa kävellä katsomaan *Sinisiä vuoria* viimeisen kerran ennen kuin lähtivät kohti rautatieasemaa. Aamu oli sumuinen. Sateen ei satanut, mutta ilmassa leijui tiheää, hämähäkinverkkomaisen ohutta sumua. Kun he lähestyivät yhä enemmän vuoren reunaa, sumu tiivistyi yhä paksummaksi.

"Jos en olisi nähnyt sitä itse, en olisi ikinä uskonut sitä. Olen varma, että vuoret ovat siellä, mutta en näe mitään", Miranda sanoi.

"Lähdetään sitten, ei kannata jäädä tänne – emme halua pilata kaikkea viime hetkellä", Terri sanoi.

"Toivottavasti junia ei ole peruttu!", Cheryl kysyi.

"Hyvä pointti", sanoi Miranda, "jos ne on, tarvitsemme majoituksen vielä yhdeksi yöksi."

He kävelivät pääkatua pitkin, poispäin Sinisiltä Vuorilta. He pysähtyivät The Paragon Café -kahvilaan ja valitsivat laatikon käsintehtyjä suklaakonvehteja. Kun he saapuivat rautatieasemalle, sumu oli täysin hälvennyt.

"Se on niin outoa", sanoi Miranda. "Ehkä sumu saattoi meidät matkaan."

Junaan noustuaan Miranda huomasi kolme poikaa juoksevan kohti laituria täyttä vauhtia. Hän tunnisti kaksi heistä – ne, jotka olivat kutsuneet häntä "Sheilaksi", kun hän oli juuttunut The Three Sisters -kallioille. Hän tunsi poskensa punoittavan, kun pisin heistä vilkutti hänelle.

"Hauska tavata taas", hän sanoi. "Voimmeko liittyä seuraanne?"

Kolme ystävää nyökkäsi suostumuksen merkiksi, kun pojat istuutuivat.

"Minä olen Hayden ja nämä ovat kaverini Jake ja Ben."

"Hauska tavata. Minä olen Miranda ja nämä ovat ystäväni Terri ja Cheryl."

"Hei."

"En muista nähneeni sinua eilen", Miranda sanoi katsellen kaveria, joka oli kolmesta söpöin.

"Hänkin pelkää korkeita paikkoja", Hayden sanoi. "Joten hän meni Jenolanin luoliin yksin."

"Jos hän olisi tullut mukaan, seisoisimme yhä sillalla", Jake sanoi nauraen.

"Älkää viitsikö, kaverit", Ben sanoi. "No, mistä te tytöt olette kotoisin, Kanadasta?"

'Kyllä', Terri sanoi, "hyvä arvaus."

"Itse asiassa se ei ollut arvaus. Minulla on täti, joka asuu Ottawassa, Ontariossa, joten tunnistin aksentin. Puhumme hänen kanssaan joka joulu."

"Oletko koskaan käynyt Kanadassa?" Cheryl kysyi.

'En', Ben sanoi, "haluaisin kyllä, mutta minulla ei ole rahaa – tarkoitan käteistä – mutta jonain päivänä menen. Sitten teen maailmanmatkan."

"Siis jos saamme hänet koneeseen!" sanoi Hayden. Puolentoista tunnin matkan jakaminen kolmen täysin tuntemattoman kanssa on riskialtista puuhaa. Joko tulette toimeen kuin kauan kadoksissa olleet ystävät, tai opitte nopeasti inhoamaan toisiaan, *paljon*. Tässä tapauksessa kaksi kolmesta ei ollut huono tulos.

"Mistä olette kotoisin?" Terri kysyi.

"Olemme Melbournesta, täällä vain viikon lomalla", Hayden sanoi. "Lähdemme takaisin sunnuntai-iltana." Hayden oli vanhin ja myös pisin. Hänellä oli tummat, kiharat hiukset, ruskeat/mustat silmät ja pieni luomi oikealla poskella. "Olen kolmekymmentävuotias ja elektroniikkainsinööri Telstrassa."

"Me olemme Ontariosta. Asumme lumivyöhykkeellä, joten täällä ei ole läheskään niin kylmä kuin Ottawassa", Terri sanoi. "Työskentelen matkatavaroita valmistavassa yrityksessä, olen kirjanpidossa."

"Ai, kirjanpitäjä", Jake sanoi, "minäkin työskentelen Telstrassa." Jake vietti suurimman osan ajasta ihaillen omaa heijastustaan ikkunassa ja haroittamalla hiuksiaan sormillaan. Hän oli vaalea, sinisilmäinen ja täysin itserakas.

"Aloitan uuden työn, kun palaan", Miranda sanoi. "Ei puhuta töistä, vai mitä. Olemme lomalla."

"Kuka teistä jäi jumiin Three Sistersille?" Ben kysyi. Ben oli hiljaisin, 27-vuotias ja Jaken serkku. Hän oli noin 173 cm pitkä, ja hänellä oli punertavan vaaleat hiukset ja muutama pisama nenän päällä. Hänen silmänsä olivat siniset, ja hänessä oli jotain lempeää. Hänen äänensä oli pehmeä ja rauhoittava.

"Se olin minä", sanoi Miranda, "luulen, että se johtui bussinkuljettajan tarinasta *bunyipistä*." Hän nauroi.

"Oletko aina ollut sellainen, Ben?" kysyi Cheryl. "Tarkoitan, että pelkäät korkeita paikkoja. Minulla se tulee ja menee. Minulla ei ollut ongelmia Three Sistersissä, mutta Sydney Harbour Bridge – se todella kauhistutti minua."

"Olen ollut tällainen niin kauan kuin muistan", Ben sanoi, "minulla oli tapana täristä maailmanpyörässä. Taidan olla vähän nynny."

"Ei, ei lainkaan", Miranda sanoi, "minusta on hyvä terapia puhua siitä." Miranda huomasi, että Jake tökkäsi Haydenia kylkiluuhun. "Mikä on niin hauskaa?"

"Me vain mietimme", Hayden sanoi, "suunnitelmaamme mennä benjihyppäämään vuorille. Ben säikähti täysin – sen jälkeen, kun olimme pulittaneet rahamme."

"Minähän sanoin teille, että hypätkää ilman minua", Ben sanoi.

"Ota se rennosti", Jake sanoi. "Teimme sopimuksen, että joko kaikki tai ei kukaan. Muistathan, että olemme kolme muskettisoturia."

"Hei, me kutsumme itseämme myös siksi!" Terri sanoi.

"Hei, älä vaihda puheenaihetta," Hayden sanoi. "Olemmehan menettäneet 150 dollaria kukin!"

"Hitto," Ben sanoi, erittäin äänekkäästi.

Tytöt sanoivat yhtenä äänenä: "Shhhhhhhhhhhh!"

"Anteeksi, maksan teille rahat. Seuraavalla palkkapäivällä."

"Et ole minulle senttiäkään velkaa", Jake sanoi, "me kaikki sovimme niin."

"No, ehkä sinä olet Allan Bond", Hayden sanoi, "mutta minä en ole – ja tarvitsen rahaa."

"Aihe loppu", Jake suuteli tytöille sanan "anteeksi".

Sitten, kuten usein tapahtuu vieraiden kohdatessa, alkoi erillisiä keskusteluja. Ben ja Miranda keskustelivat korkean paikan pelostaan. Terri ja Hayden keskustelivat Telstrasta sekä eroista suuressa konsernissa ja perheyrityksessä työskentelyn välillä.

Cheryl ei ollut vaikuttunut Jakesta. Hän yritti saada tämän puhumaan, mutta Jake näytti olevan kiinnostunut vain omasta peilikuvastaan. Hetken kuluttua Cheryl luovutti ja liittyi Mirandan ja Benin keskusteluun.

"Menen vessaan", Jake sanoi.

"Naisten ei tarvitse kuulla siitä", Hayden sanoi.

"Eikä meidänkään, kaveri", Ben sanoi.

Matka oli päättymässä, ja Ben halusi epätoivoisesti nähdä Mirandan uudelleen.

"Onko teillä tytöillä mitään menoa lauantaina? Me menemme Darling Harbouriin. Haluaisitteko tavata, mennä syömään ja tanssimaan sen jälkeen?"

"Mielellämme", Miranda sanoi.

"Se olisi hienoa", Terri sanoi.

"Cheryl?", Miranda kysyi.

"Toki, jos haluat."

"Asumme Backpackers Hostelissa King's Crossissa", Ben sanoi kaivellessaan lompakkoaan. "Tässä on numero, jos ette pääse tai jotain. Ilmoittakaa meille. Oli kiva jutella kanssanne."

"Meilläkin oli kiva tavata teidät," sanoi Miranda. "Olemme hotellilla, soittakaa, jos ette pääse, muuten nähdään siellä. Noin seitsemän maissa?"

"Kuulostaa hyvältä, heippa ja kiitos seurasta," sanoi Ben, kun kolme ystävää kiipesi portaita ylös ja astui laiturille.

"Mikä tyyppi se Jake olikaan – hän on varmasti tylsin ihminen, jonka olen koskaan tavannut", sanoi Cheryl.

"Haydenkaan ei ole mikään ihmeellinen, mutta luulen, että Miranda ja Ben tulivat todella hyvin toimeen, joten voimme mennä mukaan. Siitä tulee hauskaa – eikä meillä ole mitään parempia vaihtoehtoja", sanoi Terri.

"Totta, mutta varmistakaa, etten jää yksin Jaken kanssa, yök."

"Luulen, että voit jättää minut yksin Benin kanssa", Miranda sanoi, hymyillen korvista korviin.

"No, vihdoin tapasimme australialaisia miehiä!" Terri sanoi.

"Kyllä, niin tapasimme. Huomasitteko, että Jake katseli itseään koko ajan?"

"No, miten olisimme voineet jättää sen huomaamatta?" Miranda sanoi.

Miranda päätti käydä kylvyssä. Hän kaatoi lasillisen Cabernet Sauvignonia – minipullosta jääkaapista – ja otti kirjan käteensä. Hän upposi syvälle kylpyammeeseen ja ajatteli Beniä. Ben vaikutti hyvin aidolta. Miranda ei malttanut odottaa, että saisi nähdä hänet uudelleen.

LUKU 24

S EURAAVANA AAMUNA CHERYL HERÄSI ja oksensi. Hänellä oli päänsärkyä ja selkäkipuja, ja kuukautiset olivat alkaneet.

"En jaksa mennä minnekään enkä tehdä mitään", Cheryl sanoi. "Haluan vain mennä sänkyyn ja levätä."

"Haen sinulle Midolia, niin olet pian taas kunnossa", Miranda ehdotti.

"Syödään kunnon aamiainen, otetaan aamulla rauhallisesti ja katsotaan, miten menee", Terri sanoi. "Ehkä voit paremmin myöhemmin."

"En halua syödä, enkä halua Midolia, haluan vain levätä ja olla rauhassa. Miksette te tytöt menisi ulos pitämään hauskaa? Pärjään täällä yksin."

"Oletko varma?" Terri kysyi.

"Olen varma, haluan vain olla yksin."

"Tällä ei ole mitään tekemistä sen kanssa, että tapasit eilen ne kaverit, eihän?" Miranda kysyi.

"Ei, tällä ei ole mitään tekemistä kenenkään tai minkään kanssa. Tunnen vain olevani täysin uupunut ja..." Hän keskeytti, alkoi itkeä ja juoksi kylpyhuoneeseen.

"En haluaisi jättää häntä yksin tässä tilassa", Terri sanoi. "Mutta jos hän sitä haluaa, meidän pitäisi tehdä niin. Annetaan hänelle aikaa koota itsensä." Sitten Miranda koputti kylpyhuoneen oveen: "Cheryl, lähdemme ulos pariksi tunniksi, lepää sinä ja nosta jalat ylös."

"Okei, kiitos tytöt, tunnen oloni varmasti paremmaksi myöhemmin."

Hississä Miranda alkoi puhua Benistä: "Hän ei ole mikään komein kaveri tai mitään, mutta hän on fiksu, hauska ja suloinen. Odotan todella innolla, että saan nähdä hänet taas!"

"Ota kuitenkin rauhallisesti, Miranda. Olette vasta tavanneet."

"Tiedän, mutta en ole tuntenut näin pitkään aikaan."

"Tiedän, ja ansaitset tavata jonkun."

"Kiitos," sanoi Miranda.

"Mietin, miten Cherylillä menee siellä?"

"Olen huomannut parin viime päivän aikana, että hän on joskus vaikuttanut etäiseltä. Mietin, onko hänellä vähän koti-ikävää. Loppujen lopuksi tämä on hänen ensimmäinen kerta, kun hän on poissa perheensä luota."

"Mutta olemme poissa vain muutaman viikon, ja tämä matka maksoi meille melko paljon säästöjämme – joten emme voi oikein varaa menettää päivää täältä ja päivää sieltä, tiedätkö", Terri sanoi.

"Olen samaa mieltä. Meidän pitäisi palata takaisin ja yrittää saada hänet ylös ja liikkeelle. Jos hänellä on vähän koti-ikävä, pahin lääke hänelle on istua yksin ja murehtia sitä. Hänen täytyy päästä ulos ja tutkia uusia asioita, tavata ihmisiä, ja sitten hän unohtaa pian kaiken."

Kun Miranda käänsi avainta ovessa, he kuulivat Cheryl puhuvan puhelimessa. Hän itki.

"Haluan tulla kotiin, äiti, en halua olla täällä enää, en pidä tästä paikasta, kaipaan..." Hän lopetti puhumisen ja sanoi sitten kuiskaten: "Uh, minun täytyy mennä nyt, soitan sinulle myöhemmin, okei äiti. Rakastan sinua." Cheryl katsoi kahta ystäväänsä ja tunsi olonsa noloksi. Hän heittäytyi sängylle ja nyyhkytti.

"Kuule, Cheryl", Miranda sanoi. "Mene itkien kotiin kuin pieni vauva, jos sitä haluat, mutta tämä on kerran elämässä -matka, emmekä me tule takaisin kanssasi. Olemme täällä vain vähän yli kuukauden, ja luulen, että kadut sitä loppuelämäsi, jos jätät tämän tilaisuuden väliin."

"*Me tiedämme*, että kadut sitä."

Tytöt istuivat yhdessä ja juttelivat kuin teini-ikäiset pyjamabileissä. Lopulta he saivat Cheryl liikkeelle. He pakkasivat tavaransa ja ehtivät yölennolle Outbackiin.

Huomenna he kiipeäisivät Ulurulle.

LUKU 25

LÄMPÖTILA OLI JO 40 astetta, kun he heräsivät. Ilmastointilaite hurisi taustalla. He heräsivät suussa epämiellyttävään pölyiseen makuun.

"Tarvitsen vettä", Miranda sanoi, "tunnen itseni niin kuivuneeksi."

"Eilen illalla juotu viini ei kai ollutkaan niin hyvä idea", Terri sanoi, "mutta eikö se ollutkin hauskaa, tytöt?"

"Joo, nautimme, mutta meidän on parasta lähteä liikkeelle. Meidän on kiivettävä Ulurulle tänään, ja päivän edetessä tulee yhä kuumemmaksi. Ehdotan, että haemme alakerrasta jogurttia tai jotain muuta nopeaa syötävää ja lähdemme sitten matkaan", Cheryl ehdotti.

Nopean aamiaisen jälkeen he uskaltautuivat ulos motellista. He kiipesivät turistibussiin. Pohjoisamerikkalaiset ja brittiläiset aksentit olivat yleisiä, kun he matkasivat kohti aboriginaalien maamerkkiä.

"Uluru", Miranda aloitti. "Aiemmin Ayers Rockina tunnetun paikan perinteiset omistajat olivat Anangu-heimo, joka asui alueella lähes 22 000 vuotta. Itse kallio on noin 600–700 miljoonaa vuotta vanha!"

Majesteettinen, hiekkamereen kelluva punertava monoliitti tuli yhä lähemmäksi heitä.

"Valkoiset", Miranda jatkoi. "Selittivät Ulurun olemassaolon konglomeraattikiven mullistuksella, joka tapahtui, kun manner oli osittain peitetty laajoilla sisämerillä, mutta Anangu-heimon mukaan heidän esi-isänsä loivat Ulurun Tjukurpan aikana, kun yliluonnolliset olennot kulkivat maata pitkin luoden vuoria, laaksoja ja vesilähteitä."

Kun he nousivat bussista, vallitsi hiljaisuus. Jokainen tunsi kunnioitusta edessään olevan hahmon läsnäolosta. Kuuma ilma hyväili heitä ja vei heiltä hengen.

"Aikaisemmin Uluruun oli mahdollista kiivetä", opas selitti, "mutta nykyään se ei ole sallittua. Paikka on pyhä Anangu-kansalle. Valokuvaus ei ole sallittua. Uluru tarkoittaa isoa kiveä. Uluru on sedimenttikiveä. Se oli perinteinen reitti, jota Mala-heimon esi-isät kulkivat saapuessaan Uluruun. Se julistettiin kansallispuistoksi vuonna 1950, ja vuonna 1985 omistusoikeus palautettiin aboriginaaleille. Jos haluatte palata aamulla auringonnousun aikaan, ilmoittautukaa kierrokselle kallioperän ympäri. Ryhmänne kävelee yhdessä kallioperän ympäri. Se kestää kolme tuntia. Se on heräämisen arvoista. Toistaiseksi tiedotuskeskus ja muut Ulurun ympärillä olevat aktiviteetit ovat käytettävissänne. Nauttikaa vierailustanne."

"On vähän surullista, ettemme voi kiivetä sille", Miranda sanoi. "Mutta ymmärrän. Se on niin kaunis. En haluaisi nähdä sen tuhoutuvan."

"Minä en ainakaan välitä jäädä tänne alas ja katsella sitä tästä näkökulmasta, mutta haluaisin mennä sille kierrokselle. En vain tiedä, voimmeko muuttaa lentojamme. Mehän pitäisi lentää takaisin Sydneyyn kello 9 aamulla", sanoi Cheryl.

"Meillä on vielä muutama tunti aikaa täällä, joten hyödynnetään se", sanoi Miranda, "Ja voimme soittaa Qantasiin palattuamme ja kysyä, voiko aikataulua muuttaa."

He vierailivat Maruku Arts and Craft -kompleksissa, joka sijaitsee Ulurun juurella.

"Katso näitä upeita maalauksia!" sanoi Cheryl.

"Katso näitä upeita esineitä. Voisinpa ostaa isälleni didgeridoon täältä", sanoi Terri. "Mutta en halua jättää sitä hotelliin tai kantaa sitä mukanamme. Haluaisin kuitenkin todella tukea näitä paikallisia taiteilijoita."

"Katso, luolia", Miranda huudahti. "Maalauksia kaikkialla. Uskomatonta! Miten he ikinä tekivät tämän?"

"Taiteilijat tekivät siveltimen kuoresta ja käyttivät sitä luodakseen abstrakteja kuvioita. Jokainen osa kuvaa aboriginaalien elämää", opas selitti.

"Milloin viimeisin teos tehtiin?", Miranda kysyi.

"1930-luvulla."

"Meidän on jäätävä tänne ja palattava huomenna aamulla", Miranda sanoi. "Meidän on pakko. Emme ehkä koskaan pääse tänne uudelleen."

"Olet oikeassa", sanoi Cheryl. "Vaikka joudumme maksamaan sakon, olen valmis tekemään sen."

"Minäkin, tämä on liian upeaa ohitettavaksi."

Palattuaan motelliin Cheryl sai yhteyden Qantasiin. Maksuja ei perittäisi, ja heidän lentonsa muutettiin klo 14.45:ksi.

"Se on sen arvoista. Hei, muistin juuri, että meillä on treffit lauantai-iltana", Miranda sanoi.

"Jep, meidän on parasta mennä syömään ja mennä aikaisin nukkumaan. Huomenna tulee olemaan erittäin kiireinen päivä", Cheryl sanoi.

Myöhemmin, rentoutuen puutarhatuoleissaan, tuliset valot tanssivat taivaalla. Tähdet hallitsivat laajaa taivasta, sillä siellä ei ollut kaupungin valoja kilpailemassa niiden kanssa.

LUKU 26

SEURAAVANA AAMUNA TYTÖT OLIVAT jo aikaisin ylhäällä ja valmiina lähtemään bussiin. Ulkona ei ollut vielä täysin valoisaa, ja ilma oli viileämpi ja rauhallisempi. He nauttivat pikaisen aamiaisen ja ottivat mukaan useita vesipulloja, jotka he pakkasivat reppuihinsa.

"Nämä eristetyt jääpalat pitävät juomamme kylminä tuntikausia", Miranda sanoi.

Matka monoliitille sujui nopeasti. Bussissa vallitsi innostunut ja odottava tunnelma.

"Hyvät naiset ja herrat, olette aloittamassa matkan, jota ette koskaan unohda. Älkää heittäkö lippujanne pois. Lippujen kuvitus sisältää aboriginaalien symboleja, ja niitä pidetään pyhinä. Kiitämme teitä. Nauttikaa kiertueesta."

Opas selitti Kata Tjutan, The Olgasin, geologista historiaa, kun he kävelivät muinaisten kivikupolien keskellä. Aurinko nousi, ja sen loistavat säteet koskettivat Ulurua luoden uskomattoman auran.

Päivän kävelystä uupuneina he pakkasivat tavaransa ja olivat pian matkalla lentokentälle.

"En voi sanoa, kuinka paljon näiden uskomattomien luonnonihmeiden näkeminen on muuttanut minua", Miranda sanoi. "Niagaran putoukset ovat mahtavia, mutta täällä ollessani ja näitä asioita katsellessani tunnen olevani niin siunattu."

"Tiedän mitä tarkoitat", Terri sanoi.

"Olen samaa mieltä, mutta olemme kaikki uupuneita. Mennään nukkumaan. Palaamme pian Sydneyyn."

LUKU 27

" EN MALTA ODOTTAA, ETTÄ pääsemme takaisin Sydneyyn", Miranda sanoi, "koska tänä iltana saan nähdä Benin!"

"Minkä Benin?" Terri kiusoitteli.

"En odota innolla Jakeen seuraa", Cheryl sanoi.

"Syömme, juttelemme ja tanssimme vähän. Jos pidämme Jaken poissa peilien luota, olen varma, että hän tarjoaa teille mukavaa seuraa", Terri sanoi.

Lentokone laskeutui klo 18.00. Kello oli jo 18.30, kun he palasivat Hiltoniin – ja kiirehtivät valmistautumaan ja lähtemään Darling Harbouriin klo 19 mennessä. Siitä huolimatta heidän tehtävänsä suoritettiin menestyksekkäästi, ja kolme ystävää saapui paikalle tyylikkäästi pukeutuneina täsmälleen klo 19.05. Pojista ei näkynyt jälkeäkään.

"No tytöt, me näytämme hyvältä ja vielä ennätysajassa", Terri sanoi.

"Jos meidän täytyy seistä täällä liian kauan", Cheryl sanoi, "niiden katseiden perusteella, joita saamme, ehkä minulla onkin toinen vaihtoehto kuin Jake illaksi."

"Voi Jake-parkaa, hän jää ilman treffiseuraa ja ilman ystäviä vieraassa kaupungissa, jossa hän ei tunne ketään", Miranda sanoi.

"Ottakaa viulut esiin", sanoi Cheryl. "Särjet sydämeni."

"Kello on 19.15, luuletko, että he unohtivat?" kysyi Miranda.

"En usko, että Ben unohtaisi mitään, mikä liittyy sinuun. Hän vaikutti varsin kiinnostuneelta, Miranda", sanoi Cheryl. "Enkä sano tätä vain sanoakseni."

"Niin minäkin ajattelin", sanoi Miranda. "Mutta äiti tuolla sanoo, että minun pitäisi edetä hitaasti, enkä antaa mielikuvitukseni laukata."

"Terrillä on pointti, mutta ilta on vielä nuori", sanoi Cheryl.

"Jos he eivät ole täällä klo 19.30 mennessä, etsitään ravintola ja mennään syömään jotain. En usko, että on hyväksi meille seistä täällä niin kauan", sanoi Terri.

"Miranda, Miranda," Ben huusi, kun hän juoksi paikalle ja liittyi heidän seuraansa. "Jake ja Hayden ovat tulossa. Anteeksi, että olemme myöhässä. Te kolme näytätte upeilta. Kuinka voitte?"

"Minä, me kaikki voimme hyvin," Miranda sanoi. "Ajattelimme, että ehkä olitte unohtaneet meidät."

"Ei missään nimessä, kävimme tänään sukeltamassa ja aika vain karkasi käsistämme. Olemme odottaneet innolla teidän kolmen tapaamista siitä lähtien, kun tapasimme. Oh, siinähän he nyt ovat."

"G'day", Jake ja Hayden sanoivat yhtä aikaa.

"Vau, te kolme näytätte bonzalta!", Hayden sanoi.

'Samoin', Jake sanoi. "Käännettynä se tarkoittaa, että näytätte mahtavilta!"

"Kiitos", he vastasivat.

"No, mennään Raintree-ravintolaan. Ajattelimme, että siellä olisi hyvä syödä illallista. Myöhemmin siellä on livemusiikkia, paikallisia bändejä ja tanssia. Meillä on siis kaikki samassa paikassa, ellei teillä tytöillä ole muita ideoita illalliselle?" Ben sanoi.

"Ei, jätämme sen sinun päätettäväksi," Miranda sanoi. "Koska emme tunne täällä olevia ravintoloita kovin hyvin."

"Myönnä pois", Terri sanoi. "Syömme mitä tahansa, mikä ei liiku."

"Hmm, no se kyllä kaventaa valikoimaa", Jake sanoi. "Huomaa kuitenkin, että Morton Bay Bugsit eivät enää liiku, kun ne laitetaan lautasellesi. No niin, kokeile nyt!"

"Yök, sinä varmaan vitsailet? Ihmiset eivät syö hyönteisiä", Cheryl sanoi.

He saapuivat ravintolaan ja istuutuivat pöytään. He tilasivat juomia kaikille ja uppoutuivat ruokalistojen tutkimiseen.

"Jos et usko minua, katso tätä", Jake huudahti.

"Morton Bay Bugs!" sanoi Terri. "Mitä ne ovat? Ovatko ne jotain torakoiden kaltaisia?"

"Tuo ajatus on niin ällöttävä", sanoi Miranda. "Varo vähän. Saatat viedä ruokahaluni, ja meidän täytyy ehkä mennä sen sijaan Mickey D:hen."

"Itse asiassa", sanoi Ben, "ne näyttävät ja maistuvat kuin minilobsterit. Niitä pidetään täällä herkkuna. Ajattele nyt, jotkut syövät kaviaaria – kalanmunia – ja toiset etanoita, joten Morton Bay Bugsit eivät ole niin pahoja. Ja ei mennä Mickey D:hen."

"Otan katkarapuja, ne ovat sama asia kuin katkarapuja, eikö?" Miranda kysyi.

"Vain isompia", Hayden sanoi. "Tilaamme viiniä, käykö Cabernet Sauvignon? Haluaako kukaan olutta?"

"Se on suosikkini", Miranda sanoi.

"Minä haluan olutta", Jake sanoi.

Viini ja olut tuotiin pöytään. Uusille ystäville kohotettiin malja. Ruoka tilattiin. Leipää jaettiin. Kun ruoat saapuivat, kaikki olivat tyytyväisiä, paitsi Miranda.

"He tuijottavat minua."

"Totta kai he tuijottavat", Jake sanoi. "Kuori ne ja syö. Mikään ei voita tuoreiden katkarapujen makua."

"En voi syödä niitä, kun niissä on vielä päät, puhumattakaan siitä, että suolisto on vielä sisällä. Voi luoja, taidan oksentaa."

"Ota vielä siemaus viiniä ja katso minua", Ben sanoi, kun hän otti katkaravun Mirandan kulhosta ja katkaisi sen kahtia. "Katkarapujen syömisessä on taitoa ja helppo tapa kuoria ne. Näetkö, miten tein katkaisun tähän? No, se on avain. Nyt lihaisa osa odottaa sinua tuolla. Sinun tarvitsee vain kuoria tämä osa taaksepäin. Katso, pää on poissa, eikä sinulla ole enää mitään tekemistä sen kanssa. Kasta se nyt vain kastikkeeseen ja maista."

"Kun olet Roomassa," sanoi Miranda, kun hän puri valkoista, mehevää katkarapua. "Tämä on yksi parhaista asioista, joita olen koskaan maistanut. Se on vähän suolaista ja vähän makeaa. Anna kun yritän kuoria yhden itse. Ottakaa kaikki, en todellakaan pysty syömään näitä kaikkia."

"Tämä lohirisotto on herkullista", sanoi Cheryl. "En ole koskaan ennen kuullut risotosta."

"Se on vielä parempaa, kun päälle ripotellaan tuoretta parmesaania." Hän kutsui tarjoilijan luokseen. "Tuoretta parmesaania, kiitos."

Tarjoilija palasi parmesanin kanssa, ja Cheryl ripotteli sitä päälle. "Olet oikeassa, se maistuu vielä paremmalta. Kiitos vinkistä."

"Ja tämä cajun-kuskus on myös upea", Terri sanoi. "Olen nähnyt sitä kotona kaupoissa, mutta en ole koskaan halunnut kokeilla sitä. Nyt minun on ehdottomasti opittava tekemään sitä."

"No, mitä te tytöt olette puuhailleet sen jälkeen, kun näimme teidät viimeksi?" Hayden kysyi.

"Olemme nähneet melko paljon Sydneyä, ja olemme käyneet Ulurussa," Miranda sanoi. "Mikä mahtava monoliitti se onkaan."

"Olen iloinen, että olette päässeet näkemään niin paljon Australiasta," Ben sanoi. "Aiotteko viettää aikaa Melbournessa?"

"Olemme Melbournessa jouluna", Miranda paljasti. "Saavumme tiistai-iltana ja palaamme perjantai-iltana. Menemme katsomaan peliä MCG:lle ensimmäisenä päivänä, ja..."

"Kierros Arts Centressä keskiviikkona, sekä vähän jouluostoksia", Terri keskeytti.

"Miksi ette viettäisi joulua meillä? Meillä on grillijuhlat, ja olette erittäin tervetulleita", Ben kysyi.

"Se olisi mahtavaa!" Miranda huudahti. "Se on todella anteliasta sinulta."

"Vain vähän australialaista vieraanvaraisuutta," Ben sanoi. "Sitä paitsi, Melbourne on täysin erilainen kuin Sydney. Ihmiset ovat erilaisia, ja kulttuuri on erilainen. Kaupunkien välillä on melkoista kilpailua ja..." Hän madalsi ääntään, "Melbourne on tietysti paras kaupunki."

"Ha ha," Jake nauroi, "Uskallatko huutaa sen ääneen, kaveri!"

"Mitä, ja aiheuttaa tappelun täällä?" Hayden sanoi. "Mutta katsomalla tätä väkijoukkoa uskon, että me kolme voisimme hoitaa heidät kaikki."

"Ei sitä kannata kokeilla," Cheryl sanoi.

"Ovatko kaikki valmiita tanssimaan?" Hayden kysyi.

"Näytä tietä," Terri sanoi ja linkkasi kätensä hänen käsivarteensa.

Kun he lähtivät, kello oli jo yli kaksi yöllä. Musiikki oli ollut erittäin kovaa paikassa. He eivät olleet kuulleet toisiaan kovin hyvin.

"Kiitos hauskasta illasta", Miranda sanoi, "Ja nähdään Melbournessa."

"Totta kai", Ben sanoi, kun hän kumartui suutelemaan Mirandaa vasemmalle poskelle ja sitten oikealle poskelle.

"Anna mennä, vanha veikko!" Jake sanoi ja kumartui antamaan Cherylille suukon huulille. Cheryl käänsi päätään sivulle, ja Jake suuteli hänen hiuksiaan.

"Nähdään ensi viikolla", Terri sanoi.

Hayden kumartui kohti häntä, mutta muutti sitten mielensä. Hän ei halunnut ottaa riskejä sen jälkeen, mitä Cheryl kanssa oli tapahtunut.

Kolme ystävää nousi taksiin, joka kiihdytti pois yöhön.

Luku 28

PALATTUAAN HOTELLILLE TURVALLISESTI JA terveenä Miranda heräsi huutaen. Hän istuutui sängyssä.

"Mitä nyt?" Cheryl kysyi ja sytytti valon.

"Ovatko kaikki kunnossa?"

"En, en ole kunnossa", Miranda sanoi. "Näin unta, todella pelottavaa unta."

"Kerro siitä", Cheryl sanoi. "Tiedät kai, mitä sanotaan ongelmista, jotka jaetaan."

"En halua, se on liian pelottavaa."

"Laitan kahvia, istutaan parvekkeelle ja voit kertoa meille, kun olet valmis. Ei ole järkeä mennä takaisin sänkyyn nyt. Katso, aurinko nousee", Terry sanoi.

Kun he istuivat parvekkeella, nauttien raikkaasta aamuilmasta ja siemaillen kahvia, Miranda paljasti unensa tapahtumat.

"Olin aivan yksin, Ulurun huipulla. Joku jahtasi minua. Hänellä oli veitsi. Se oli mies. Juoksin ja juoksin, ja hän seurasi minua. Olin nurkkaan ajettu; minulla ei ollut paikkaa minne kääntyä, ja sitten hän riisui naamionsa. Se oli hän. Raiskaaja.

'Sinun täytyy kuolla!' hän sanoi. 'Muuten he saavat selville, että se olin minä. Se oli kaikki minun tekosiani. Minä tapoin hänet, tapoin ystäväsi ja nyt aion tappaa sinut.'

Potkaisin häntä palleihin, ja hän kaatui, ja veitsi putosi. Se alkoi liukua reunan yli. Me molemmat ryntäsimme sen perään, mutta sade alkoi sataa ja kivet muuttuivat liukkaiksi. Se oli kuin jäätä. Me taistelimme. Se oli kuin olisimme luistelleet. Näin meidät ylhäältä ja se oli kuin olisimme laji, joka suoritti parittelurituaalia. Minua oksetti. Hän oli saanut minut ansaan. Hän piti kiinni kaulastani ja piti minua reunan yli. Hän työnsi ruumistani eteenpäin. Silloin heräsin."

"Ei ihme, että olit kauhuissasi", Cheryl sanoi. "Minulle tuli kananliha pelkästään kuunnellessani sinua."

"Minullekin", Terri sanoi.

Miranda hyppäsi pystyyn ja juoksi kylpyhuoneeseen. Hän oksensi, kunnes oksennettavaa ei enää ollut.

"En kuitenkaan ymmärrä", Terri sanoi. "Miksi Miranda yhdistää nämä kaksi asiaa. Hänen isänsä sanoi, että Christina teki itsemurhan. Hänen vanhempansa saivat itsemurhakirjeen."

"Miranda ei ole kertonut meille jotain, olen varma siitä", Cheryl sanoi.

"Oletko kunnossa?", Cheryl kysyi, kun Miranda ilmestyi takaisin parvekkeelle.

"Ei, en ole kunnossa. En ole millään tavalla kunnossa."

"En ymmärrä", sanoi Terri, "Mikä sinua vaivaa?"

"Alitajuntani uskoo, että raiskaaja ja murhaaja ovat sama henkilö. Siinä kaikki."

"Mutta vaikka se olisikin totta, hänellä ei ole aavistustakaan, missä olet", sanoi Cheryl.

"Päinvastoin. Jos hän murhasi Christinan, on täysin mahdollista, että hän tietää, missä olen. Katsos, jätin täydellisen kalenterin pöydälle puhelimen viereen. Siltä varalta, että Christina tai rouva Pierce tarvitsisi saada minuun yhteyttä. Se on totta."

"No, miksi et kertonut tätä meille aiemmin?" Cheryl kysyi.

"Sillä ei ole väliä. Vaikka se olisikin sama henkilö, miksi hän katsoisi puhelintason päälle?" Terri sanoi. "Se on kaukaa haettu ajatus, enkä aio ainakaan hermostua sen takia."

Cheryl suostui vastahakoisesti. Ulospäin hän ei näyttänyt olevan huolissaan ystäviensä puolesta, mutta sisimmässään hän toivoi yhä enemmän, että olisi taas kotona. Turvassa. Ja perheensä lähellä.

LUKU 29

YHYEN LENNON JÄLKEEN HEIDÄN lentokoneensa laskeutui Surfer's Paradiseen Queenslandissa. Paikalla odotti bussi, joka kuljetti heidät ja muutaman muun matkustajan Oxenfordiin Gold Coastille. Matka kesti kaksikymmentä minuuttia.

"Tämä paikka näyttää aivan kuvilta, joita olen nähnyt Las Vegasista", Terri sanoi.

"Tai mainoksilta, jotka houkuttelevat talvipakolaisia Los Angelesiin pakoon talvea", sanoi Miranda.

"Voi luoja! Katso kasinon ja huvipuistojen kylttejä! Harmi, että olemme täällä vain pari päivää, täällä näyttää olevan niin paljon tekemistä", sanoi Cheryl.

"En malta odottaa, että pääsemme hotelliin sisään, jotta voimme lähteä ulos pitämään hauskaa!", sanoi Miranda.

"Mitä teemme ensin?" Terri kysyi.

"Katsotaanpa, mitä Aussie Sights -oppaassa sanotaan. Kuulostaa lupaavalta, siinä lukee: 'Gold Coast on yksi Australian johtavista lomakohteista. Siellä on

42 km aurinkoisia rantoja, maailmanperintöluetteloon kuuluvia sademetsiä, teemapuistoja, ostosmahdollisuuksia ja yöelämää – se on rannikko, jossa on eniten!'" Miranda luki.

"Minusta mennään ensin Warner Bros. -puistoon ja sitten muihin, jos aikaa riittää", Terri ehdotti.

"Sea World on toinen vaihtoehto, jos aikaa riittää", sanoi Cheryl. "En halua kastua tänään."

"Ja illalla mennään Jupiter's Casinolle ja syödään tyylikkäästi illallista!", sanoi Miranda.

Ongelmana oli, että he olivat niin väsyneitä kuuden tunnin kävelyn jälkeen huvipuistossa, niin stressaantuneita kaikista huutokierroksista ja niin täynnä syömistään välipaloista, etteivät he päässeet minnekään muualle kuin huoneeseensa nukkumaan.

Luku 30

99 M<small>INUN ON PARASTA SOITTAA</small> kotiin", Terri sanoi. "On sunnuntai-ilta, ja isä huolestuu, jos en soita."

"Soita vain", Miranda sanoi. "Menen suihkuun. Meillä on tänään niin paljon tekemistä!"

"Katselen karttaa ja teen suunnitelman, jotta kasino tulee ensimmäiseksi. Mietin, milloin se avautuu. Katsotaan, mitä saan selville", Cheryl sanoi.

"Hei isä", sanoi Terri. "Kyllä, meillä menee hyvin. Kuinka kotona menee? Meillä on tosi hauskaa. Okei, isä. Kerro terveisiä kaikille. Nähdään pian." Hän katkaisi puhelun mietteliäänä. "Se oli nopeaa ja hyvin outoa."

Cheryl huudahti iloisesti ja vaihtoi aihetta. "Jee, me osuimme jackpottiin! Kasino on auki ympäri vuorokauden! Tarvitsemme vain taksin, joka vie meidät sinne."

"Mistä tämä huutaminen johtuu?" kysyi pukeutunut Miranda.

"Ensinnäkin Terri lopetti puhelun niin nopeasti, että päähän alkoi pyöriä, ja sitten huomasin, että kasino on auki ympäri vuorokauden. Soitan taksin – olemme valmiina tunnissa, eikö?" Cheryl sanoi.

"Tunnissa? Meidän pitäisi ehtiä", Terri sanoi matkalla suihkuun. "Voimme syödä aamiaista siellä."

"Odota, odota", Miranda sanoi. "Muistin juuri lukeneeni jotain sukelluskursseista. Haluaisin todella kokeilla sitä."

"Minullekin sopii, meidän ei tarvitse mennä kasinolle heti aamusta, mennään ensin sukeltamaan ja sitten kasinolle illalliselle", Terri sanoi. "Kuka tahansa voi hoitaa aamiaisen, mutta illallinen, se on jotain, minkä vuoksi haluaisin todella olla kasinolla."

"Okei, sukellusta sitten", sanoi Cheryl. "Soitan alakertaan ja kysyn, voiko he järjestää sen meille mahdollisimman pian."

Miranda katsoi keltaisia sivuja, kun Cheryl puhui conciergen kanssa.

"Meidän täytyy mennä bussilla, se maksaa meille – mutta se on edessä 30 minuutin kuluttua. Se poimii muutaman muun, joten voimme mennä mukaan", sanoi Cheryl.

"Kiva", sanoi Miranda. "Kiirehdi, Terri, Cheryl vuoro on vielä jäljellä, ja meillä on vain 30 minuuttia aikaa valmistautua ja mennä ulos."

"Huh", sanoi Terri astuessaan huoneeseen, kun Cheryl ohitti hänet salamannopeasti.

LUKU 31

" TERVETULOA KAIKILLE, OLEN TÄNÄÄN teidän ohjaajanne ja nimeni on Ned. Valitkaa uimapuku ja valmistautukaa. Tapaamme taas täällä kymmenen minuutin kuluttua." Kaikki alkoivat liikkua pukuja kohti, ja hän jatkoi: "Jos mietitte haita, voin viedä teidät katsomaan niitä tunnin jälkeen. Se maksaa 25 dollaria lisää per henkilö, ja teidän on allekirjoitettava vakuutuslomakkeet – mutta pääsette kohtaamaan hain kasvotusten. Olette täysin turvassa häkissä, joten ei hätää. Tulkaa kaikki ja valmistautukaa! Nähdään täällä kymmenen minuutin kuluttua."

"En missään nimessä tee sitä!" sanoi Cheryl.

"Älä nyt, siitä tulee hauskaa", sanoi Miranda.

"Olemme täysin turvassa häkissä", toisti Terri ohjaajan sanoja.

He astuivat laivan kannelle, ja Terri kysyi ohjaajalta, voisivatko he mennä kaikki yhdessä häkissä alas.

"Ei suositeltavaa. Se pirun kapistus olisi liian raskas nostettavaksi, jos hätätilanne syntyisi, tiedätkö? Menette alas yksi kerrallaan. Jos jotain tapahtuu, vedätte vain köydestä ja homma on hoidossa – me nostamme teidät ylös. Ette saa toista tilaisuutta, vai mitä?"

"Ei", sanoi Cheryl.

"Sanonpa vain, yksi kaikkien puolesta ja kaikki yhden puolesta, tehdään se!" sanoi Miranda.

"Ensinnäkin, hoidetaan oppitunti pois alta. Sitten voitte päättää, mitä haluatte tehdä. Oletan, että kaikki osaavat uida?"

Oppitunti oli virkistävä, ja kolme ystävää saivat tarpeeksi itseluottamusta luovuttaakseen kukin 25 dollaria nahkaisen ohjaajansa käsiin.

"Haluan mennä ensimmäisenä", sanoi Cheryl.

"Okei, sovittu."

Kolme ystävää antoivat toisilleen high fiven.

Kun he olivat päässeet häkkiin, Cheryl laskettiin mereen hitaasti. Häkki oli tilava, ja hän yritti pysyä keskellä. Vesi tuntui lämpimältä hänen ympärillään, ja hän tuijotti kaukaisuuteen odottaen pelätyn Brucen saapumista. Hän ei ollut koskaan pitänyt elokuvasta *Jaws*.

Muutama minuutti myöhemmin hänen ympärilleen kellui verisiä kalan sisälmyksiä. Hänen vatsansa kääntyi niiden näkemisestä. Ei kestänyt kauan, kun ensimmäinen hai ilmestyi.

Se uiskenteli aluksi hänen ympärillään ja tuijotti häntä.

"Hei, herra Jaws, olen Cheryl, kiltti hainpoika, kiltti hainpoika."

Se törmäsi häkkiin. Cheryl ei huutanut eikä räpäyttänyt silmiään. Hän pysyi liikkumattomana kuin patsas toivoen, että hai menisi pois.

Se törmäsi häkkiin koko painollaan ja yritti purra kaltereita. Cheryl kaatui, tarttui köyteen ja veti kaikin voimin. Hetken kuluttua hän oli pinnalla.

"Voi luoja!" Cheryl sanoi, "Hai, valtava hai törmäsi häkkiin koko painollaan ja kaatoi minut. En ole koskaan elämässäni pelännyt niin paljon, ja olen todella iloinen, että se on ohi. Sinun vuorosi, Miranda."

"Ihanko totta, oliko hai todella niin lähellä?"

"Kyllä oli, uskallatko sinä? Vai annammeko Terri mennä ensin?" Cheryl sanoi.

"Ei ikinä, jätän tämän väliin", Miranda sanoi.

'Minäkin', Terri sanoi.

"Kak, kak, kak", Cheryl sanoi.

Myöhemmin Jupiterin kasinolla Cheryl oli illan sankari. Hän oli tehnyt rohkean teon menemällä hainhäkkiin.

"Voinko tarjota sinulle toisen drinkin?" Miranda kysyi.

"Toki, otan tällä kertaa Pina Coladan", Cheryl sanoi, ylpeänä säteilevänä. "Anna tulla", hän sanoi jakajalle. "Anna tulla uudestaan. Ja tuota niitä lisää!"

LUKU 32

AMULLA PUHELIMEN PIENI PUNAINEN painike vilkkui. Taas uusi viesti. "Lisää ongelmia?" Terri kysyi. Hän puhui vastaanoton naisen kanssa, joka vahvisti, että Terri isä Angelo oli soittanut. Koska Terri oli juuri puhunut isänsä kanssa, hän tiesi, että jotain oli varmasti pahasti vialla.

"Hei isä, sain viestisi. Onko kaikki kunnossa?"

"Ei, ei ole. Pelkäänpä, että Mirandalle on lisää huonoja uutisia. Hänen isänsä on joutunut onnettomuuteen. Elizabeth soitti tänne myöhään eilen illalla. Hän oli hädissään, kun oli yrittänyt tavoittaa Mirandaa tuntikausia. Hän on yhä sairaalassa Tomin kanssa. Tom ei ole kovin hyvässä kunnossa. Onko sinulla kynää käsillä?"

"Kyllä isä, kirjoitan sen muistiin, okei, kyllä. Välitän viestin, ja hän voi soittaa heti. Onko sinulla aavistustakaan, mitä tapahtui?"

"Elizabeth ei ollut siinä tilassa, että olisi voinut kertoa yksityiskohtia, hän oli hysteerinen. Hän kertoo Mirandalle."

"Okei isä, kiitos."

"Mitä nyt tapahtui?" Miranda kysyi.

"En oikeastaan tiedä, mutta äitisi soitti vanhemmilleni eilen illalla. Hän on sairaalassa isäsi kanssa, isä on loukkaantunut. Isä ei tiennyt yksityiskohtia. Ilmeisesti äitisi ei ollut kunnossa, kun hän soitti heille apua."

"Taas huonoa tuuria", Miranda sanoi näppäillessään numeroita. "Tom Evansin huone, kiitos."

"Kuka siellä puhuu?"

"Miranda Evans, hänen tyttärensä."

"Kyllä, neiti Evans, nimenne on listalla. Yhdistän teidät."

"Äiti, minä tässä, Miranda. Herra Russo soitti minulle. Mitä isälle on tapahtunut? Onko hän kunnossa?"

"Isäsi nukkuu nyt. Hän on käynyt läpi melkoisen koettelemuksen."

"Kuoleeko hän? Mitä ihmeessä on tapahtunut?"

"Ei, ei se niin pahaa ole. Hänellä on kolme murtunutta kylkiluuta, muutama tikki päässä ja nyrjähtänyt jalka. Hänellä oli kovia kipuja. Lääkkeet tyrmäsivät hänet heti, raukka."

"Oliko hän joutunut onnettomuuteen?"

"Ei, hänet hyökättiin."

"Hyökättiin?"

"Isäsi oli menossa kulmakauppaan hakemaan muutamia tavaroita. Mies odotti ulkona ja vaati isäsi lompakkoa."

"Voi ei!"

"Tietysti isälläsi ei ollut lompakkoa mukana. Hänellä oli vain muutama dollari taskussaan. Hän antoi ne miehelle, ja tämä muuttui todella ilkeäksi. Hän potkaisi isää kylkiluihin, tallasi hänen jalkaansa ja löi häntä päähän. Sitten hän pakeni isäsi autolla. Poliisin mukaan isäsi oli uskomattoman onnekas."

"Todella onnekas! Haluatko, että tulen kotiin, äiti?"

"Ei, isäsi pärjää kyllä. Hän käski, ettei sinun tarvitse huolestua, Miranda. Nauti lomasi loppuajasta."

"Selvä, äiti, mutta miltä se mies näytti?"

"Hän sanoi, että mies oli tanakka, mutta ei lihava. Hänellä oli vaaleat hiukset, jotka olivat hyvin rasvaiset."

Miranda pudotti puhelimen, ja se putosi lattialle, pomppi ja osui yöpöytään. Miranda kalpeni ja istuutui sängylle.

"Haloo? Haloo?"

"Rouva Evans, tässä on Cheryl. Mirandalla meni vähän huonosti. Me huolehdimme hänestä, älä huoli. Okei, hei."

"Mitä tapahtui?" Terri kysyi. "Värisi muuttui. Luulin, että pyörryt."

"Onko isäsi kunnossa?" Cheryl kysyi.

"Isä joutui ryöstön uhriksi matkalla lähikauppaan. Hänellä oli mukanaan vain pari dollaria eikä lompakkoa, joten mies mursi kolme kylkiluuta, nyrjäytti hänen jalkansa, löi häntä päähän ja varasti sitten hänen autonsa."

"Mutta et kai järkyttynyt tuosta uutisesta? No, järkytyit kyllä, mutta et samalla tavalla kuin kun kysyit, miltä mies näytti," Terri sanoi. "Voi ei, et kai ajattele sitä, mitä luulen sinun ajattelevan, Miranda?"

"Isä sanoi, että mies, joka hyökkäsi hänen kimppuunsa, oli tanakka, ei lihava, ja hänellä oli rasvaiset vaaleat hiukset. Se on hän. Tiedän vain, että se on hän."

"Mutta Miranda," sanoi Cheryl, "maailmassa on miljoonia miehiä, jotka sopivat tuohon kuvaukseen."

Tiedän, että vaistoni on oikeassa. Hänellä oli nimeni. Hänen olisi helppo selvittää, kuka isäni oli. Hän tarvitsi rahaa ja halusi satuttaa minua, joten hän satutti isääni. Aivan kuten Christinan tapauksessa, hän halusi satuttaa minua, enkä ollut paikalla, joten Christina kuoli. En tiedä, mitä tehdä. Ihmisiä satutetaan ja kuolee minun takiani. Kuka on seuraava? Vai olenko täysin vainoharhainen?

Miranda nauroi.

Cheryl ja Terri eivät nauroineet.

He eivät puhuneet asiasta. Mutta he molemmat miettivät samaa asiaa. Oliko Miranda lopulta menettämässä järkensä?

Luku 33

VARHAISEN AAMUN HERÄTYKSEN JÄLKEEN tytöt olivat valmiina lähtemään lennolle Länsi-Australiaan. Kaksi päivää Perthissä, yksi päivä Fremantlessa. Ohjelma oli entistäkin tiiviimpi, kun lomapäivät vähenivät.

"En olisi ikinä uskonut sanovani tätä, mutta inhoan todella lentämistä", Miranda sanoi. "Aluksi se oli jännittävää, mutta nyt se ei ole enää hauskaa."

"Auttaisi, jos ruoka ei olisi niin huonoa", Terri sanoi.

"Ja jos emme olisi jo nähneet joka ikistä elokuvaa", Cheryl sanoi.

"Puhutaanpa siitä toisesta illasta", Terri sanoi. "Minulla oli todella hauskaa, mutta en usko, että Hayden on oikea kaveri minulle. Hän on mukava ja kaikkea, mutta meidän välillä ei ole kemiaa."

"Minun ja Jaken välillä ei ole lainkaan kemiaa", sanoi Cheryl. "Hän oli kuitenkin hauska, ja olen iloinen, että sain nähdä toisen puolen hänestä."

Cheryl ja Terri katsoivat Mirandaa odottaen, että tämä sanoisi jotain.

"No?" kysyi Terri.

"No, mitä?" sanoi Miranda.

"Sinä ja Ben näyitte tulevan toimeen, onko mielipiteesi hänestä muuttunut?" kysyi Terri.

"Ei, luulen, että me voisimme helposti rakastua toisiimme, jos emme asuisi maailman vastakkaisilla puolilla."

"Siinä tapauksessa voimme yhtä hyvin perua grillijuhlat", sanoi Cheryl.

"Ei!" sanoi Miranda.

"Vitsailin vain. Te kaksi olitte omassa pienessä maailmassanne, kun tanssitte", sanoi Terri.

"Hän on hyvä tanssija. Yritättekö te kaksi kiusata minua vai mitä? En haluaisi puhua tästä; voimmeko vaihtaa aihetta?"

"Okei, mitä kirjassasi sanotaan, mitä meidän pitäisi tehdä Perthissä?" Cheryl kysyi.

Miranda selaili kirjaa Perthin lukuun asti ja sanoi sitten: "Siinä sanotaan, että paras tapa nähdä kaupunki on kävellä ympäriinsä. Jos olet hyvässä kunnossa – mikä meidän kohdalla taitaa pitää paikkansa – se vie kolme tuntia. Mielestäni meidän pitäisi hankkia kartta ja katsoa, kuinka pitkälle pääsemme. Meidän pitäisi laskeutua pian, ja meillä on puoli päivää aikaa tutkia paikkoja. Mitä mieltä olette?"

"Mitä siellä on nähtävää?" Terri kysyi.

"Arkkitehtuurin pitäisi olla täysin erilainen kuin Sydneyssä. Siellä on jopa vuonna 1835 rakennettu tuulimylly. Se oli aikoinaan jauhomylly. Kuulostaa siltä, että Perth on hyvin brittiläinen."

"Hyvä, brittiläinen tarkoittaa pubeja ja herkullista ruokaa", Terri sanoi. "Joten kävelemme vain ympäriinsä, syömme, teemme ostoksia ja menemme fiiliksellä."

"Kuulostaa hyvältä suunnitelmalta", Cheryl sanoi. Kaksi päivää kolme ystävää käveli ympäri Perthiä. Kaupunki oli täynnä jouluvaloja ja koristeita. "Jotenkin 'I'm Dreaming of a White Christmas' ei vain tunnu sopivan tänne", Miranda kommentoi. "Itse asiassa koko Joulupukki-myytti ei tunnu kovin järkevältä", Terri sanoi. "Lämpötila on lähes 40 astetta, ja se lihava mies saisi aivohalvauksen, jos hän vaeltaisi täällä punaisessa puvussaan."

"Silti katso, tuolla on kuva Joulupukista, ja voi ostaa joulukuusia, aivan kuten kotona", sanoi Cheryl. "En tiedä teistä, mutta minulla on vähän koti-ikävä."

"Olen iloinen, että Ben kutsui meidät jouluaterialle", sanoi Miranda, "Nautitaan nyt täysillä ajastamme Perthissä. Meillä on vielä paljon nähtävää."

He kävelivät kaupungin päästä toiseen, pysähtyen matkan varrella pienissä kahviloissa, ravintoloissa ja pubeissa. Kolme ystävää rakastuivat Northbridgeen, trendikkääseen alueeseen, jossa oli kaikki ne edut, joita odottaa löytävänsä paljon suuremmasta kaupungista. Aluetta verrattiin Sydneyn King's Crossiin.

"Siellä Ben ja hänen ystävänsä asuivat, backpacker-hotellissa", Miranda muisteli.

"Olet oikeassa. Meidän täytyy käydä katsomassa sitä. Hei, eikö se ole se paikka, jossa järjestetään kuuluisa Gay Mardi Gras? Muistan katsoneeni siitä osan televisiosta viime vuonna", Terri sanoi.

"Minäkin muistan siitä jotain", Cheryl sanoi. "Kun Toronton Gay Parade järjestettiin, he näyttivät pätkiä Sydneyn versiosta. Se näytti aika rivoilta."

Fremantlessa he nousivat sukellusveneeseen, osallistuivat aboriginaalien perintökierrokseen ja viettivät aikaa suklaatehtaalla.

Pian he olivat jo toisessa lentokoneessa matkalla Etelä-Australian Adelaideen, jossa he viettivät kaksi yötä.

Ensimmäisenä iltana he kiertelivät Barossa Valleyn viinialueella. He maistelivat ja toisinaan sylkivät ulos täysin ihanaa viiniä.

Miranda osti pari pulloa Cabernet Sauvignonia: yhden Benille ja toisen hänen vanhemmilleen.

LUKU 34

KUN HE SAAPUIVAT MELBOURNEEN ja kirjautuivat hotelliin, he löysivät kasinon.

"Kyllä, taas uusi tilaisuus voittaa rahaa", Cheryl huudahti. "Voitin viisi dollaria Jupiter'sissa."

"Minä hävisin saman summan", Miranda sanoi. "Mutta olen valmis yrittämään uudestaan."

Kun he saapuivat kasinoon, heidät valtasi peliautomaattien surina ja innostuneiden pelaajien jatkuva kuiskailu. Jupiter's oli pieni – verrattuna Melbournen kasinoon.

Miranda oli niin innoissaan, että hänen kätensä tärisivät, mutta hän onnistui ottamaan johdon käsiinsä ja ryhtyi heti pelaamaan, kun hänen kaksi ystäväänsä seisoivat hänen takanaan tarjoamassa henkistä tukea. Mirandalle jaettiin 16, ja hän käski nopeasti pöytää hoitavaa miestä: "Anna kortti." He kaikki pidättivät hengitystään jännittyneinä, kun Mirandalle jaettiin 10.

Miranda oli päättänyt jatkaa ja hävisi käsiä toistuvasti, kunnes sovittu 30 minuuttia blackjackin pelaamiseen oli kulunut. Miranda menetti suurimman osan pelirahastaan ja harkitsi lisää pelimerkkien hankkimista, kun he suuntasivat pokerinpöytään, jotta Terri voisi kokeilla onneaan.

Miranda ja Terri ryhtyivät heti toimeen. Terri sai täyskäden ja voitti ensimmäisen käden sekä hankki itselleen pienen rahapussin, kun taas Mirandalla ei ollut yhtä paljon onnea. He pelasivat vielä 30 minuuttia ja palasivat sitten peliautomaattien pariin. He pelasivat lähes tunnin ja päättivät sitten etsiä hyvän ravintolan.

"Oletteko seikkailunhaluisia ruokailijoita?"

"Kokeilemme mitä tahansa kerran", Miranda sanoi.

"Täällä on upea thaimaalainen ravintola; se on aivan kadun varrella. Saatatte joutua odottamaan vähän, mutta se on sen arvoista."

Siitä paikasta, missä he olivat, he eivät oikein saaneet minkäänlaista käsitystä Melbournesta suuntaan tai toiseen. Ympärillä oli paljon nostokurkia, paljon korkeita rakennuksia, mutta paikka näytti hieman epäystävälliseltä ja suurin osa kaduilla olevista ihmisistä näytti olevan omissa ajatuksissaan. Kun he saapuivat ravintolaan, he huomasivat sen olevan täynnä ja joutuivat istumaan ja odottamaan 20 minuuttia, ennen kuin pöytä vapautui.

"Toivottavasti odotus on sen arvoista", sanoi Cheryl.

"No, jos paikka on täynnä arkipäivänä, sen täytyy olla hyvä merkki, eikö?" ehdotti Terri.

Miranda nyökkäsi myöntävästi, kun emäntä lähestyi heitä ja vei heidät pöytäänsä.

Sisustus oli hyvin perinteinen, ja ruokalista oli täynnä kaikenlaisia herkkuja, joita tytöt eivät olleet koskaan ennen maistaneet. He tilasivat joukon ruokia jaettavaksi, mukaan lukien tulista chilikastiketta ja maapähkinäkastiketta, ja ryhtyivät heti syömään. He tilasivat juomia ja lisää juomia ja olivat pian enemmän kuin hieman päihtyneitä. Tytöt kävelivät kadulla, eikä mikään tuntunut heistä tutulta. He eivät nähneet kasinoa, ja he pelkäsivät eksymistä enemmän kuin mitään muuta. Cheryl pyörähti ympäri, menetti melkein tasapainonsa eikä tunnistanut mitään mihinkään suuntaan.

Miranda, joka päätti, ettei hän missään nimessä aio ottaa riskiä pyörähtämällä ympäri vatsansa ollessa siinä kunnossa, uskoi Cheryl sanaa ja ehdotti, että he pysäyttäisivät taksin. He ihmettelivät, miten he olivat voineet hämmentyä niin pahasti.

He muistivat kävelleensä vain noin kymmenen minuuttia kasinolta, ja silti: MISSÄ SE OLI? He eivät nähneet sitä missään. Pitkän pohdinnan jälkeen he ajattelivat, että ehkä ravintolassa oli kaksi uloskäyntiä. Ehkä he olivat toisella puolella? He raahasivat itsensä takaisin ravintolaan ja katselivat ympärilleen kuin kolme hullua naista, kunnes tarjoilija kysyi, voiko hän olla avuksi.

"Olemme uusia Melbournessa ja näyttää siltä, että olemme eksyneet kasinolta", Miranda sanoi.

"Se on tuolla ulkona", tarjoilija sanoi ja osoitti suuntaan, josta he olivat juuri tulleet.

"Emme voi olla niin humalassa," Terri sanoi.

"Tuossa sakessa pitäisi olla varoitus!" Cheryl sanoi kompastellessaan kohti ovea.

He seisoivat ulkona ja hengittivät raitista ilmaa.

"Ah, anteeksi", Miranda sanoi keittiöasua käyttävälle tytölle. "Voisitko osoittaa meille, missä kasino on?"

"Seuratkaa minua", tyttö sanoi, "olen menossa sinnepäin."

"Oh, tässä se on", Miranda lauloi. "Juuri siellä, mistä jätimme sen!"

"Kiitos, hei!" Terri sanoi ja suuntasi hotellin sisään.

He olivat uupuneita ja kaatuivat sänkyihinsä vaatteet päällä.

"Seuraava matka Las Vegasiin", Miranda sanoi.

"Siis jos toivumme huomenna kaiken sen viinan jälkeen!" Terri huudahti.

"Hys, minä nukun", Cheryl sanoi.

LUKU 35

S EURAAVANA AAMUNA KAIKKI KOLME ystävää heräsivät krapulassa. He söivät aamiaista huoneessaan ja napostelivat croissanteja vahvan kahvin kera. Puhelin soi.

"Hei", Ben sanoi.

"No, meillä on vähän huono olo tänään", Miranda sanoi. "Juotiin vähän liikaa sakea."

"Halusin vain toivottaa teidät tervetulleiksi Melbourneen ja toivottaa teille hauskaa päivää. Mitä teillä on ohjelmassa?"

"Kierrämme nähtävyyksiä kaksikerroksisella bussilla – ja – siitä puheen ollen – meidän on parasta lähteä liikkeelle."

"Mitä teette myöhemmin illalla?" Ben kysyi.

"En ole varma, mitä sinulla on mielessä?"

"Mitä jos tapaisimme, minulla on kaksi uutta ystävää, jotka haluaisin esitellä Cherylille ja Terrille? Voimme näyttää teille paikkoja."

"Hetkinen", sitten Miranda peitti puhelimen kädellään ja kysyi Cheryliltä ja Terriltä, olisivatko he kiinnostuneita tapaamaan kaksi Benin ystävää. "Toki, kiitos Ben."

"Teemme parhaamme", Ben sanoi. "Mitä jos tavataan Casinolla, ja voimme kävellä sieltä, käydä vähän klubeilla."

"Noin seitsemän aikaan?"

"Hienoa, nähdään sitten Miranda."

"Nähdään."

Miranda oli niin innoissaan. Hän ei kiinnittänyt huomiota mihinkään Melbournen nähtävyyksiin, ennen kuin näki Benin tarkalleen kello 19.02. Hän halusi antaa Benille ison halauksen. Se oli ensimmäinen kerta, kun hänellä oli halu halata miestä raiskauksen jälkeen. Hän ei kuitenkaan tehnyt sitä.

"Haluaisin esitellä sinut kavereilleni, Phillipille ja Patrickille. Tämä on Miranda (hän on minun), hänen ystävänsä Terri ja Cheryl."

Tervehdykset vaihdettiin kaikkien kesken, ja sitten Ben ja Miranda johtivat porukan Royal Botanic Gardensiin. Ben piti Mirandan kädestä.

Terri ja Phillip olivat samalla alalla. Phillip oli kirjanpitäjä Warner Brothers Musicilla.

Patrick työskenteli Telstrassa. Hän oli teknikko. Hän oli erittäin läheinen perheensä kanssa ja asui kotona.

Ben ja Miranda puhuivat kuin vanhat ystävät, ja heissä oli jotain tuttua, minkä kaikki heidän ystävänsä huomasivat heti. Kaksi muuta pariskuntaa seurasi heidän perässään, antaen heille tilaa.

"Tämä on minulle kuin toinen koti", Miranda sanoi.

"Miten niin?"

"Kaksi vahvinta hengellistä kokemusta, joita olen koskaan kokenut, olivat Blue Mountainsissa ja Ulurussa. On kuin jokin olisi puhunut minulle molemmissa paikoissa ja parantanut minut. Se kuulostaa varmaan typerältä", Miranda sanoi.

"Olen iloinen, että olet löytänyt täältä niin monia asioita, jotka saavat sinut tuntemaan olosi kotoisaksi", Ben sanoi. "Jonain päivänä voit palauttaa palveluksen, kun tulen Kanadaan. Millainen Niagara Falls oikeasti on?"

"Tiedätkö, olen nähnyt ne niin monta kertaa vuosien varrella, ettei niillä tunnu olevan enää samaa taikaa minulle. Lapsena kaikki kouluretket menivät Niagaraan. Menimme sinne melkein joka vuosi, ja se, mitä kerran rakastin, aloin vihata. Ei auttanut, että minulle tuli joka kerta bussipahoinvointia. Aikuisena tunnen tarvetta näyttää ne jollekin, joka ei ole vielä nähnyt niitä. Onko siinä järkeä?"

"Voit näyttää ne minulle, ja haluaisin nähdä lunta – voit viedä minut vuorille hiihtämään – EI!"

"Voi, melkein huijasit minua! Kuvittele meitä kahta, korkean paikan kammoisia, Banffissa. Sinun pitäisi kuitenkin tulla Kanadaan", Miranda sanoi. "Koska, no, koko joulujuttu tuntuu täällä vähän oudolta. Se on kylmyys ja lumi, jotka herättävät joulun henkeen minulle."

"Meillä ei ole täällä Joulupukkia, no joillakin perheillä on, mutta suurin osa puhuu Isä Joulusta," Ben sanoi. "Meillä on tapana seurata englantilaisia juuriamme jouluna."

"Ai, sehän on järkevämpää, eihän Englannissakaan ole aina lunta jouluna. Kanadassakaan sitä ei ole taattu, mutta on ihmeellistä, kuinka monena jouluaamuna heräämme ja maassa on ohut lumikerros. Sitä me kutsumme neitsytlumeksi, koskemattomaksi, ja se todella saa joulun tuntumaan vieläkin erityisemmältä."

"Vietätkö siis aina joulun äitisi ja isäsi kanssa?"

"Usein vietän joulun Terri tai Cheryl perheen kanssa. En ole kovin läheinen vanhempieni kanssa."

"Olen yllättynyt, Miranda. Toisinaan vaikutat todelliselta kotihiireltä, ja toisinaan siltä, ettet tarvitse ketään. Olet monimutkainen nainen."

"Jep, olen monimutkainen", Miranda nauroi. "Oletan, että olet läheinen vanhempiesi kanssa?"

"He ovat aina olleet tukenani, enkä vaihtaisi heitä mihinkään", Ben sanoi. "Ymmärrät mitä tarkoitan, kun tapaat heidät joulupäivänä. He ovat aika erityisiä."

"Anteeksi, rakastavaiset", Phillip sanoi, "mutta alkaa jo hämärtyä ja meillä on nälkä."

"Mennään takaisin. Meillä on täydellinen ravintola", Ben sanoi.

Intialaisessa ravintolassa heidät ohjattiin pöytään, ja ruokalista oli täynnä herkkuja, joista kolmella ystävällä ei ollut aavistustakaan. Ilta oli mahtava, aina siihen hetkeen asti, kun Ben saattoi heidät kotiin.

"Lähetämme teille kuljettajan lauantai-iltana. Järjestämme teidän kunniaksenne perinteisen australialaisen grillijuhlan meillä."

"En malta odottaa", sanoi Miranda.

"Meidän on parasta mennä ylös", sanoi Cheryl haukotellen.

"Joo, on jo myöhä", sanoi Terri.

"Menkää te kaksi edellä, tulen perässä hetken kuluttua."

"En halua tämän illan päättyvän", sanoi Ben.

"En minäkään."

"Haluatko mennä katsomaan myöhäisnäytöstä?"

"Kyllä, miksipä ei? Minun on kuitenkin parasta kertoa ystävilleni; voitko odottaa hetken?"

"Toki, ei hätää."

"Huone 417, kiitos. Hei Terri, minä tässä. Menen elokuviin Benin kanssa. Menemme myöhäisnäytökseen. En ole varma, milloin palaan."

"Oletko varma? Tarkoitan, täysin varma?" Terri kysyi.

"Täysin, ehdottomasti." Miranda laski puhelimen ja meni aulaan Benin luokse. Ben otti hänen kätensä omaansa ja he kävelivät yhdessä heiluvien ovien läpi.

"Ja sinä päästit hänet menemään?" Cheryl huudahti.

"Mitä olisin voinut tehdä, hän on valmis. Hän oli tänään säteilevä. Ben on hyvä hänelle."

"Tiedän, minäkin näin sen. Minä vain huolestun."

"Olen samaa mieltä, enkä saa unta silmällistäkään, ennen kuin hän on palannut. Katsotaanpa, mitä televisiosta tulee. Ei haittaa, jos odotamme häntä hereillä kuin olisimme hänen vanhempansa, eihän?" Terri sanoi.

"Mitä varten ystävät ovat?"

Ulkona lämpötila laski, ja Miranda toivoi, että olisi mennyt yläkertaan hakemaan villapaitaa. Ben riisui omansa ja laittoi sen Mirandan olkapäille. Hän näytti tietävän tarkalleen, mitä Miranda ajatteli. Toisaalta, luultavasti Mirandan vapina antoi hänelle vihjeen.

"Oletko jo nähnyt *Moulin Rougen*?" Ben kysyi.

"En, mutta haluaisin kovasti. Olen kuullut siitä niin paljon... Ja se kuvattiin täälläkin, eikö niin?"

"Kyllä, se kuvattiin Fox Studiosissa. Olen kuullut, että se on hyvä."

Elokuvan edetessä Miranda tunsi kyynelten nousevan silmiinsä. Hänen sydämensä oli kurkussa. Hän yritti taistella niitä vastaan, mutta elokuva oli niin surullinen, etenkin kun Nicole lauloi: "Tapahtukoon mitä tahansa, tapahtukoon mitä tahansa. Rakastan sinua kuolemaani saakka."

Ben otti Mirandan kädet omiinsa ja piti niitä hellästi. Hän suuteli niitä. Miranda tunsi olonsa turvallisemmaksi kuin kuukausiin, kun hän katseli Benin taivaansinisiä silmiä. Selityksiä ei tarvittu, sanoja ei tarvittu. Elokuvan jälkeen Ben ja Miranda kävelivät takaisin hotellille. He pitivät toisiaan kädestä. He kävelivät vierekkäin. Heidän sydämensä lyöivät tahdissa. Kumpikaan ei ollut ollut aiemmin todella rakastunut. He suutelivat ja sitten erosivat.

Miranda oli seitsemännessä taivaassa, kun hän saapui huoneeseensa. Hänen kaksi ystäväänsä nukkuivat sikeästi sohvilla. Hän oli liian innoissaan nukkuakseen. Hän vaihtoi yöpuvun ylleen ja avasi terassin ovet. Hän halusi olla yöilmassa, tuntea ihon kananlihan.

Kun hän pitää minua kädestä, tuntuu siltä kuin olisimme ainoat ihmiset koko planeetalla. Tunnen oloni niin turvalliseksi, niin kauniiksi, ja silti olemme tunteneet toisemme vasta muutaman päivän. Miten tämä on mahdollista? Miten voin tuntea näin? Ja hän haluaa, että tapaan hänen vanhempansa!

Mirandan maailmassa kaikki oli hyvin, ja jopa tähdet näyttivät viestittävän *hyvin tehty!*

LUKU 36

TIISTAINA KOLMIKKO KÄVI KATSOMASSA ensimmäisen
jalkapallo-ottelunsa MCG:llä (Melbourne Cricket
Ground). Heillä oli erinomaiset liput, mutta he eivät
oikein ymmärtäneet, mitä kentällä tapahtui. Lopulta he
päättelivät, että jääkiekko oli paljon jännittävämpää –
vaikka kukaan ei muistanut kuulleensa, että kenenkään
korva olisi purettu irti jääkiekko-ottelussa. Tosin Mike
Tyson puri sen miehen korvan irti nyrkkeilyottelussa.

Joulupäivänä Ben aikoi lähettää auton hakemaan
tytöt. Valitettavasti auto oli korjaamolla, joten Ben selitti
Mirandalle, miten Melbournen junien aikataulut toimivat.

"Se on helppoa. Kävelet vain Flinders Streetin
asemalle ja nouset Hurstbridge-linjalle. Pysyt junassa,
kunnes pääset Heidelbergin asemalle. Junat kulkevat 30
minuutin välein. Jos lähdet nyt, vanhempani ovat täällä
ennen kuin sinä saavut, ja minä haen sinut asemalta."

'Selvä', Miranda sanoi. "Nähdään sitten."

Perille pääseminen sujui vaivattomasti, ja Miranda näki vilauksen Benistä junan ikkunasta ennen kuin tämä huomasi hänet. Ben seisoi laiturilla yllään vaaleansininen t-paita, joka istui tiukasti hänen rintansa ympärillä ja sai hänen silmänsä näyttämään vielä sinisemmiltä.

"En voi uskoa, että olet vihdoin täällä", Ben sanoi. "Hyvää joulua", hän sanoi ja halasi Mirandan itseensä ja antoi hänelle suukon huulille.

"Tämä näyttää vakavalta", Terri sanoi.

"Toivottavasti on", Ben sanoi ja otti Mirandan käden omaansa.

He juttelivat rennosti matkalla Benin kotiin.

"Vanhempani odottavat innolla teidän kolmen tapaamista. He ovat käyneet Kanadassa aiemmin, mutta siitä on jo muutama vuosi. Luulen, että kerroin sinulle, että äitini serkku asuu Ottawassa."

"Ottawassa on jäätävän kylmä, olen yllättynyt, etteivät sukulaisesi ole tulleet tänne viettämään talvea teidän luonanne", Miranda sanoi.

"Luulen, että Cath-täti haluaisi tulla tänne, mutta hänen poikansa on koulussa ja hänellä on vähän tiukkaa rahallisesti. Hänen miehensä kuoli muutama vuosi sitten. Siksi vanhempani menivät Kanadaan, hänen hautajaisiinsa."

"Sinun täytyy antaa meille hänen puhelinnumeronsa, jotta voimme lähettää hänelle viestin", Miranda sanoi.

"Se olisi kivaa", Ben sanoi. Hetken epäröityään hän sanoi: "Tässä sitä vihdoin ollaan, kotini, suloinen kotini."

Miranda katseli taloa. Se oli viehättävä, kokonaan tiilestä rakennettu, ja sen edessä oli ihana pieni puutarha. Etuovella oli seppele ja eteisessä pieni kuusi. Kun he kulkivat talon läpi, ruoan tuoksut saivat Mirandan vatsan kurisemaan. Hän haistoi paistettua kalkkunaa ja joulupuddingia.

Ulkopuolelta kuului joululauluja. Kun he kulkivat äänen suuntaan takapihalle, Miranda henkäisi hämmästyneenä huomatessaan, että piha oli koristeltu tyylikkäästi valosarjoilla, ruseteilla ja jopa pienellä tekolumella. Kaikki näytti uskomattoman erityiseltä, ja piha oli täynnä vieraita.

"He ovat täällä!" joku huusi, ja kaikki alkoivat laulaa: "Oh Canada, Oh Canada, O Canada, O Canada, O Canada."

"Aikamoinen tervetulotoivotus", Miranda sanoi. "Mutta tarvitsen pari drinkkiä, ennen kuin laulan teille kansallislaulumme loppuosan. Voin laulaa sen jopa ranskaksi."

"Hurraa! Antakaa naiselle sitten pari drinkkiä", joku huusi väkijoukosta.

"Miranda, tässä on äitini Angela, ja tässä on isäni Robert."

"Mukava tavata teidät molemmat", Miranda sanoi. "Toin teille tämän pullon viiniä Barossa Valleysta, toivottavasti pidätte Cabernet Sauvignonista. Ben, tässä on yksi sinullekin, tiedän että pidät siitä. Olen niin iloinen tavattuani teidät molemmat, Ben on kertonut minulle niin paljon teistä."

"Kiitos viinistä, se oli todella huomaavaista. On kiva kuulla, että Ben on maininnut meidät sinulle, koska hän ei ole puhunut mistään muusta kuin sinusta sen jälkeen, kun tapasitte," Angela sanoi. "Miksi et auttaisi minua keittiössä, Miranda, jos sinulle sopii?"

"Autan mielelläni," Miranda sanoi. "Voi, anteeksi, Angela ja Robert, nämä ovat kaksi parasta ystävääni, Terri ja Cheryl."

"Hauska tavata – menkää katsomaan poikia. Siellä on muutamia söpöjäkin", Angela sanoi. "Ben, esittele Mirandan ystävät ja tuo heille juotavaa."

"Kyllä, äiti."

Keittiössä Angela oli kiireinen vihannesten leikkaamisen parissa. Hän pyysi Mirandaa valmistamaan dippikastikkeen. He juttelivat pienistä asioista ja siirtyivät sitten puhumaan Benistä.

"Ben on hyvin luottavainen poika. Hän arvostaa sinua suuresti. Sinä kuitenkin lähdet pian, eikö niin? Miltä se sinusta tuntuu?"

"Totta puhuen toivon, etten joutuisi lähtemään kotiin. Rakastan tätä paikkaa, kaikkea tässä."

"Poikani?"

Miranda punastui rajusti ja sanoi sitten: "Luulen niin, mutta en ole vielä kertonut hänelle, enkä pidä reiluna, että hänen äitinsä tietää ennen häntä."

"Voi, hän tietää, Miranda. Ben on hyvin tarkkanäköinen poika. Hän haluaa, että muutat tänne tai että hän vierailee luonasi Kanadassa. Hän on jo puhunut Kanadan konsulaatin kanssa. Hän suhtautuu sinuun varsin vakavasti."

"Minulla on ollut vaikea vuosi, ja Ben on parasta, mitä minulle on tapahtunut pitkään aikaan."

Ben saapui keittiöön ja nosti Mirandan syliinsä. Miranda ei ollut varma, oliko Ben kuullut heidän keskusteluaan. Hän toivoi, ettei Ben ollut kuullut. Hän ei halunnut, että Ben tuntisi painostusta mihinkään.

"Minulla on sinulle lahja, Miranda, mutta en halua, että avaat sitä ennen kuin myöhemmin", Ben sanoi.

"Voi, se on julmaa! Enkö voi avata sitä nyt?"

"Et, ja voinko luottaa sinuun sen suhteen? Vai pitääkö minun laittaa se takaisin puun alle? Näen tuosta ilmeestäsi, että on parempi ottaa se takaisin. Se on täällä, puun alla", Ben sanoi.

"Etkö luota minuun? Hmmm, miten tämä suhde ikinä selviää?" Miranda kysyi, tarttuessaan Benin käteen ja he kävelivät yhdessä ulos.

Illallinen oli katettu buffet-tyyliin ja siellä oli kaikkea paistettua kalkkunaa, paistettua lammasta ja paistettua kurpitsaa. Maljoja kohotettiin monta, ruoka oli loistavaa ja keskustelu oli mahtavaa.

Kun illallinen päättyi, Miranda halusi innokkaasti viettää hetken kahden kesken Benin kanssa. Hän yritti saada Benin huomion, mutta tämä oli hyvin kiireinen vieraiden viihdyttämisessä. Lopulta Ben meni taloon ja Miranda seurasi häntä.

"Minulla on niin ihanaa, Ben, kiitos paljon, että kutsuit meidät."

"Ai, ymmärrän, haluatko avata lahjasi nyt? Okei, annan periksi. Haen sen sinulle." Ben palasi pienen laatikon kanssa.

Miranda repäisi ulkokuoren pois ja löysi sisältä samettisen sormuslaatikon. Hänen sydämensä hypähti. Hän avasi kannen. Se oli sormus.

"Se on sormus, jonka sain vanhemmiltani, kun täytin 21. Haluaisin, että käytät sitä."

"En... en voi ottaa tätä, Ben. Arvostan ajatusta, mutta se on vanhemmiltasi. Se ei olisi oikein."

"Mutta haluan, että saat sen."

Miranda suuteli Beniä. Hän piti häntä tiukasti sylissään.

"En vain voi ottaa sitä vastaan, Ben. Olen liikuttunut siitä, että haluat minun saavan sen, mutta olen pahoillani." Hän ojensi sormuksen takaisin Benille.

"Etkö rakasta minua?" Ben kysyi.

"Rakastan, rakastan sinua, Ben, mutta haluan, että pidät vanhempiesi sormuksen."

"Selvä, en aio pakottaa sinua, ja olen yli onnellinen siitä, että meillä on samat tunteet toisiamme kohtaan." Ben oli tyytyväinen ja antoi Mirandalle hellän mutta intohimoisen suudelman.

Kun heidän huulensa lopulta irtosivat toisistaan, Miranda kumartui uudestaan suutelemaan.

"Mmmmmmmmmmm,, Mmmmmmmmmmm," he kuulivat jostakin takanaan. Miranda ja Ben avasivat silmänsä. Puolet juhlaväestä seisoi keittiössä katsomassa heidän suuteluaan. Aplodit puhkesivat.

Miranda punastui täysin. Ben nauroi. Nolostuneina pari otti toisiaan kädestä ja käveli ulos grillijuhliin, jossa hyttyset (tai mozzies, kuten niitä Australiassa kutsutaan) ahmivat vieraita.

Ilta oli kaiken kaikkiaan ihana, eikä Miranda halunnut sen päättyvän. Heille tilattiin taksi, ja vähän yli keskiyön he olivat matkalla takaisin hotelliin. Miranda puhui taukoamatta Benistä ja hänen vanhemmistaan. Benin toinen ystäväporukka ei ollut sopinut Terrille ja Cherylille.

Terri oli huolissaan siitä, että Miranda oli liian nopeasti uppoutunut tähän romanssiin Benin kanssa. Hän halusi sanoa tämän Mirandalle, mutta ajatteli, että se saatettaisiin tulkita väärin. *Miranda on niin onnellinen, no, anna hänen olla onnellinen niin kauan kuin se kestää, matkamme on pian ohi, ja sitten hän unohtaa Benin kokonaan ja palaa omaan elämäänsä kotona.*

Tai niin hän toivoi.

LUKU 37

MELBOURNEN-VIERAILUNSA OLLESSA JO MELKEIN lopussa tytöt pakkasivat laukkunsa ja valmistautuivat paluumatkalle Sydneyyn. He päättivät, että paluumatka Sinisille vuorille olisi kaunein tapa päättää seikkailunsa. He yrittivät varata majoitusta samasta mökistä, mutta se oli jo varattu.

He tekivät varauksen pienestä motellista. Se oli niin sanotusti ilman turhia hienouksia. Eli ei televisiota, ei ravintolaa, ei mitään.

Koska he olivat käyneet siellä aiemmin, he pystyivät liikkumaan ja nauttimaan olostaan ilman kaikkia mukavuuksia.

He palkkasivat vaellusoppaan saattamaan heitä vuorille ja esittelemään paikkoja. He kysyivät, tarvitsivatko he vaelluskengät tai -varusteet, ja heille kerrottiin, että hyvät juoksukengät riittävät mainiosti, mutta heidän tulisi kantaa reppua, jossa on runsaasti vettä, ruokaa ja hyönteiskarkotetta.

Edellisenä iltana Ben kysyi, voisiko hän saattaa tytöt lentokentälle. Hän saapui paikalle tuntia etuajassa toivoen voivansa suostutella Mirandan syömään lounasta kanssaan. Hän valitsi pienen italialaisen ravintolan, joka sijaitsi lähellä hotellia, ja he kävelivät käsi kädessä ja istuutuivat ravintolan hyvin syrjäiseen ja romanttiseen nurkkaan.

"En voi syödä mitään", Miranda sanoi, "ja sinä olet nähnyt näin paljon vaivaa järjestääksesi kaiken. "

"En minäkään voi syödä mitään, mutta juodaan lasillinen kuplivaa ja kohotetaan malja yhdessä vietettyyn aikaan. Tarjoilija, voisimmeko tilata pullon samppanjaa ja vähän bruschettaa, kiitos."

Ben ojensi kätensä pöydän yli ja otti Mirandan käden omaansa. He katsoivat toisiaan silmiin. Miranda alkoi itkeä.

"Me näemme toisemme vielä", Ben sanoi, "lupaan sen. Voin tulla Kanadaan. Voin hankkia lomatyöluvan ja jäädä ehkä kuudeksi kuukaudeksi."

"Voitko? Voi, se olisi ihanaa, Ben."

"Kirjoitamme kirjeitä ja soitamme toisillemme ja…"

"Voi luoja, aika on vain lentänyt. Meidän täytyy mennä lentokentälle, Ben," Miranda sanoi. "Mutta en halua sanoa hyvästi."

"Älä sitten sano. Se ei ole hyvästi, hyvästi on lopullista."

Miranda suuteli Beniä hellästi huulille ja halasi häntä. Hän yritti irrottautua, mutta Ben veti hänet takaisin intohimoiseen suudelmaan. Se vei häneltä hengen.

Kun hän sai itsensä koottua, hän käveli pois. Hän ei katsonut taakse. Jos hän olisi katsonut, hän olisi saattanut huomata, että Ben oli pelkkä unelma.

Miranda ja hänen ystävänsä nousivat koneeseen. Ben katseli, kun heidän koneensa nousi ilmaan. Kyyneleet valuivat hänen poskilleen. Hän kaipasi Mirandaa jo nyt.

Ulkopuolella   auto   ilmestyi   tyhjästä   ja   törmäsi jalankulkijaan risteyksessä.

Jalankulkija lensi ilmaan.

Nuori mies vietiin kiireesti sairaalaan.

Hän oli tajuton.

LUKU 38

SYDNEY-HOTELLISSA HEIDÄN HUONEENSA PUHELIMEN punainen merkkivalo vilkkui. Hän soitti vastaanottoon, jossa häntä kehotettiin soittamaan kiireesti kotiin.

"Veikkaan, että se on Ben", Miranda sanoi. "Veikkaan, että se on."

"No, soita takaisin", Cheryl sanoi. "Älä jätä meitä jännitykseen."

"Melbournen yksityissairaala, Katie puhelimessa."

"Mitä? Luulen, että olen soittanut väärään numeroon. Mihin numeroon olen soittanut? Kyllä, se on numero, joka minulla on tässä. En ymmärrä. Minulla on kiireellinen viesti joltakin, että soitan tähän numeroon."

"Nimenne, kiitos?"

"Miranda, Miranda Evans."

"Ahaa, kyllä, rouva Evans, olemme odottaneet puheluanne. Hetkinen, yhdistän teidät."

"Haloo."

"Angela?" Miranda kysyi.

"Miranda? Kiitos, että soitit, valitettavasti minulla ei ole hyviä uutisia." Hän nyyhkytti puhelimeen.

"Miranda," Robert sanoi, "Angela ottaa tämän raskaasti. Tämä on vaikea aika. En tiedä, miten kertoisin tämän sinulle."

"Ben? Mitä Benille on tapahtunut?"

"Hän joutui auton alle. Hänen tilansa on kriittinen. Se oli yliajo."

Miranda pyörtyi, kaatui lähimmälle sängylle ja pomppasi sitten lattialle. Cheryl otti puhelimen.

"Cheryl tässä, Robert, mitä on tapahtunut? Miranda pyörtyi juuri."

"Ben, hän on joutunut onnettomuuteen. Hän on kriittisessä tilassa. Koomassa. Se oli pako-onnettomuus. Hänellä on laajoja vammoja selkäytimessä ja selässä. Lääkärit sanovat, että hän ei ehkä enää koskaan kävele."

"Olen niin pahoillani, en tiedä mitä sanoa. Voimmeko tehdä mitään? Luulen, että Ben haluaisi Mirandan sinne. Pitäisikö meidän palata lentokoneella?"

"Haluan olla Benin kanssa", Miranda sanoi, otti puhelimen Cheryl käsistä ja puhui siihen: "Lähden heti lentokoneella. Haluan olla siellä hänen tukenaan."

"Tässä vaiheessa, Miranda, sinun ei ole mitään järkeä olla täällä. Hän ei tiedä, että olet täällä, ja Angela ja minä olemme hänen vierellään. Vain lähisukulaiset saavat tulla."

"Tunnen itseni niin avuttomaksi", sanoi Miranda. "Onko poliisilla epäiltyjä?"

"He ovat pyytäneet todistajia ilmoittautumaan, mutta toistaiseksi kukaan ei ole tehnyt niin. Toivomme, että kun Ben herää, hän muistaa. Minun täytyy mennä, Angela on huonossa kunnossa. Soitan sinulle, jos tilanne muuttuu."

Terri, joka ei ymmärtänyt mitä oli meneillään, lohdutti Mirandaa. Hän tiesi, että asialla oli jotain tekemistä Benin kanssa, mutta hänellä ei ollut aavistustakaan, kuinka pahasti asiat olivat.

"He eivät voi estää minua menemästä hänen luokseen", sanoi Miranda.

"Odotetaan vain aamuun, olemme juuri saapuneet tänne ja olemme uupuneita", sanoi Cheryl. "Aamulla voimme perua matkamme Sinisille vuorille ja mennä Melbourniin kanssasi. Se ei ole ongelma, mutta nyt meidän täytyy saada vähän unta."

"Nukkua, miten voin nukkua, kun Ben makaa siellä ilman minua? Hän on parasta, mitä minulle on tapahtunut pitkään, pitkään aikaan. Rakastan häntä, rakastan todella."

"Tiedän, että rakastat, Miranda", sanoi Cheryl, "mutta aamulla asiat näyttävät paremmalta."

Miranda halusi uskoa, että se oli totta. Hän halusi uskoa, että Angela ja Robert kertoisivat hänelle, että kaikki tulisi olemaan hyvin. Tai vielä parempaa, hän heräisi ja huomaisi, että tämä oli ollut vain pahaa unta eikä mitään muuta. Uupuneena hän nukahti itkien tyynyynsä.

Koska Miranda nukkui sikeästi, Cheryl ja Terri päättivät mennä alakertaan juomaan drinkin baarissa. He olivat molemmat niin kireitä, etteivät mitenkään voineet nukkua.

"Luuletko, että se on sattumaa?" Terri kysyi.

"En tiedä, mutta jotain outoa on meneillään," Cheryl sanoi. "Tarkoitan, ensin Miranda raiskataan. Sitten henkilö, jolle hän on vuokrannut asuntonsa, murhataan. Sitten hänen isänsä ryöstetään ja hän loukkaantuu vakavasti. Ja nyt olemme täällä, toisella puolella maailmaa. Ben on koomassa! Hän joutui yliajon uhriksi. Tämä on aivan liian outoa. Se on huonoa onnea. Todella huonoa onnea, ja se näyttää seuraavan Mirandaa minne hän meneekin."

"En voi olla miettimättä, olemmeko mekin vaarassa", Terri sanoi. "Tiedän, että tämä kuulostaa itsekkyydeltä, mutta..."

"Olen hirveän huolissani Mirandasta, enemmän kuin itsestäni. Jos Benille sattuu jotain pahaa, en tiedä, pystyykö hän käsittelemään sitä. Hän on niin hulluna rakastunut Beniin. Kuka tahansa voi nähdä sen. Eihän se voi päättyä tragediaan kaiken sen jälkeen, mitä hän on kokenut. Elämä ei voi olla niin julmaa!"

Kun he palasivat hotellihuoneeseensa, Miranda nukkui yhä. Cheryl suuteli häntä otsalle. Miranda liikahti ja sanoi Benin nimen.

"Hys," sanoi Cheryl. "Kaikki menee hyvin, nuku vain."

"Okei," sanoi Miranda, ja hetken kuluttua hän oli taas vaipunut uneen.

"Toivottavasti olet oikeassa," sanoi Terri vetäessään peiton olkapäilleen.

Kuka tiesi, mitä aamu toisi tullessaan?

LUKU 39

MIRANDA HERÄSI SÄIKÄHTÄEN JA mietti, oliko hän nähnyt kaiken unessa. Ben oli hänen unissaan ja ojensi kätensä häntä kohti. Miranda yritti tavoittaa häntä, mutta etäisyys oli liian suuri. Ben näytti aina olevan juuri ulottumattomissa. Toisinaan Miranda käänsi kulman takaa ja Ben oli siellä; hän yritti puhua Benille tai tarttua häneen, mutta sitten Ben katosi kuin tuhka tuuleen. Nämä kohtaukset toistuvat Mirandan mielikuvituksessa koko yön.

Yhtäkkiä Miranda istui pystyyn ja katseli ympäri huonetta. Oliko Ben joutunut onnettomuuteen? Ehkä se oli kaikki ollut unta. Hän katsoi ympärilleen ja näki kahden ystävänsä nukkuvan. Terri kuorsasi, ja Cheryl hymyili. Hän mietti, voisivatko hänen kaksi parasta ystäväänsä nukkua niin rauhallisesti, jos Benin henki todella riippuisi hiuskarvan varassa.

Hän käänsi kasvonsa seinään päin ja yritti vaipua takaisin uneen. Hän katsoi kelloa. Se oli 3:21 aamulla. Hän ei ollut nukkunut kauan. Itse asiassa hän ei edes muistanut nukahtaneensa. Hän päätti, että paras ratkaisu oli nousta ylös, avata parvekkeen ovi ja istua ulkona, kunnes hän oli valmis nukahtamaan.

Miranda ajatteli, että pieni itselääkintä saattaisi auttaa häntä unimaailmaan. Hän löysi baarista vodkaa ja appelsiinimehua. Jäätä ei kuitenkaan ollut. Hänen piti hakea sitä käytävältä. Koska oli keskellä yötä, hän ei vaivautunut edes vaihtamaan pyjamaa. Kuka häntä muutenkaan näkisi? Kesti hetken, ennen kuin hän löysi avaimensa pimeässä, mutta kun hän löysi sen, hän kurkisti pimeää ja tyhjää käytävää pitkin. Oli huomattavan hiljaista, ja ilmassa oli outo humina – se oli ainoa ääni, jääkoneen ääni. Hän täytti ämpärinsä ja palasi sitten huoneeseensa.

Välipaloja. Tarvitsen välipaloja. Minun on pidettävä voimani yllä, ja roskaruoka on parempi kuin ei ruokaa ollenkaan!

Lasin läpi hän näki Doritos-sipsejä, Texan BBQ -sipsejä ja erilaisia herkullisia suklaapatukoita, joita hän oli toivonut pääsevänsä maistamaan.

Minulla ei ole vaihtorahaa.

Hän palasi takaisin ja hapuili pimeässä käsilaukkuaan. Hän löysi muutaman dollarin kolikoita ja palasi huoneeseensa kädet täynnä herkkuja.

Miranda avasi hiljaa terassin ovet. Hän avasi lepotuolin ja asetti jääkaukalon, appelsiinimehun, vodkan ja roskaruoan pöydälle. Näytti siltä, kuin hän olisi juuri ryöstänyt lähikaupan.

Kahden vodkan ja appelsiinimehun lasin jälkeen Mirandan ajatukset alkoivat harhailla. Hän katseli ulos Sydneyn yli, jossa kaupunki oli täynnä valoa. Autot tööttäsivät ja päästivät kirskuvia ääniä. Hän ei voinut olla miettimättä, minne kaikki olivat menossa kello neljältä aamulla. Hän mietti, kuinka moni ajoi autoaan, palaten kotiin juhlista, kännissä kuin skunkki. Moottoripyörä jyrisi ohi ja pian sen jälkeen kuului jonkinlainen sireenin ääni. Hän nousi seisomaan ja nojautui parvekkeen kaiteeseen. Se oli ambulanssi.

He olivat korkealla, todella korkealla, ja vodkan lämpö alkoi helliä hänen sisuskalujaan. Hän katseli ulos, niin pitkälle kuin silmänsä kantoivat, kohti Sydney Harbour Bridgea, kohti Sydneyn oopperataloa, ja hän tunsi olevansa melko yksin.

Hänen kaksi ystäväänsä nukkuivat yhä sikeästi. Hän oli yksin, mutta ei tuntenut oloaan yksinäiseksi. Hän tunsi toivoa. Hän oli varma, että Ben toipuisi täysin.

Sitten, jonain päivänä, Ben tulisi vierailulle Kanadaan, ja Miranda esittelisi hänelle paikkoja. Hän veisi Benin teatteriin katsomaan *Romeo ja Juliaa*. He pitäisivät piknikin Avon-joen rannalla. Hän veisi Benin lukioonsa ja näyttäisi hänelle, missä hänen ala-asteensa oli sijainnut. Nyt siinä oli taloryhmä. Hän veisi Benin Niagaran putouksille ja,

Miranda nukahti lepotuoliin ja nukkui rauhallisesti, kunnes puhelimen soittoääni herätti hänet. Kaikki kolme tyttöä hyppäsivät ylös ja alkoivat liikkua puhelimen suuntaan, mutta Miranda ehti sinne ensimmäisenä.

"Haloo, Miranda tässä."

"Kultaseni," Angela sanoi. "Ben menehtyi tänä aamuna klo 3.30. Hän kuoli rauhallisesti, unessaan. Hän ei koskaan tullut tajuihinsa."

Miranda piti kiinni puhelimesta kuin se olisi henkireikä. Hänen aivonsa yrittivät käsitellä juuri kuulemaansa tietoa.

Ben on kuollut. Ben on kuollut.

"Mutta hän ei voi olla kuollut. Me tapasimme vasta äsken."

Ben on kuollut. Hän ei voi olla kuollut. Ben on kuollut.

Terri tarttui puhelimeen.

"Hän on shokissa. Terri tässä, olen todella pahoillani. Voimmeko tehdä jotain? Milloin hautajaiset pidetään?"

"Kiitos, Terri, mutta huolehdi vain Mirandasta. Ben tuhkataan tänään. Hautajaisia ei pidetä. Ben allekirjoitti ajokortissaan lomakkeen elinten luovuttamisesta. Kaikki hoidetaan tänään, nopeasti. Haluaisimme, että Mirandalla olisi jotain, jotain mitä Ben arvosti. Lähetän sen hänelle postissa myöhemmin tänään."

"Kiitos Angela, olen varma, että hän arvostaa sitä. Päästän sinut nyt, anteeksi."

Miranda meni minibaariin ja löysi kaksi pulloa samppanjaa. Hän otti esiin kolme lasia ja meni ulos.

Hän tuijotti tyhjyyteen. Hetken kuluttua hän kaatoi kolme lasillista samppanjaa.

"Ben, tämä on sinulle, kaveri. Olit yksi miljoonasta, ja olen parempi ihminen, koska tapasin sinut. Tulen kaipaamaan sinua."

"Benille!" sanoi Cheryl ja nosti lasinsa.

"Kyllä, Benille!" sanoi Terri.

Heidän lasinsa kilisivät yhteen.

Ben oli täällä kanssani, ennen kuin hänen sielunsa siirtyi eteenpäin, ja hän on aina sydämessäni.

Miranda tunsi rauhan virtaavan kehonsa läpi. Hän alkoi pakata. Hän oli valmis lähtemään kotiin.

Terri ja Cheryl odottivat Mirandan tunnepurkausta, mutta sitä ei tullut.

He miettivät, kuinka paljon ystävänsä vielä kestäisi: ensin raiskaus, sitten Christina, sitten isän ryöstö ja nyt Benin kuolema.

Kuka olisi seuraava?

Luku 40

MIRANDA NUKKUI SIKEÄSTI, KUN Terri ja Cheryl lähtivät ulos. He jättivät hänelle viestin, jossa kertoivat viettävänsä päivän Tarongan eläintarhassa. Kun Miranda luki viestin, hän tunsi olevansa onnekas, kun hänellä oli kaksi ystävää, jotka osasivat lukea hänen ajatuksensa. Viimeinen asia, johon hänellä oli mielihaluja, oli mennä ulos maailmaan. Tänään hän halusi olla yksin.

Tunnin murehtimisen jälkeen Miranda halusi pois hotellihuoneesta. Hänellä oli hallitsematon halu mennä Blue Mountainsiin. Hän otti muutaman paperin ja laittoi ne reppuunsa. Hän käveli Wynyard-asemalle, vaihtoi Centralissa ja oli pian matkalla Katoombaan. Hän matkusti ympäri Sydneyä, kuin olisi tehnyt sitä koko ikänsä.

Hän löysi tyhjän vaunun. Paikan, jossa hän voisi olla täysin yksin ajatustensa ja muistojensa kanssa. Kun juna rullasi ulos kaupungista, hän otti kynän käteensä ja alkoi kirjoittaa jäähyväiskirjettä Benille. Mielessään tämä oli paras tapa sanoa hänelle hyvästit: mennä Blue Mountainsin huipulle ja heittää kirjeensä sieltä ilmaan.

Aluksi tyhjä sivu tuijotti häntä, mutta pian Benin siniset silmät katsoivat häntä paperin pinnalta. Ja hän alkoi kirjoittaa. Kynä raapaisi sivua, ja hän kertoi Benille kaiken. Hän jakoi kaiken, mitä oli halunnut jakaa hänen kanssaan. Rakastan vaaleanpunaista. Eräs Led Zeppelin -kappale saa minut aina itkemään. Olen lukenut Pikku naiset yksitoista kertaa. Rakastan Gregory Peckiä. Minulla on luomi selän keskellä.

Kun hän oli kirjoittanut valmiiksi ja paperin jokainen nurkka oli täytetty, Miranda tuijotti ulos ikkunasta. Alkoi sataa.

Hän katseli pieniä pisaroita, jotka putosivat hänen ympärilleen. Hän tunsi olevansa yhtä maailman kanssa. Aivan kuin maailma jakaisi hänen tuskaansa, syleilisi häntä. Antaisi hänelle toivoa siitä, että aurinko paistaisi jälleen jonain päivänä.

Ja aurinko tulikin esiin, parinkymmenen minuutin kuluttua se paistoi, ja hän astui junasta ja käveli Katoomban pääkatua pitkin kohti Sinisiä vuoria.

Mirandan suunnitelmana oli mennä sinne ensin, lähettää kirje ja sitten palata takaisin ja selailla kirjakauppoja. Kun hän käveli, kookaburra liittyi hänen matkaseurakseen, nauraen niin kovasti, ettei hän voinut olla nauramatta itsekin. Hän pysähtyi ja tuijotti lintua, joka istui sähköjohdolla.

Miksi olet niin iloinen, pieni kookaburra?

Hän katseli ympärilleen ja näki toisen kookaburran sähköpylväällä muutaman metrin päässä. Hän mietti, olivatko ne samat kookaburrat, jotka hän oli nähnyt viime kerralla Katoombassa. Linnut pariutuivat eliniäksi. Hän ja Ben olisivat yhdessä eliniäksi.

Hän alkoi taas kävellä ja saapui Echo Pointiin ja laskeutui portaita niin pitkälle kuin ne veivät. Hän otti kirjeen reppustaan, suuteli paperia ja lähetti sen leijailemaan reunan yli. Hän katseli, kuinka se leijaili alaspäin kuin höyhen, niin pitkälle kuin silmä kantoi. Hän toivoi, ettei bunyip varastaisi sitä. Hän pyyhki kyyneleet pois ja jatkoi matkaa, kunnes polku loppui. Hän katsoi ylös, ja siellä oli portaat, kovat betoniportaat, jotka johtivat ylöspäin.

Kun hän pääsi huipulle, hän tajusi olevansa yhä Katoombassa, pienellä kadulla, jota hän ei tunnistanut. Siellä oli opasteita, jotka johtivat hänet takaisin rautatieasemalle. Hän seurasi niitä, pettyneenä siitä, että portaat eivät johtaneet häntä Benin luo, ja käveli kirjakauppaan ja alkoi selailla kirjoja. Hän osti kaksi kirjaa, A. B. "Banjo" Patersonin kokoelman ja Henry Lawsonin runokirjan.

Hän vietti useita tunteja käyden kaupasta toiseen, ennen kuin hän tajusi, että oli alkamassa hämärtyä. Hänen piti palata Sydneyyn.

Kun hän saapui conciergeen, siellä odotti paketti Angelalta. Hän piti sitä lähellä sydäntään, kun hän hyppäsi hissiin ja suuntasi yläkertaan.

"Mihin hän mahtaa olla mennyt?", Terri kysyi.

"Olisipa hän jättänyt meille viestin. Ai, siinähän sinä olet!", Cheryl huudahti. "Olemme olleet huolissamme sinusta!"

"Anteeksi. Minun piti vain päästä pois täältä. Miten eläintarhassa meni?"

"Se oli mahtavaa. Dingot, vombatit, tasmanian paholaiset,"

"Ja me otettiin kuva koalan kanssa!" Cheryl huudahti.

Cheryl katsoi Mirandaa, joka ei näyttänyt kuuntelevan, kun he lörpöttelivät päivästään. Sitten hän huomasi paketin, jota Miranda piti tiukasti rintaansa vasten.

"Onko se se?" Cheryl kysyi. "Paketti Angelalta?"

"Voi, kyllä, kyllä, se on."

"Voimmeko mennä ulos, jotta saat avata sen rauhassa?"

"Ei, jääkää, haluaisin, että jäätte." Miranda repäisi kirjekuoren auki ja löysi sisältä kortin, jossa luki: Ben arvosti sinua valtavasti ja rakasti sinua. Hän kertoi sen meille. Hän olisi halunnut, että saat tämän. Annoimme sen hänelle hänen 21. syntymäpäivänään. Rakkaudella, Robert ja Angela. P.S. Pysythän yhteydessä.

"Hänen 21-vuotispäivänsä, tiedän mitä se tarkoittaa", Miranda sanoi, kun kyyneleet alkoivat valua hänen poskilleen.

"Ben halusi antaa minulle tämän sormuksen joulupäivänä, jotta voisin muistaa häntä."

Hän laittoi sen sormeensa. Se sopi täydellisesti.

"Se on kaunis", Terri sanoi.

Cheryl itki niin kovasti, ettei hän löytänyt sanoja.

Luku 41

V IIMEIN OLI TULLUT AIKA, että kolmen ystävän oli lähdettävä kotimatkalle. Viimeiset kaksi päivää olivat olleet pitkiä. Mirandan elämänilo oli kadonnut. Uusi vuosi oli alkamassa, eikä hän odottanut sitä innolla.

"Hän ei ole syönyt mitään", Terri sanoi.

"Hän on yhä shokissa. Ja mielestäni on hyvä, että lähdemme kotiin juuri nyt. Hän tarvitsee aikaa toipua. Aikaa ja etäisyyttä."

"Olemme pian kotona, ja hän tulee olemaan todella yllättynyt, kun näkee, kuka meitä odottaa lentokentällä", Terri sanoi.

"Hys, emme todellakaan halua paljastaa salaisuutta. Jos hän tietäisi, hän olisi raivoissaan!"

LUKU 42

SUURIMMAN OSAN LENNOSTA TERRI ja Cheryl juttelivat keskenään. Miranda tuijotti ulos ikkunasta. Hän ei syönyt eikä halunnut juoda mitään. Edes silloin, kun lentoemäntä toi samppanjapulloja uudenvuoden juhlistamiseksi, Miranda ei ollut kiinnostunut.

"Mitä minulla on odotettavissa?" Miranda kysyi.

"Sinulla on meidät", Cheryl sanoi.

"Ja uusi työpaikka", Terri sanoi. "Tiedän, että sinun täytyy surra Benin kuolemaa, mutta etkö usko, että hän haluaisi sinun olevan onnellinen?"

"Kuinka voisin ikinä olla onnellinen enää?" Miranda kysyi. Hän sulki silmänsä ja teeskenteli nukkuvansa. Hän halusi sulkea heidät ulos. Sulkea kaiken ulos. Hän halusi Benin ja vain Benin.

Viimein heidän lentokoneensa aloitti laskeutumisen Pearsonin lentokentälle. Lumi satoi raivoisasti, ja koneessa oli hieman turbulenssia, kun se yritti laskeutua. Kesti kaksi yritystä, ennen kuin pyörät saivat pidon. Pian he olivat poistumassa koneesta ja seisoivat matkatavaroiden noutoalueella matkalaukkuvaunujen kanssa valmiina hakemaan tavaransa.

Kun he seisoivat odottaen matkatavaroidensa saapumista hihnalle, kolme ystävää näytti olevan uppoutuneina omiin maailmoihinsa. Matkatavaroiden nouto kesti ikuisuuden. He eivät voineet uskoa, kuinka paljon tavaraa he olivat hankkineet matkan aikana. Heidän piti odottaa ikuisuuden Terri isän didgeridoon noutoa.

Lopulta heillä oli kaikki mukanaan ja Miranda oli ensimmäinen, joka astui pyöröovista ulos. Hänen äitinsä ja isänsä odottivat heitä. He eivät olleet halailemista harrastava perhe, ei yleensä, mutta tänään halailtiin kaikkialla.

"Sinä tulet kotiin kanssamme, nuori neiti", Tom Evans sanoi. "Olen pahoillani ystäväsi puolesta."

"Minäkin olen pahoillani", Elizabeth Evans sanoi. "Haluamme, että tulet kotiin kanssamme."

"Kiitos, mutta pärjään ihan hyvin yksin kotiin", Miranda sanoi.

"Ei, et pärjää, emme suostu siihen", Tom sanoi.

"Mutta isä, kaikki tavarani ovat siellä, haluan mennä kotiin."

"Sinun kotisi on nyt meidän kotimme", sanoi Elizabeth. "Tule tänä iltana kotiin kanssamme, kerro matkastasi, voit päättää huomenna."

"Okei, kiitos", sanoi Miranda.

"No niin, tytöt, lähdetään liikkeelle. Paha myrsky on tulossa ja ajamme lumivyöhykkeelle", sanoi Tom.

"Tarkoitatko, että menemme kaikki yhdessä?", Miranda kysyi.

"Jep, tulkaa", Tom sanoi.

"Tuntuu siltä, että olette olleet poissa todella kauan", Elizabeth sanoi.

"Kyllä, tuntuu kuin olisi kulunut toinen elämä siitä, kun lähdimme", Terri sanoi.

"Olemme oppineet niin paljon kauniista maasta ja haluamme kaikki palata sinne jonain päivänä", Cheryl sanoi.

"Olen aina halunnut mennä Australiaan", sanoi Elizabeth.

"En tiennytkään sitä, äiti."

"Totta kai, kun olin tyttö, minulla oli kirjekaveri Perthissä. Me vaihdoimme kirjeitä, mutta sitten menetimme yhteyden. Mikä sääli."

"Sellaista on elämä! Ihmiset ovat kanssasi vain lyhyen aikaa, ja sitten he jatkavat matkaansa", sanoi Tom. Hän vilkaisi Mirandaa taustapeilistä. "Mutta olet parempi ihminen, kun olet tuntenut heidät."

Miranda hymyili. Hän ei voinut uskoa, että vanhempansa käyttäytyivät inhimillisesti. Aivan kuin he välittäisivät.

He jättivät ensin Terri ja sitten Cheryl.

Kun autossa oli jäljellä vain he kolme, Miranda pelkäsi hiljaisuutta ja alkoi höpöttää taukoamatta. Elizabeth kurotti taakse ja otti Mirandan käden omaansa.

"Olemme iloisia, että olet kotona."

Miranda katsoi äitinsä silmiin ja näki niissä syvää myötätuntoa, jota hän ei ollut ennen huomannut.

"Kiitos, äiti."

Mirandan silmiin nousi kyyneleet. Hän ei kestänyt sitä. Hän ei kestänyt sitä, että vanhempansa olivat niin mukavia hänelle. Hän tunsi olevansa liian haavoittuvainen, ja hänelle oli selvää, että vanhemmat säälivät häntä.

Se oli sääliä eikä mitään muuta.

KIRJA 2

KOTIIN PALAAMINEN

LUKU 1

TERRI LUONA OLI PERHEJUHLAT. Angelo, Maria ja Giovanni olivat kutsuneet kaikki tervetuliaisjuhliin. "Vau!" Terri huudahti astuessaan taloon. "En todellakaan odottanut tällaista. Kuinka voitte? Kuinka voitte?"

"Haluamme kuulla kaiken", Angelo sanoi. "Kaiken upeasta matkastasi."

"Haluan tietää, millaisia australialaiset naiset ovat", sanoi Giovanni.

Maria löi häntä takaraivoon. Giovanni vavahti ja hieroi kohtaa kädellään.

"Nostakaa lasinne kauniille tyttärelleni Teresalle", sanoi Angelo. He kilistivät lasejaan ja huusivat: "Puhe, puhe, puhe."

"Kiitos, äiti, isä ja Giovanni, tästä ihastuttavasta kokoontumisesta. Ja kiitos kaikille, että tulitte."

"No niin, kerro meille Australiasta", sanoi Freddo-setä.

"Anna minulle vähän aikaa", sanoi Terri, "olen lentänyt yli 24 tuntia."

"Ja käsivartesi varmasti sattuvat", sanoi Freddo-setä.

"Vanha vitsi, mutta hyvä", sanoi Maria. "Nyt hiljaa, Freddo, anna Teresan puhua."

"Olen uupunut, mutta kerron teille vähän Australiasta." Hän puhui heille tuntikausia. Katoombasta, Kolmesta sisaresta, Sydney Harbour Bridgen kiipeilystä, Ulurusta, Bondi Beachistä, Perthistä, Adelaidesta, Melbournesta. "Nyt minun täytyy mennä nukkumaan, hyvää yötä kaikille", Terri sanoi. Hän pakeni huoneeseensa.

"Hetkinen. Minulla on sinulle jotain, isä. Tässä", hän sanoi ojentaessaan sen isälleen.

"Mitä se on?"

"Se on australialaisten aboriginaalien käyttämä soittim."

"Miten sitä soitetaan?"

"Puhallat tähän. Sanotaan, että vain hengellinen ihminen pystyy saamaan ääntä didgeridoosta."

"Aion saada siitä äänen, niin kovaa, että se kuuluu Australiaan asti", sanoi Angelo. Hän puhalsi. Ei mitään. Hän puhalsi kovemmin, mutta edelleen ei mitään. Lopulta hän pani siihen kaiken voimansa ja puhalsi suukappaleeseen. Kuului ääni, joka muistutti kiimaisen härän mölyä. Kaikki huoneessa olevat taputtivat.

"Kiitos, Teresa, äitisi ja minä pidämme siitä huolta. Mene nyt nukkumaan. Näytät hyvin väsyneeltä."

LUKU 2

CHERYL KOTONA KAIKKI VALOT olivat päällä. Hänen äitinsä, sisarensa ja veljensä juoksivat ulos tervehtimään häntä. "On niin ihanaa olla kotona", Cheryl sanoi. "Kiitos, että olette odottaneet minua."

"Haluamme kuulla kaiken", Janet sanoi. "Näytät kuitenkin aivan uupuneelta."

"Lento itsessään on jo tarpeeksi vaikeaa! Sen lisäksi Miranda ei ole ollut oma itsensä Benin kuoleman jälkeen. Viime päivinä hän on ollut niin masentunut. En tiedä, miten voisin auttaa häntä."

"Anna hänelle vain aikaa", sanoi Janet. "Aika todella parantaa."

"Taidat olla oikeassa. Minulla on teille kaikille lahjoja, jossain näissä laukkuissa. Voinko kaivaa ne esiin huomenna?"

"Toivottavasti Ian Thorpe ei ole siellä", Evelyn sanoi.

"En usko. Mutta hän on saattanut kuulla upeasta siskostani – ja piiloutunut laukkuuni vain tavatakseen hänet."

"Hyvät uutiset leviävät nopeasti", Evelyn sanoi.

"Olen liian väsynyt puhuakseni Australiasta tänä iltana. Voimmeko tehdä sen aamulla?"

"Kyllä, arvasimme, että olet väsynyt, mutta halusimme nähdä sinut. Olet laihtunut, se on varmaa", Craig sanoi.

"Se on varmaan ollut kuumuuden ja kävelyn syytä. Lämpötila on yli 40 astetta, ja sinulla on vielä asioita hoidettavana", Cheryl sanoi. "Mutta miten joulu meni?"

"Tule tänne", Janet sanoi ja otti tyttärensä kädestä.

Olohuoneessa joulukuusi oli yhä pystyssä, ja sen valot vilkkuivat. Kuusen alla oli pinottu lahjoja. "Emme voineet juhlia joulua ilman sinua."

Cheryl alkoi itkeä: "Teillä ei ole aavistustakaan, kuinka paljon kaipasin teitä."

"Luulen, että meillä on aavistus", Janet sanoi. "No niin, menkää nyt kaikki nukkumaan. Huomenna on jouluaamu. Avaamme lahjat, juomme munatotia ja menemme sitten lounaalle Swiss Chaletiin. Se tulee olemaan täydellistä!"

Huomenna kerron heille isästä, siitä, kuinka tunsin hänen läsnäolonsa Blue Mountainsissa. Kerron heille, kuinka hänen henkensä leijui ilmassa ja sitten laskeutui koskettamaan otsaani.

Mutta jos kerron heille salaisuutemme – katoaako tämä läheisyys, jonka tunnen häntä kohtaan, ikuisesti?

Menetänkö tämän uuden siteen, jos sanon sanat ääneen?

En ole valmis ottamaan sitä riskiä. Toistaiseksi pidän sen omana tietonani.

LUKU 3

IRANDA HERÄSI HUONEESSA, JOSSA hän ei ollut nukkunut yli viiteen vuoteen. Totuuden nimissä hän ei ollut astunut jalallaan vanhaan huoneeseensa sen jälkeen, kun oli alkanut vuokrata omaa asuntoaan. Hän oli yllättynyt huomatessaan, että huone näytti yhä melkein samalta kuin hän oli sen jättänyt. Hänen softball-palkintonsa olivat yhä paikallaan; vuosikirjat olivat yhä hyllyillä; julisteet peittivät yhä seinät rypistymättömillä kasvoilla: ikään kuin aika olisi pysähtynyt. Kun Miranda päätti lähteä kotoa, hän halusi kaikki tavaransa. Hän järjesti niiden noudon, mutta sitten tuli jotain tärkeämpää, ja hän perui sen. Oikeaa hetkeä siihen ei tuntunut koskaan olevan. Miranda avasi vaatekaapin ovet. Hänen vanhat vaatteensa roikkuivat yhä siellä, ikään kuin odottaen hänen paluutaan ja että hän pukeutuisi niihin. Ne näyttivät myös aivan uusilta. Hänen laatikkonsa olivat yhä siellä, ja niiden sisällä, kyllä, ne lippalakit ja hatut, joita hän oli kerran pienenä tyttönä käyttänyt naamiaispukeutumisjuhlissa.

Paikka oli kuin eräänlainen museo, Mirandan museo, eikä hän oikein ymmärtänyt miksi. Hän ei ollut koskaan tuntenut läheistä sidettä vanhempiinsa ennen viime yötä. Nyt hän ei voinut olla miettimättä, oliko hän ollut väärässä heidän suhteen koko elämänsä ajan. Entä jos hän oli ymmärtänyt heidät täysin väärin? Arvioinut heidät väärin?

Joskus pahoille asioille on syynsä. Minulla on ollut pelkkää paskaa viimeiset pari vuotta – ja ehkä se johtuu siitä, että minulta puuttuu jotain. Ehkä minulle ja ympärilläni tapahtuvat asiat ovat tarkoitettu herätyskelloiksi. Mutta en ole vain ymmärtänyt viestiä, joten ne vain jatkuvat.

Elizabeth ja Tom istuivat olohuoneessa katsomassa televisiota. Televisiosta tuli *The Price Is Right* -ohjelmaa Bob Barkerin juontamana, ja "come on down" olivat sanat, jotka hän kuuli astuessaan huoneeseen.

"Täydellinen ajoitus, Miranda. Tule tänne", Tom sanoi.

"Aamiainen on valmis", Elizabeth sanoi.

"Haluaisin mielelläni kupin kahvia."

"Tyttöä ei voi pitää terveenä pelkällä kahvilla. Tule", Tom otti Mirandan käsivarresta ja johdatti hänet keittiön pöydän ääreen. "Tässä on päivän lehti, istu, rentoudu, lue – äitisi ja minä tuomme ruoan pöytään hetkessä."

"Älä vaivaudu."

"Vaivaudu, no, meidän täytyy ruokkia sinut. Katso, kuinka laiha olet tullut", Elizabeth sanoi laittaessaan paahtoleipää paahtimeen.

Miranda tunsi itsensä avuttomaksi. Hän ei pitänyt siitä tunteesta.

Kun ruoka oli valmista, Tom ja Elizabeth liittyivät tyttärensä seuraan pöytään. Miranda yritti muistaa, milloin he olivat viimeksi istuneet yhdessä perheenä ja syöneet yhdessä. Hänen mielensä harhaili takaisin siihen päivään, jolloin hän oli tullut kotiin mustalla silmällä. Ilma tuoksui paahtoleivältä ja marmeladilta.

"En ole laiha – mutta kunhan pääsen takaisin kotiin ja omaan rutiiniini..."

"Mutta kultaseni," Elizabeth sanoi. "Kotisi on täällä. Sitä paitsi, et ole turvassa siellä."

"Lukot on jo vaihdettu, ja voin asennuttaa hälyttimen."

"Et voi ottaa sitä riskiä", Tom sanoi.

"Tietenkin minun on muutettava takaisin omaan kotiini, äiti ja isä! Teidän on pakko myöntää se. 25-vuotiaat tyttäret eivät muuta takaisin kotiin, kun he ovat asuneet omillaan viisi vuotta."

"Sinä rankaiset meitä, eikö niin?" Elizabeth sanoi. "Etkö voi antaa anteeksi menneisyyttä ja aloittaa alusta?"

"Tiedämme, että olemme tehneet virheitä, ja haluamme oppia tuntemaan tyttäremme paremmin. Olemme jääneet paitsi niin paljosta. Annatko meidän tehdä niin, Miranda?"

Miranda ei vastannut. Hän tuijotti kahvikuppiinsa ja katseli sokerihiukkasia, jotka tanssivat ympäriinsä.

Elizabeth ja Tom vaihtoivat katseita. Sydämessään he miettivät, miten he ikinä pääsisivät Mirandan luottamukseen. Hän ei laskenut suojamuuriaan. Hänen ympärillään olevat muurit olivat erittäin korkeat.

"Sinun on päästettävä meidät lähelle", Tom sanoi.

Miranda tunsi äkillisen halun nousta ylös ja perääntyä. Hän yritti nousta, mutta hänen jalkansa olivat heikot, ja hän päätyi istumaan heti takaisin alas. Koko elämänsä ajan hän oli halunnut vanhempiensa ottavan häneen yhteyttä, yrittävän olla lähellä häntä, ja nyt he tekivät juuri niin, ja se pelotti häntä kuollakseen.

"Olen kaksikymmentäviisivuotias! En ole enää teidän vauvanne, ja on aivan liian myöhäistä teidän molempien yrittää voittaa minut puolellenne nyt. Olen ollut itsenäinen. Olen vahva nainen. Tarvitsin teitä vuosia sitten. Tarvitsin teitä silloin. En tarvitse teitä nyt."

Miranda kiipesi kuvitteellisen muurinsa sisään ja naulasi ovet kiinni. *En voi piiloutua tänne, kun äiti ja isä ovat siellä. Olen aikuinen nainen. Jos hyväksyn heidän sovintotarjouksensa, he voittavat. Kadun sitä ikuisesti. En voi antaa heidän voittaa – he eivät ansaitse sitä.*

"En tarkoita satuttaa teitä kahta."

"Kyllä tarkoitat", sanoi Elizabeth. "Haluat satuttaa meitä ja jatkaa satuttamista. Et halua parantua. Rangaistat meitä. Ja estät meitä olemasta yhdessä – kuin oikea perhe."

"Arvostan ponnistelujanne ja otan ne vastaan, mutta en voi jäädä tänne. Olen iso tyttö. Olen täysin turvassa asunnossani. Siellä asunut tyttö teki itsemurhan, joten en ole missään vaarassa. Ja tarvitsen omaa tilaa. Teillä ei ole mitään syytä huoleen. Pärjään kyllä."

"Miranda, poliisi ei tiedä varmasti. He sanovat, että hän kuoli *epäilyttävissä olosuhteissa,* ja he ovat sulkeneet pois itsemurhan. Käsialatutkimus tehtiin, eikä itsemurhaviesti vastannut hänen käsialaansa. Sitä paitsi, sinua hyökättiin!"

"Voi ei! Kuka kertoi sinulle? Heillä ei ollut oikeutta! Ei lainkaan oikeutta!"

"Poliisi oletti, että tiesimme", Elizabeth sanoi. "Poliisilla ei ollut aavistustakaan, että tyttäremme pitäisi meiltä tällaista salaisuutta. Ehkä petimme sinut, kun olit kasvamassa. Ehkä emme tunteneet sinua tarpeeksi hyvin, tai ymmärtäneet sinua, tai antaneet sinulle sitä, mitä tarvitsit, mutta haluaisimme aloittaa nyt. Tarjota sinulle vanha huoneesi takaisin, jotta voimme suojella sinua ja pitää sinut turvassa katon alla. Olet ainoa lapsemme, ja riippumatta siitä, mitä ajattelet meistä, me *rakastamme sinua* syvästi ja tekisimme mitä tahansa sinun vuoksesi, turvallisuutesi vuoksi."

Miranda oli sanaton. Hänen vanhempansa rakastivat häntä. Heiltä kesti kaksikymmentäviisi vuotta sanoa nuo sanat. Sanat, joita Miranda oli kaivannut kuulla. Nyt, kun ne vihdoin tulivat, hän menetti itsehillintänsä.

Hän purki kiukkuaan, kieli heiluen kuin hallitsemattomalla paristokäyttöisellä nukella, ja hän kertoi heille kaiken. Kaiken sen tuskan, jonka he olivat hänelle aiheuttaneet, kaiken häpeän, kaikki valui hänen huuliltaan kuin vesi, se tuli ja tuli, kunnes hän oli pelkkä tyhjä pullo, ja hän kaatui tuolille ja alkoi itkeä kuin lapsi. Hän paljasti sielunsa täysin ja seisoi alastomana vanhempiensa edessä. Hän palasi ajassa ja paikassa juuri tähän kotiin, jossa hän oli haavoittuvainen. Hän käpertyi tiukasti palloksi ja alkoi itkeä. Hän keinui hetken edestakaisin ja avasi sitten silmänsä ja katsoi tarkasti vanhempiaan, jotka seisoivat hänen yläpuolellaan kädet häntä kohti ojennettuina.

Vaikka hän halusi heidän lohdutustaan, hän kieltäytyi siitä piilottamalla kätensä taskuihinsa. Hän varasti rakkautensa kuin se olisi kultaa.

Hänen vanhempansa yrittivät murtaa muurin, jonka hän oli rakentanut, mutta se oli liian korkea.

Hän hyräili itselleen Simon and Garfunkelin laulua.

"Minulle riittää tämä!" Tom huudahti. "Miranda, nouse ylös, anna kätesi ja anna meidän lohduttaa sinua. Tee tämä nyt – muuten lähde tästä talosta ikuisesti. Kyllä, lähde, ja kun lähdet, et ole enää tervetullut tänne, emmekä enää kutsu sinua tyttäreksemme." Hän epäröi ja katsoi vaimoaan, sitten sanoi: "Se on sinun valintasi, valitse nyt."

Mirandan sisällä oleva lapsi muisti tämän kohtauksen. Se toistui hänen mielessään. Vanhempansa eivät koskaan esittäneet vaatimuksia. Vanhempansa antoivat aina periksi. *Mitä minulla on menetettävää?* Ei mitään, ei mitään, ei mitään, ei mitään, ei yhtään mitään.

Hän ojensi kätensä, ja kumpikin vanhempi otti yhden käsiinsä ja alkoi suudella niitä, kuin olisivat löytäneet kultaa tai jopa timantteja. He nostivat hänet syliinsä ja vain pitivät kiinni. Kaikki kolme pitivät kiinni, ympyrässä, eivätkä päästäneet irti. Mikään ei saanut heitä päästämään irti.

Tom ja Elizabeth tarjoutuivat menemään Mirandan asuntoon hakemaan hänelle joitakin tavaroita.

"Odottakaa, minäkin haluan tulla mukaan", Miranda sanoi.

"Mutta mielestäni sinun pitäisi nukkua vähän. Näytät uupuneelta", Tom sanoi.

"Niin olenkin, mutta löydän jotenkin voimaa kohdata tämän. Jos te kaksi olette mukanani. Antakaa minulle vain muutama minuutti, jotta voin siistiä itseni."

"Käytä niin paljon aikaa kuin tarvitset, ei ole kiirettä", Tom sanoi.

"Paluumatkalla pysähdymme kahville ja donitseille", sanoi Elizabeth.

"Tim Hortonin kahvia ja Long John -donitsi tyttärellemme", sanoi Tom. "Hänen suosikkinsa."

En voi uskoa tätä. Isä muistaa suosikkidonitsini. Olenko ymmärtänyt väärin? Kaikkien näiden vuosien ajan? Saa minut miettimään, mitä muuta hän muistaa minusta.

LUKU 4

K ELLO TIKITTÄÄ ETEENPÄIN, PÄIVÄT, viikot ja kuukaudet kuluvat. Miranda Evansin elämä ottaa odottamattoman käänteen. Hän asuu yhä lapsuudenkodissaan. Se ei kuitenkaan muistuta taloa, jossa hän kasvoi.

Mirandan vanhemmat yllättivät hänet palkkaamalla arkkitehdin suunnittelemaan talon uudelleen ja muuttamaan yläkerran itsenäiseksi asunnoksi tyttärelleen. Miranda keräsi kaikki tavaransa vanhasta asunnostaan ja kaiken *Mirandan museosta.* Sitten hän muutti talon kodiksi. Joka päivä matkalla töistä kotiin hän odotti innolla paluuta kotiinsa. Heillä oli perheiltoja – jolloin syötiin yhdessä ja Miranda, Elizabeth ja Tom vuorotellen kokkasivat ja kokeilivat erilaisia reseptejä ja ruokia ympäri maailmaa. Miranda ei maksanut vuokraa, vaikka hän tarjoutui maksamaan sen. Hän sai selville, mistä hänen itsepäisyytensä johtui, kun hän otti tämän asian puheeksi vanhempiensa kanssa. Lopulta hän antoi periksi ja avasi erillisen säästötilin, jolle hän talletti kuukausittaisen vuokran. Hän toivoi, että jonain päivänä hän pystyisi säästämään tarpeeksi rahaa lähettääkseen vanhempansa lomalle, ehkä Australiaan.

Miranda, Tom ja Elizabeth keskustelivat kuin eivät olisi koskaan ennen tehneet. Aterioiden aikana, kun he olivat yhdessä autossa, he eivät tehneet muuta kuin puhuivat, puhuivat ja puhuivat – ja Miranda rakasti sitä. Aiemmin hän oli yrittänyt aloittaa keskusteluja heidän kanssaan asioista, joista halusi tietää, kuten heidän lapsuudestaan ja siitä, millaista oli kasvaa heidän perheissään, mutta molemmat vanhemmat olivat aina sulkeneet keskustelun.

"Kumpikaan meistä ei kokenut arpettomana lapsuutta", Elizabeth sanoi. "Emme halunneet pelotella sinua kertomalla, millaista se oli meille."

"Lisäksi meidän ei ole helppoa avata noita vanhoja haavoja", Tom sanoi.

"Mutta tiedättekö, isä ja äiti, siihen on syy – koska se auttaa minua ymmärtämään teitä, sitä, miten olette minua kohtaan."

"Ymmärrämme sen nyt, Miranda", Elizabeth sanoi. "Mutta kun kasvoit, ajattelimme, että sinulle parasta oli suojella sinua. Kääriä elämämme kallein aarre puuvillaan, jos oli pakko – pitääksemme hänet turvassa."

"Kun saimme tietää, mitä sinulle tapahtui, raiskauksen, halusin tappaa miehen, joka satutti sinua. Tiesin, että maailma heittäisi sinua kivillä, ja halusin olla siellä sinua varten. Voidakseni auttaa sinua niiden läpi – mitä tahansa tapahtuisi", Tom sanoi.

Miranda suuteli isäänsä otsalle ja kosketti äitinsä kättä. Sitten hän meni keittiöön keittämään teetä.

"Miranda, kun olin pieni tyttö, isäni löi minua vyöllä – yleensä takapuolelle. Hän ei koskaan halannut minua, joten ainoa fyysinen kontakti, joka minulla oli häneen, oli silloin, kun hän satutti minua. Vihasin häntä sen takia suurimman osan elämästäni, kunnes tapasin isäsi.

"Hän oli aina niin ystävällinen ja hellä, ja hän kohteli minua kuin kuningatarta siitä hetkestä lähtien, kun tapasin hänet. Kerron tämän sinulle, jotta ymmärrät, että sekä isäsi että minä olimme lapsina hyväksikäytön uhreja. Suljimme tunteemme kauan ennen kuin sinä tulit maailmaan. Me tarrauduimme toisiimme, mutta emme olleet tunne-elämältämme läsnä sinulle. Olemme käyneet terapiassa. Tiesitkö sen?"

"En, en tiennyt, mutta olen niin kiitollinen. Ennen suutuin sinulle, koska en ymmärtänyt, kuinka traumaattinen lapsuutesi oli. Anteeksi, äiti."

Miranda halasi äitiään tiukasti. Äiti halasi takaisin.

"Muistan kerran, kun olin tyttö ja työskentelin keittiössä. Jotain katosi, en muista nyt mitä se oli, mutta en tehnyt sitä. Vannoin isälleni, etten se ollut minä. Vannoin sydämeni kautta ja toivoin kuolevani, mutta hän ei uskonut minua. Hän sanoi, että olin epäkunnioittava, ja hän löi minua takapuolelle, kunnes ne olivat mustelmilla. En voinut mennä kouluun, koska minulla ei ollut sukkia peittämään niitä."

" Sinun on täytynyt vihata häntä."

"Ei, Miranda, en koskaan vihannut häntä. Tiesin, että hän halusi vain parastamme. Ja hän vain opetti meitä samalla tavalla kuin hänen isänsä oli opettanut häntä. Mitä muuta hän olisi voinut tehdä? Se oli kaikki, mitä hän tiesi. Isä tuli vankkumattomasta katolilaisperheestä, mutta hän ei koskaan käynyt kirkossa. Hän lopetti käymisen, en koskaan saanut selville miksi, ja hän vei äidin ja minut messuun joka päivä ennen kuin menin kouluun. Joskus, yleensä jouluna, isä tuli messuun. Äiti ei koskaan antanut meidän levottomasti liikkua, mutta isä antoi. Oli vaikeaa istua paikallaan kuuntelemassa asioita, joita ei ymmärtänyt, niin kauan. Isä ymmärsi tämän. Hän ei nauttinut messusta, mutta hän rakasti kuunnella kuoron laulua. Voin yhä kuulla hänen äänensä joskus, kun laulan erilaisia virsiä. Hän oli isä, jota rakastin; isä, jota rakastan yhä."

Miranda ja Elizabeth menivät olohuoneeseen kantaen tarjottimillaan teetä, keksejä ja marmeladia. Tom sammutti television, kun he istuutuivat, ja Miranda kaatoi teetä.

"Oliko teillä mukava jutustelu tuolla?"

"Mukava ei ollut oikea sana. Äiti kertoi minulle isästään."

"Hän teki parhaansa", Tom sanoi. "Joten nyt on minun vuoroni? Isäni kuoli ensimmäisessä maailmansodassa. En koskaan tuntenut häntä, en itse asiassa koskaan tavannut häntä. Äiti oli vasta raskaana, kun hän lähti, eikä hän edes tiennyt, että olin tulossa. Äiti hoiti kuitenkin molemmat roolit ja teki ne hyvin. Hän suosi minua rakkaudella ja huomiosta, mutta heti kun täytin kaksitoista, hän alkoi katsoa minua eri tavalla. Kohtelemaan minua eri tavalla. Tiesin, että minusta oli tulossa mies, mutta kaipasin silti äidin halauksia ja suukkoja. Hän kieltäytyi molemmista. Jos yritin halata häntä, hän sanoi usein: *'päästä irti'*, ja minusta tuli häpeä. Se ei ollut fyysistä väkivaltaa, kuten äitisi joutui kokemaan, vaan henkistä väkivaltaa. Aivan eri asia. Tunsin syyllisyyttä ja häpeää, koska tiesin, että äiti teki kovasti töitä Searsin hajuvesimyyjänä ja ansaitsi tarpeeksi rahaa vuokran maksamiseen ja meidän ruokkimiseen. Emme olleet köyhiä, mutta emme missään nimessä rikkaita. Minulle oli säästetty rahaa yliopistoa varten – isän eläke – mutta se ei tulisi minun osakseni ennen kuin täytin kaksikymmentäyksi, joten hankin työpaikan bensiinipumpun takana. Tapasin paljon tyttöjä bensiinipumpun takana. Ne olivat aikoja, jolloin naiset eivät tankanneet itse. Menin yliopistoon, tein osa-aikatöitä sanomalehdessä ja valmistuin arvosanoin. Olin täysivaltainen toimittaja. Työskentelin Euroopassa, matkustin ympäriinsä, tapasin äitisi ja loppu on, kuten sanotaan, historiaa."

"Olinko sitten suunniteltu?"

"Rehellisesti sanottuna, en. Olimme niin kiireisiä kiertelemässä ympäri maailmaa, ettemme ajatelleet vauvoja tai vakiintumista. Halusimme vain nähdä mitä voimme, tehdä mitä voimme. Kun äitisi sai tietää olevansa raskaana, me panikoimme."

"Ei se ollut niin, ettemme olisi halunneet sinua, kulta, olimme vain peloissamme, ja minä olin, no, liian vanha – tai niin ainakin luulin – saamaan lasta. Isäsi lopetti matkustustyönsä ja otti paikan paikallislehdestä."

"Mutta sitten sinä saavuit, ja huomasimme pian, ettemme tienneet lainkaan, mitä olimme tekemässä. Olimme liian syvissä vesissä. Olimme, parempaa sanaa puuttuessa, aivan neuvottomia. Pelkäsin, että särkyisit", Tom sanoi. "Muistan, kun nostin sinut ensimmäisen kerran syliin. Olin niin peloissani, mutta samalla olit kaunein asia, jonka olin koskaan nähnyt."

"Voi kyllä", sanoi Elizabeth. "Olit vauva, joka erottui muista sairaalassa, ja kaikki sanoivat, kuinka kaunis olit. En pystynyt imettämään sinua – halusin, mutta en pystynyt, ja luulen, että se sai minut tuntemaan itseni irralliseksi sinusta aivan alusta alkaen, ja minusta tuntui aina, että tämä oli side, jota emme koskaan saisi takaisin."

"Ymmärrän nyt, että te molemmat yrititte parhaanne. Olin väärässä, kun vetäydyin teistä ja olin niin tuomitseva. Minun olisi pitänyt kaivaa syvemmälle ja yrittää ymmärtää, mistä te tulitte."

"Älkäämme enää syyllistäkö itseämme tai toisiamme. Muistakaa, että tämä on uusi alku meille kaikille", Elizabeth sanoi.

"Kyllä, eteenpäin ja ylöspäin", Tom sanoi.

"Minun on parasta lähteä. Pian on aika herätä töihin."

"Hyvää yötä."

Kun Miranda kiipesi portaita ylös asuntoonsa, hän hymyili. Hän ei ollut koskaan tuntenut olevansa niin lähellä vanhempiaan ja niin rauhassa itsensä kanssa. Hän tunsi voivansa puhua heille kaikesta. Ja hän aikoi tehdäkin niin. Hän halusi heidän tutustuvan Beniin, elämänsä rakkauteen. Hän toivoi, että hänellä olisi kuva Benistä, sen lisäksi, joka oli hänen mielessään. Se haalistui päivä päivältä.

LUKU 5

S ILLÄ VÄLIN CUPIDO AMPUI nuolensa Terriin, ja hän rakastui syvästi.

Kaikki alkoi hänen ensimmäisenä työpäivänään. Hän käveli käytävää pitkin ja ohitti erään miehen.

"Hei", mies sanoi. Hän kumarsi ja suuteli Terri kättä.

Terri oli aivan äimänä.

Mies oli menossa ja Terri tulossa.

Kuka tuo mies on? Onko hän tunkeilija? Minun on parasta tarkistaa hänet.

Terri seurasi miestä koko käytävän pituuden. Mies vihelsi. Hän käveli ensin nopeasti, sitten hitaasti. Hän ei kääntynyt kertaakaan ympäri. Hän pysähtyi herra Travettin toimiston edessä. Hän meni sisään. Terri jäi seisomaan oviaukkoon.

"Tule sisään, poika", herra Travetti sanoi. "Näen, että olet tavannut oikean käteni, Terri?"

Terri tuijotti heitä molempia. Hän näki pienen samankaltaisuuden, ehkä silmien ympärillä...

"Terri, tule sisään ja tutustu poikaani."

"Voi, anteeksi, menetin ajatukseni", Terri sanoi.

"Terri, tämä on poikani Amadeo. Voisitko olla niin ystävällinen ja viedä hänet lounaalle, koska minulla on jo aiempi meno?"

"Mielelläni", Terri kuiskasi.

Amadeo otti häntä käsivarresta, ja he kävelivät yhdessä kadun yli pieneen kreikkalaiseen ravintolaan ja joivat pullon ouzoa. Iltapäivä kului nopeasti – ja Terri ei voinut uskoa silmiään, kun katsoi kelloaan ja näki, että kello oli jo kuusi.

"Sinun ei tarvitse huolehtia, isäni tietää, että olet kanssani", Amadeo sanoi.

"Mutta en usko, että hän tarkoitti, että olisin poissa näin kauan."

"Itse asiassa hän tarkoitti", Amadeo sanoi, "koska hän on jo jonkin aikaa toivonut, että sinä ja minä tulisimme yhteen. Hän puhuu sinusta loputtomasti, siitä kuinka onnekas minun pitäisi olla, kun löysin sinun kaltaisesi tytön. Minun piti tavata sinut."

Terri punastui voimakkaasti.

"Tänä iltana isäni ja äitini järjestävät illalliskutsut. Olet kutsuttu vieraakseni. Saatan sinut takaisin toimistolle ja tapaan sinut heidän luonaan kello 19. Pystytkö tulemaan?"

"Tulen sinne."

Luku 6

S E OLI ENSIMMÄINEN MONISTA illallisista, joihin Terri osallistui Amadeon perheen kanssa.

Pian Terri ja Amadeo perheet alkoivat kokoontua illallisiin ja juhliin. Amadeo ja Terri olivat täydellinen pari. Kaikki olivat siitä samaa mieltä.

Heidän perheensä rakastivat heitä molempia. He toivoivat parille paljon lapsia.

Mutta ensin heidän piti järjestää suuret perinteiset häät.

Amadeo oli muuttamassa takaisin Roomaan. Se oli hänen kotinsa.

Pitkien keskustelujen ja muutaman kyyneleen jälkeen Amadeo ja Terri päättivät, että etäsuhde ei sopinut heille. He olivat jakaneet intensiivisen neljän viikon suhteen, ja nyt sen oli päätyttävä. Se oli parasta. He olivat molemmat samaa mieltä.

Luku 7

AMADEO OLI PALANNUT ROOMAAN. Hän ei saanut Terriä mielestään. Hän näki unia Terristä. Hän näki Terri väkijoukossa. Hän juoksi tämän luo ja huomasi, että se oli joku muu. Kaksi viikkoa kului, eikä hän saanut unta. Hän ei pystynyt syömään. Hänen työnsä alkoi mennä huonosti. Hän otti puhelimen käteensä. Hän soitti Terrille. Aluksi se tapahtui muutaman päivän välein, mutta kun he olivat puhuneet, hän halusi lisää. Puhelut yleistyivät, kerran päivässä, kahdesti päivässä – kolmesti päivässä. Aikavyöhykkeen vuoksi se, jolla oli yö, käpertyi lattialle puhelin sylissään. Erilliset maailman kolkat, erilliset elämät. Toinen lopetti puhelun ja toinen soitti takaisin. Kaipaus ei lakannut koskaan. Siitä tuli fyysistä kipua, jota kumpikaan ei kestänyt. Terri ei halunnut muuttaa Roomaan. Amadeo ei halunnut muuttaa takaisin Kanadaan.

Kun Terri ajatteli Amadeon syleilemää, myskin tuoksua hänen hiuksissaan. Kuinka hänen hiuksensa heilautuivat vasemman silmänsä yli, hänen silmiensä syvyys, ei musta, ei ruskea, aivan oma värinsä. Kuinka hänen pitkät ripset välähtivät tummien silmien yli. Miltä hänestä tuntui, kun Amadeo piti häntä kädestä. Miltä Amadeon huulet tuntuivat, kun ne koskettivat hänen huuliaan. Kuinka hellästi ne pyyhkäisivät hänen otsaansa, saaden hänet kaipaamaan lisää.

"Amadeo, rakastan sinua", hän huudahti puhelimeen.

"Ja minä sinua, Terri, ja minä sinua. Olen rakastanut sinua siitä päivästä lähtien, kun näin sinut kävelemässä käytävällä. Tiesin, että olit nainen, jonka olin tullut tapaamaan. Tiesin, että olit Terri."

"Tiesit, etkä koskaan kertonut minulle? Senkin rotta – muutan mieleni!"

"Jos et rakasta minua enää, minun on hypättävä ikkunasta – heippa! Laskeudun alla olevaan markiisiin. Pizzataikina pehmentää putoamistani."

"Pizzaa, vai? Vakuutit minut. Milloin tulen käymään luonasi?"

"Tarkoitatko sitä, Terri? Tuletko Roomaan?"

"Jos olisin Samantha sarjassa *Bewitched*, olisin siellä kanssasi hetkessä. Valitettavasti minun on pyydettävä vapaata."

"Ei hätää – isä on kertonut minulle, kuinka paljon tarvitset lomaa. Työskentelet liian kovasti!"

"Palasin kuitenkin juuri lomalta. Mutta katson, mitä voin tehdä. Hyvää yötä, Amadeo."

"Buona notte mia amare."

Luku 8

CHERYL KOTONA EI OLLUT juurikaan ilon aihetta. Janet löysi pienen kyhmyn rintastaan tyttärensä ollessa poissa. Janet oli kauhuissaan. Hän löysi kyhmyn ja päätti, kuten useimmat naiset, sivuuttaa sen. Se kasvoi päivä päivältä ja alkoi pian aiheuttaa kipua. Janet piti pelkonsa omana tietonaan, vaikka tiesi, ettei se ollut viisainta. Vasta kun hän jakoi taakkansa Cheryl kanssa, hän tajusi pelkojensa laajuuden.

Lääkäri vahvisti pahimman. Se oli kasvanut niin nopeasti, ettei sitä voinut pysäyttää. Kemoterapia voisi pidentää Janetin elämää; ehkä hän voisi päästä remissioon. Lääkäri arvioi, että hänellä olisi jäljellä yhdestä kolmeen kuukautta elinaikaa. Se oli musertava uutinen.

En voi uskoa tätä. Äidin suvussa ei ole syöpää. Äiti ei ole koskaan tupakoinut. Hän on aina pitänyt huolta itsestään. Hän on liikkunut. Hän on syönyt runsaasti hedelmiä ja vihanneksia. Miksi äiti? Miksi juuri äiti?

"En halua, että veljesi ja sisaresi tietävät vielä."

"Mutta äiti, heille on kerrottava."

"Ei vielä, ole kiltti."

Tämä pyyntö jatkui kuukauden, sitten kahden kuukauden ajan, ja Janetin lapset seurasivat äitinsä tilan heikkenemistä. He tiesivät, että jotain oli vialla, ja rukoilivat isosiskoaan kertomaan, mitä oli tapahtumassa, mutta Cheryl ei pettänyt äitinsä toiveita ja kieltäytyi kertomasta heille.

"Hänen hiuksensa putoavat pois", Craig sanoi. "Onko hänellä kemoterapiaa?"

"Onko hänellä syöpä?" Evelyn kysyi.

"Lapset", Janet sanoi. "Tulkaa olohuoneeseen ja istukaa. Cheryl, haluaisimme kaikki kupin teetä, jos sopii, ja sitten puhumme." Janet asettui sohvalle. Hänellä oli kovia kipuja. Hän tunsi olevansa koko ajan niin uupunut.

Kun Cheryl oli istuutunut ja tee oli kaadettu, Janet nukahti hetkeksi. Hän heräsi säikähtäneenä ja huomasi olevansa sohvalla, ja kolme lastaan katselivat häntä.

"Anteeksi. Olen vain niin väsynyt näinä päivinä. No niin, lapset, Evelyn ja Craig – teidän täytyy kuunnella minua hyvin tarkasti. Olen sairas, erittäin sairas, ja lääkärit eivät usko, että minulla on kovin paljon aikaa jäljellä tällä maalla."

"Äiti!" huudahtivat lapset ja polvistuivat hänen viereensä.

"Syöpä on saanut minut otteeseensa eikä päästä irti. Minä taistelen. Siskonne on pitänyt tämän salassa pyynnöstäni ja auttanut minua. Hän on ollut tukeni, mutta nyt en usko, että minussa on enää taisteluvoimaa jäljellä. Haluan levätä, olla isänne kanssa."

Janetin tila huononi entisestään, ja lopulta hän menehtyi sairauteen. Hänen perheensä oli hänen vierellään. Hän kuoli kotona, omassa sängyssään, omilla ehdoillaan – rakkaiden ihmisten ja esineiden ympäröimänä.

Janetin äiti Abigail saapui Indianasta auttamaan. Isoäiti Abbey tarjoutui jäämään sen jälkeenkin, mutta Cheryl pyysi häntä palaamaan kotiin mahdollisimman pian hautajaisten jälkeen, jotta lapset voisivat palata normaaliin arkeen. Cheryl tiesi, että Craigin ja Evelynin täytyisi pysyä yhteydessä toisiinsa päästäkseen yli menetyksestään.

Cheryl muisteli usein sitä viimeistä päivää äitinsä kanssa. Hän, Craig ja Evelyn olivat vuorossa, kun isoäiti Abbey nukkui. Craig ja Evelyn torkkuivat jatkuvasti, ja lopulta Cheryl sai heidät menemään nukkumaan sanomalla, että hän pysyisi hereillä.

"Äiti", Cheryl sanoi, "minun on kerrottava sinulle Sinisistä vuorista, koska sieluni kohtasi isän sielun, kun olin siellä. Tunsin hänen koskettavan minua otsalle, kuten hän teki, kun olin pieni tyttö. Tuuli tuntui muuttuvan hänen käsivarsikseen. En kertonut sinulle aiemmin, koska pelkäsin, että tunne katoaisi, jos kertoisin siitä."

"Kiitos, että kerroit minulle", Janet sanoi. Hän tarttui tyttärensä käteen. "Olen kirjoittanut kirjeitä jokaiselle teistä. Kun olen poissa, kun olen isänne luona, menkää tallelokeroon ja ottakaa kirjeet sieltä." Hän puristi nyrkkejään kivusta, tarttui tyttärensä käsivarteen ja vaipui sitten ikuiseen uneen.

Hän näytti niin rauhalliselta, kun hän makasi siinä. Cheryl jatkoi katsomista – pitäen yhä äitinsä kättä omassaan, kunnes käsi kylmeni. Sitten hän itki kuin vauva.

Kerron heille aamulla, äiti. Kerro isälle terveisiä.

Luku 9

HAUTAJAISET PIDETTIIN ÄITIENPÄIVÄÄ EDELTÄVÄNÄ päivänä. Tilaisuus sujui täydellisesti, sillä Janet oli valmistellut kaiken etukäteen. Hänet oli määrä tuhkata ja haudata sitten miehensä viereen.

Sinä päivänä satoi, ja he huddlesivat toisiaan vasten, kun tuuli puhalteli heidän vaatteidensa läpi ja sade tunkeutui heidän tunteisiinsa.

Heidän vanhempiensa sielut olivat yhdistyneet. Kaksi suojelusenkelia, jotka katselivat heitä korkealta pilvien yläpuolelta.

LUKU 10

J ANET JA MARTIN LÄHTIVÄT tästä maailmasta ja huolehtivat hyvin kolmesta lapsestaan. Lapsilla oli katto pään päällä, eikä asuntolainaa maksettavana. He olivat perustaneet rahaston Craigin ja Evelyn koulutusta varten. Kotitalouskuluihin, mukaan lukien ruokaan, oli varattu rahaa. Lapsilla oli kaikkea, kaikkea paitsi sitä, mitä he halusivat – vanhempiensa läsnäoloa.

"Voisimme hankkia töitä koulun jälkeen", Craig ehdotti.

"Kiitos, mutta ei ole tarvetta. Haluan, että te kaksi keskitytte täysin kouluun. Meillä on tarpeeksi rahaa, ja minun palkallani me pärjäämme hyvin, joten älkää huoliko."

Cheryl prioriteetti oli, että hänen veljensä ja sisarensa saavat koulutuksensa päätökseen.

Vaikka hän itse oli päässyt yliopistoon, hän päätti ottaa vuoden vapaata töistä.

Valitettavasti siitä yhdestä vuodesta tuli kaksi, sitten kolme ja lopulta viisi.

Ja nyt Cheryl oli varma, että hänen oli liian myöhäistä palata kouluun.

Mutta Craigille ja Evelynille ei ollut liian myöhäistä.

Hän ei aikonut antaa heidän tehdä samaa virhettä, vaikka hänen pitäisikin joskus olla se paha tyyppi. Se olisi sen arvoista pitkällä tähtäimellä.

LUKU II

NIINPÄ KOLME YSTÄVÄÄ EIVÄT enää nähneet toisiaan yhtä usein kuin ennen. Kohtalo heitti yhden nopan. Jokainen ystävä joutui aivan omaan tilanteeseensa.

Silti, kun he jälleen kohtasivat, tuntui siltä kuin he eivät olisi koskaan olleet erossa toisistaan.

Näin todelliset ja ikuiset ystävyyssuhteet kestävät etäisyyden ja ajan.

LUKU 12

TERRI HYPPÄSI ENSIMMÄISEEN VAPAASEEN lentoon Roomaan. Hän ei malttanut odottaa, että saisi nähdä rakkaan Amadeonsa taas. Hän ei voinut uskoa, kuinka onnekas hän oli, kun oli tavannut ja rakastunut niin ihanaan mieheen. Auttoi myös se, että kaikki hänen perheensä jäsenet rakastivat Amadeoa täysin.

Hän muisti ystäviensä kommentit, kun he tapasivat Amadeon ensimmäistä kertaa:

"Vau – hän on todella komea ja niin hurmaava", Miranda sanoi.

"Olet niin onnekas, Terri, olen niin iloinen puolestasi! Te kaksi olette luodut toisillenne", sanoi Cheryl.

Olen uskomattoman onnekas tyttö! Siitä ei ole epäilystäkään. Olen kuitenkin niin hermostunut, kuin se olisi ensimmäinen treffimme. Minun on parasta hengittää muutama syvä henkäys ja yrittää pysyä rauhallisena.

Lentokone laskeutui Leonardo Da Vinci -lentokentälle, ja Terri kiiruhti vessaan korjaamaan meikkiään ja harjaamaan hampaansa ennen kuin hän haki matkatavaroitaan.

Ovien toisella puolella Amadeo odotti kimpun ruusuja kädessään.

"Amadeo", Terri huudahti.

Hänellä oli yllään hiilenharmaa Armani-puku, ja hänen mustat, kiharat hiuksensa olivat vieläkin kiharaisempia Rooman paahtavassa kesäilman kosteudessa. He juoksivat toisiaan kohti ja tarttuivat toisiinsa, halasivat ja suutelivat, nauroivat ja itkivät.

"En voi uskoa, että olet täällä", Amadeo sanoi. "Ja näytät aivan upealta."

"Niin sinäkin."

He kävelivät käsi kädessä Amadeon autolle, katsellen toisiaan, imien toisiaan silmiinsä, hengittäen toisiaan.

Terri ei nähnyt mitään Roomasta. Itse asiassa hän olisi voinut olla missä tahansa. Tällä hetkellä hän halusi vain Amadeon. Hän halusi katsella jokaista hänen osaa, nähdä, kuinka hän vaihtoi vaihteita vahvoilla mutta hellillä käsillään, katsella hänen rintaansa, kun se nousi ja laski hänen hengittäessään, katsella hänen kiharoitaan, kun ne laskeutuivat hänen otsalleen. Hän halusi harjata ne pois hänen otsaltaan. Aivan kuten Barbra oli tehnyt Robertille elokuvassa The Way We Were. Se oli niin romanttista!

Heidän välillään vallitsi poikkeuksellisen vahva kemia. Heidän kätensä vaelsivat.

"Kuinka kaukana se on, tarkoitan sinun kotisi?"

"Ei kaukana, et kai ole väsynyt?"

"Uni on viimeinen asia, jota haluan", Terri sanoi.

Terri oli päättänyt. Tällä matkalla hän antaisi neitsyytensä Amadeolle, olivatpa he sitten kihloissa, tarkoitettuja toisilleen tai eivät. Hän ei voinut kuvitella ketään muuta miestä tulevaisuudessaan. Hän halusi Amadeoa epätoivoisesti. Hän halusi Amadeon ottavan hänet. Hän halusi Amadeon ajelevan sormillaan hänen koko vartaloaan. Koskettavan jokaista senttiä hänen ruumiistaan. Hän halusi Amadeoa niin kovasti. Hän huokaisi ja taisteli kyyneleitä vastaan.

Amadeo ajoi Alfa Romeonsa melkein tieltä.

"Älä tee sitä enää, kulta", Amadeo sanoi, "ellet halua romuttaa autoani."

Amadeo oli ollut aiemmin useiden naisten kanssa, ei monien, mutta muutaman. He eivät olleet neitsyitä. Aluksi hän luuli Terri vitsailevan, kun Terri kertoi hänelle, ettei ollut koskaan ollut kenenkään kanssa. Toisaalta juuri se teki Terristä niin erityisen hänelle: hänen suorapuheisuutensa, itsenäisyytensä ja itsetuntemuksensa. Hän ei tarvinnut miestä todistaakseen olevansa nainen.

Myöhään eräänä iltana Terri paljasti salaisuutensa Amadeolle ja kysyi, olisiko hän se, joka tutustuttaisi hänet seksuaalisuuteen.

Aluksi Amadeo ei ollut iloinen ajatuksesta. Hän tunsi, että se asetti liikaa painetta hänen harteilleen – mutta sitten hän tajusi, kuinka paljon rakasti Terriä ja kuinka erityisen hän halusi Terri ensimmäisen kerran olevan.

Odottaessaan Terri saapumista Amadeon asunto oli täynnä kukkia. Kun Terri olisi sisällä, Amadeo aikoi valmistaa hänelle kylpyammeen, jossa olisi runsaasti vaahtoa. Hän halusi kaiken tapahtuvan hitaasti, jotta Terri muistaisi ensimmäisen kertansa ikuisesti.

Samppanja oli valmiina, jäähtymässä jääpalakaukalossa. Suklaalla päällystetyt mansikat olivat jääkaapissa. Amadeo aikoi syöttää niitä Terrille yksi kerrallaan, kunnes tämä huutaisi lisää.

Sitten hän vetäisi jarrua... Pakottaisi Terri odottamaan. Terri oli odottanut koko tämän ajan, joten mitä haittaa pienestä lisäodotuksesta olisi? Se tekisi Terri ensimmäisestä kerrasta vieläkin erityisemmän.

Amadeo ei ollut kuitenkaan osannut odottaa Terri huokausta matkalla hänen asuntoonsa. Hän toivoi ja rukoili, ettei Terri tekisi sitä uudelleen, muuten hänellä saattaisi olla kiusaus ottaa Terri heti, kun he astuisivat sisään etuovesta... Jos Terri huokaisi uudelleen, Amadeo ei ollut enää varma, olisiko hän tarpeeksi vahva jatkamaan alkuperäistä suunnitelmaansa.

Luku 13

M IRANDAN AAMU EI OLLUT sujunut kovin hyvin.
Ensinnäkin hänen herätyskellonsa ei soinut (jälleen kerran), ja siitä alkoi ketjureaktio, joka tuntui jatkuvan loputtomiin. Hän istui syömään nopeasti pala paahtoleipää, tunsi olonsa hieman epävakaaksi ja tajusi, että kuukautiset olivat alkaneet – lähes viikkoa normaalia aikaisemmin.

Hän meni kylpyhuoneeseen tarkistamaan, oliko hänellä siteitä, mutta niitä ei löytynyt. Hänen äitinsä ei tietenkään tarvinnut niitä, mutta tällä oli laatikko *Depends-tuotteita*, joten Miranda lähti töihin sakset mukanaan ratkaistakseen ongelmansa nopeasti.

Hän hyppäsi autoon ja kiirehti töihin, mutta tajusi juuri ennen perille saapumistaan, että oli unohtanut matkapuhelimensa toiseen käsilaukkuunsa. Hän ei mitenkään voinut soittaa suhteellisen uudelle pomolleen, herra Mandelbaumille, kertoakseen olevansa myöhässä.

Se ei ollut ensimmäinen kerta, kun hän oli myöhässä. Silloin pomo oli vain kohauttanut olkapäitään. Silti Miranda ei halunnut näyttää työntekijältä, joka käytti tilannetta hyväkseen. Varsinkin kun hän oli vielä uusi yrityksessä, ja pomo oli osoittanut hänelle paljon luottamusta. Miranda ei halunnut tuottaa pettymystä pomolleen tai itselleen.

Miranda ei halunnut pilata tätä tilaisuutta parantaa työkokemustaan – puhumattakaan siitä, että tytäryhtiön omisti Amadeon isä, herra Travetti, ja Terri oli ottanut riskin suosittelemalla ystäväänsä työhön. Terri vuoksi hän ei halunnut mokata.

Miranda otti savukkeen laukustaan ja alkoi polttaa. *Ah*, hän huokaisi. *Juuri mitä tarvitsin* – ja stressi tuntui haihtuvan hetkessä. Hän mietti vastikään omaksumaansa tapaa ja ihmetteli, miksi ei ollut alkanut tupakoida jo vuosia sitten. Siitä lähtien, kun hän oli alkanut tupakoida, lähes kaksi kuukautta sitten, hänen painonsa oli pudonnut lähes viisitoista kiloa. Yhtäkkiä hänen ruumiinsa ei ollut kiinnostunut ruoasta, vaan oli siirtynyt toiseen riippuvuuteen – nikotiiniin.

Miranda hyräili mukana radiosta soivan reggae-kappaleen tahdissa matkalla töihin. Hän kiersi parkkipaikkaa ympäri toivoen löytävänsä paikan lähellä sisäänkäyntiä, mutta onnea ei ollut. Jotain muuta ei mennyt hänen mielensä mukaan tänään. Hänen piti pysäköidä kauas, ja tämä aiheutti hänelle viiden minuutin myöhästymisen.

Hänen pomonsa, herra Mandelbaum, odotti heiluvien ovien toisella puolella. Miranda toivoi, ettei tämä ollut déjà vu.

”Ai hei, neiti Evans, olen ollut kokouksissa koko aamun, miten voitte tänään?”

"Voin mainiosti, kiitos herra Mandelbaum. Ajattelin vain tulla tarkistamaan, onko kuriiri jo käynyt."

Huh – hänellä ei ole aavistustakaan, että olen myöhässä!

"Matka kannatti", hän sanoi ja nosti esiin Fed-Ex-kirjekuoren.

"Hyvää työtä, neiti Evans."

Miranda käveli toimistoon, heitti käsilaukkunsa laatikkoon ja lukitsi sen. Hänen viestipankkinsa oli täynnä – mutta niin oli myös hänen virtsarakkonsa. Jälkimmäinen voitti – viestit saattoivat odottaa vielä viisi minuuttia.

Miranda tunsi, että kaikki huono onni oli käytetty loppuun. Tytöt olivat menossa lounaalle Mario's Pizzeriaan. Kerran kuussa kaikki sihteerit ja vastaanottovirkailijat kokoontuivat juttelemaan, ja kaiken maksoi yritys.

Itse asiassa juuri siellä Miranda oli alkanut tupakoida. Hän oli porukan ulkopuolinen ja päätti lopulta, että jos et voi voittaa heitä, liity heidän joukkoonsa. Siihen asti hän oli yskinyt tupakansavun läpi lounastauoilla – vihaten jokaista hetkeä. Nyt kun hän oli yksi heistä, hänet hyväksyttiin porukkaan ehdoitta.

Lounasaikaan mennessä Miranda oli käynyt ulkona portailla vähintään neljä kertaa polttamassa *sikaria* kaverinsa kanssa. Aikaisemmin siellä oli ollut valtava kahvila, joka oli jaettu tupakointialueeseen ja savuttomaan alueeseen. Sitten joku esitti loistavan idean, jolla henkilökuntaa voitaisiin kannustaa luopumaan ikävästä pienestä tavastaan. Asetettiin tavoite, ja jokainen, joka saavutti sen eli lopetti tupakoinnin kertaheitolla tiettyyn päivämäärään mennessä, saisi rahapalkkion.

"Se!" huudahti herra Mandelbaumin yksityissihteeri Muriel. "Kaikki toimistossa yrittivät lopettaa tupakoinnin täsmälleen samaan aikaan! Se oli pahempaa kuin helvetti.

Kaikki kävivät toistensa hermoille, joivat litrakaupalla kahvia ja kävivät koko ajan vessassa. Työt eivät juurikaan edistyneet; uskokaa pois, ei juuri lainkaan."

"Mutta mitä sitten tapahtui?" Miranda kysyi. "Tarkoitan, teidän kaikkien kanssa. Eikö kukaan teistä onnistunut ohjelmassa?"

"No," sanoi Muriel. "Ensimmäinen lopettanut sai erityisen kannustimen, 500 dollaria käteistä: henkilöstöjohtaja, herra Davidson. Sen jälkeen ihmiset alkoivat heittää pyyhkeen kehään, koska korvaus ei ollut tarpeeksi kannustava, ja ennen kuin huomasimmekaan, kahvila oli taas täynnä tupakoitsijoita."

Muriel otti pari syvää henkäystä ja jatkoi sitten: "Herra Mandelbaum oli niin ärsyyntynyt, että hän kielsi tupakoinnin kahvilasta kokonaan, ja meidän piti alkaa tulla tänne!"

Hän otti henkoset, puhalteli pari savurenkaita ja sanoi sitten: "Ai niin, tiedän mitä ajattelet, Miranda, ja olet oikeassa. Herra Mandelbaum on monessa mielessä aikaansa edellä."

Muriel katsoi kelloaan, tumpkasi tupakkansa ja avasi oven. He kiiruhtivat takaisin työpöytiensä ääreen – lounasaikaan oli vielä puoli tuntia.

Koska kyseessä oli kerran kuussa järjestettävä tapahtuma, herra Mandelbaumilla ei ollut mitään ongelmaa sen kanssa, että tytöt hemmottelivat itseään kahden tunnin pituisella lounaalla. Itse asiassa hän tavallaan vaati sitä ja osti jopa kierroksen juomia. Murielilla oli yrityksen luottokortti – juuri näitä erityislounaita varten. Se oli perinne.

Yksi huhuista, jonka Miranda kuuli toiselta tytöltä, Sallyltä, joka oli suhteellisen uusi työntekijä kuten hänkin, oli se, että herra Mandelbaum hyväksyi lounaat juuri siksi, että niin hän sai selville, mitä kaikissa osastoissa todella tapahtui.

Sally ehdotti, että Muriel oli vakooja, joka raportoi, mitä kenellekin oli sanottu.

Miranda ei uskonut sitä hetkeäkään. Hän piti Sallya hieman vainoharhaisena. Siitä huolimatta hän varoi puhuessaan Murielin kanssa. Hänellä ei ollut mitään salattavaa, mutta hän tunsi muutamia vaikutusvaltaisia ihmisiä. Hän ei halunnut paljastaa turhia tietoja.

Tytöt huusivat, juhlivat ja söivät kaiken mahdollisen, mukaan lukien jälkiruoan – New York -tyylisiä uunijuustokakkuja kaikille – ja palasivat sitten toimistoon uudella päämäärätietoisuudella. Herra Mandelbaum oli hissin luona tervehtimässä kaikkia naisia heidän palatessaan, hymyillen kuin isä, joka toivottaa tyttärensä tervetulleeksi kotiin tyttöjen illanvieton jälkeen.

Kun herra Mandelbaum tervehti tyttöjään, se oli myös perinne. Tytöt odottivat innolla hänen ystävällisen ilmeensä näkemistä, kun he palasivat töihin. Hän oli yksi miljoonasta - sellainen pomo, joka ei esittänyt paljon kysymyksiä. Miranda ajatteli, ettei hän olisi voinut saada parempaa työtä, paremmassa paikassa milloinkaan.

Kun hän aloitti työnsä jälleen, ajatus Terristä kävi hänen mielessään, ja hän mietti, kuinka tällä sujui Roomassa Amadeon kanssa. Terri oli kertonut Mirandalle, että hän aikoi menettää neitsyytensä tällä matkalla. Yhdessä he menivät klinikalle hakemaan ehkäisypillereitä. Miranda päätti itsekin aloittaa pillerien käytön. Loppujen lopuksi hänen 26. syntymäpäivänsä oli juuri nurkan takana, ja hän halusi olla valmis siltä varalta, että hän joskus törmäisi unelmien mieheen. Hänen mieleensä juolahti ajatus, että hän oli jo tavannut hänet, mutta hän työnti Benin pois mielestään. Häntä ei kannattanut ajatella. Se sai hänet vain tuntemaan, että tulevaisuus oli turhaa.

Miranda penkoi työpöytäänsä ja kirjoitti sitten valmiiksi kaikki tarvittavat paperit. Hän jakoi tiedot tarvittaville edustajille, hoiti puhelunsa ja huomasi sitten kellon. Kello oli jo 17.15. Siinä hän nyt oli, käytännössä tekemässä ylitöitä! Hän tarttui laukkuunsa, nousi ylös ja kurkisti pehmustetun seinän yli, tajuten nopeasti, että toimisto oli lähes tyhjä. Hän oli ollut niin uppoutunut omiin ajatuksiinsa, ettei ollut edes huomannut tavanomaista tungosta, kun työtoverit suuntasivat kohti uloskäyntejä. Hän nauroi ajatellessaan, että jos palohälytys olisi lauennut, hän ei olisi ehkä kuullut sitäkään. Pian hän oli matkalla kotiin. Miranda pysähtyi apteekissa ja osti muutaman välttämättömyystarvikkeen: eli siteitä, tupakkaa ja mukavan ison palan Cadburyn maitosuklaata, ja suuntasi kotiin. Tänä iltana oli äidin vuoro laittaa ruokaa. Miranda odotti innolla hemmottelua. Kotona asuminen sopi hänelle mainiosti.

LUKU 14

CHERYL OLI KIIREINEN VALMISTAMASSA illallista, kun taas hänen molemmat sisaruksensa loikoilivat sohvilla tuijottaen telkkaria. Hän pyysi Evelyniä ja Craigia useaan otteeseen tulemaan auttamaan pöydän kattamisessa, mutta tuloksetta.

"Evelyn, tule auttamaan minua, ole kiltti", Cheryl pyysi.

"Katson tätä, se on hauska, enkä halua missata mitään."

Joka ilta sama juttu. Cheryl avunpyynnöt menivät kuuroille korville. Lopulta hän päätyi aina tekemään kaiken itse. Hän oli kyllästynyt koko hommaan. Ei heillä ollut kiirettä kotitehtävien tai muiden tärkeiden asioiden parissa, he vain loikoilivat ja tuijottivat telkkaria. Cheryl päätti, että tänä iltana hän selvittäisi asian veljensä ja sisarensa kanssa lopullisesti. Hän tarvitsi apua, muuten hän tulisi hulluksi.

Hänellä ei ollut ollut taukoa kuukausiin. Cherylistä oli tullut työtä tekevä, leikkimätön tyttö, ja kun hän katsoi itseään peilistä, hän ei pitänyt näkemästään. Hän aikoi jonain päivänä olla äiti, saada omia lapsia, mutta sekä äidin että isän roolin ottaminen teini-ikäisten sisarustensa suhteen oli varmasti muuttamassa hänen mieltään. Hänestä tuntui, että hänen piti aina komentaa heitä: Teittekö läksynne? – Laitoitteko vaatteenne pyykkikoriin? Hän nalkutti heille jatkuvasti tästä tai tuosta. Useimmiten he kuitenkin sivuuttivat hänet täysin. Joskus he jopa pyörivät silmiään hänelle, ja tämä sai hänet melkein menettämään malttinsa. Hän meni ulos rauhoittumaan.

Cheryl oli toivonut, että he *haluaisivat* auttaa. Haluaisivat osallistua talon päivittäiseen pyörittämiseen. Hän tiesi, että he yhä selviytyivät ja sopeutuivat äitinsä kuolemaan, koska hänkin selviytyi. Se oli jotain, mikä heillä kaikilla oli yhteistä, ja silti Cheryl oli varma, että sisaruksensa kantoivat kaunaa häntä kohtaan. Hänen piti puhua heille siitä. Oli hänen tehtävänsä saada heidät tajuamaan, että he olivat tiimi.

Pari yötä sitten Miranda tuli käymään, kun Cheryl oli täysin lopussa, ja he puhuivat aamukahteen asti, juoden kahvikannun toisensa jälkeen, kun Miranda poltti kuin savupiippu.

Cheryl ei ollut vaikuttunut Mirandan uudesta tavasta, mutta oli mielenkiintoista nähdä ystävänsä käytöksen muutos jo yhden henkäyksen jälkeen. Hän näytti rauhallisemmalta ja rennommalta.

Miranda kuunteli ystäväänsä myötätuntoisesti, sillä hän tiesi, kuinka paljon Cheryl tarvitsi purkaa kaiken ulos. Hän oli huomannut, kuinka stressaantunut Cheryl oli ollut viime aikoina ja kuinka vanhalta hän näytti. Miranda tiesi, että Cheryl tarvitsi puolueettoman mielipiteen. Syvällä sisimmässään Miranda tiesi myös, että Cheryl syytti itseään siitä, mitä oli meneillään. Hän mietti, ansaitsiko hän tulla kohdelluksi sillä tavalla.

"Olenko liian jäykkä, liian pikkumainen? Tunnen itseni nykyään ihan noidaksi. Puhallanko asioita liian suuriksi? Ehkä kuvittelen vain asioita."

"Lopeta heti", Miranda sanoi. "Älä syytä itseäsi. Raadat tehtaalla ja sitten kotona, ja ne pikku kakarat käyttävät sinua hyväkseen."

"Mutta he surevat yhä äitiä, ja heillä on täysi oikeus olla vihaisia minulle, kun yritän..." Cheryl puhkesi itkuun. Miranda halasi ystäväänsä, kun tämä nyyhkytti hänen olkapäähänsä.

"Kaikki järjestyy, Cheryl", Miranda sanoi. "Sinun täytyy vain puhua heidän kanssaan ja lakata ajattelemasta asioita liian vakavasti. Elämä on liian lyhyt."

"Tiedän, tiedän", Cheryl nyyhkytti. "Mutta he vihaavat minua, tiedän sen. He luulevat, että yritän täyttää äidin saappaat, ja he tietävät, etten pysty siihen. Että en voi mitenkään tehdä kaikkea yhtä hyvin kuin hän."

"Kuulehan, kulta", Miranda sanoi. "Sinä pidät tämän perheen koossa. Ilman sinua heidät lähetettäisiin asumaan isoäitinsä luo Indianaan. Heidän pitäisi jättää kaikki ystävänsä. Tai mikä pahempaa, he saattaisivat päätyä sijaiskoteihin. Et valinnut itseäsi veljesi ja sisaresi huoltajaksi. Äitisi valitsi. Heidän pitäisi olla kiitollisia sinulle."

Cheryl tunsi, kuin paino olisi pudonnut hänen hartioiltaan. Silti tänään hän pelkäsi keskustelua, jonka tiesi joutuvansa käymään heidän kanssaan.

Hän tuijotti hetken ikkunasta ulos. Hän mietti, kuinka Terri ja Amadeo pärjäsivät.

"Tule hakemaan se", hän huusi.

Craig nappasi lautasensa ja alkoi raahautua takaisin olohuoneen sohvalle.

"Anteeksi", Cheryl sanoi määrätietoisella äänellä. "Tule takaisin, Craig!"

"Mitä? Katselen siellä ohjelmaa."

"Kun äiti oli elossa, ruokailuaikoina ei katsottu televisiota. Kuvittele, mitä hän ajattelisi, jos hän kävelisi sisään juuri nyt ja löytäisi sinut istumasta siellä syömässä spagettia bolognesea hänen sohvallaan?"

"Mutta hän ei ole täällä!" Craig sanoi.

"Minulla ei ole nälkä", Evelyn sanoi.

"No niin, nyt riittää!" Cheryl sanoi. "Tule takaisin, Craig, ja istu alas. Evelyn, istu sinäkin alas. Ole kiltti."

"Mitä väliä sillä on?" Craig sanoi. "Miksi et voi vain jättää meitä rauhaan? Miksi sinun pitää jatkaa ja jatkaa kaikesta?"

"Koska haluan puhua teille. Haluan, että selvitämme tämän."

"Selvitämme mitä?" Craig ja Evelyn sanoivat yhtä aikaa, katsellen toisiaan kuin heidät olisi juuri siirretty toiselta planeetalta maahan. Craig alkoi näpertää ruokansa kanssa, kiertäen spagettia haarukalle. Hän ei nostanut katsettaan lautaseltaan. Sillä välin Evelyn katseli keskittyneesti kuplia, jotka nousivat hänen coca-colalasiinsa.

"Kuunnelkaa. Katsokaa minua, kun puhun teille!" Cheryl sanoi. "Olen saanut tarpeekseni siitä, että te kaksi kohtelette minua epäkunnioittavasti. Kohtelette minua kuin, kuin..." Hän puhkesi itkuun.

Craigilla ei ollut aavistustakaan, mitä tehdä. Hän istui, ja spagettisäikeet purkautuivat nuudeli nuudelilta takaisin lautaselleen. Evelyn alkoi nyyhkiä. Kyyneleet putosivat hänen coca-colansa sekaan pisara pisaralta. Kukaan ei sanonut sanaakaan.

"Haluan vain, että olemme taas perhe. Tiedän, etten ole äiti enkä tule koskaan olemaankaan. Äiti pystyi tekemään kaiken itse. Hän oli superäiti. Mutta MINÄ TARVITSEN APUA."

"No, miksi et sitten vain pyydä meiltä?" Craig ehdotti.

"Sen sijaan, että käsket meitä ympäriinsä kuin paria lakeijaa. Tämä on meidänkin talomme, tiedätkö."

"Mitä?" Cheryl kysyi. "Tietysti tämä on teidänkin talonne. Se on meidän talomme perheenä."

Lisää hiljaisuutta.

Cheryl yritti rikkoa sen kysymällä heiltä, millainen heidän päivänsä oli ollut. Yksisilmäisiä vastauksia. Oli niin epätavallista heille kolmelle olla niin sulkeutuneita toisiltaan. He olivat olleet niin läheisiä, kun heidän äitinsä oli vielä elossa, ja olivat tukeutuneet toisiinsa hautajaisissa ja kaikessa muussakin, mutta nyt jokin oli muuttunut. Mikä se sitten olikin, Cheryl oli saatava se selville, ja vielä tänään, juuri nyt.

"Mitä olen tehnyt, mikä on ärsyttänyt teitä kahta?"

Molemmat sanoivat yhtä aikaa: "Ei mitään", sitten Craig palasi spagettinsa pariin ja Evelyn jatkoi Coca-Colansa kuplien tuijottamista.

"Puhukaa minulle, olkaa kilttejä."

Evelyn katsoi Craigia, sitten Cherylia ja sitten taas Craigia.

"Emme enää tiedä, mitä tehdä. Äidin kanssa tiesimme, mitä tehdä, mutta nyt emme tiedä. Kaikki, mitä teemme, on väärin", Craig sanoi.

"No, ensinnäkin, olen täsmälleen sama ihminen. En ole muuttunut. Ainoa asia, joka on muuttunut päivässäni, on työn määrä, joka minulla on. Työskentelen koko päivän tehtaalla ja sitten tulen kotiin ja teen töitä. Minulla on niin paljon tekemistä, etten ehdi levätä enkä saada aikaa itselleni. Voisitte auttaa minua silloin tällöin. Voisitte kattaa pöydän ilman, että minun tarvitsee pyytää, tai aloittaa illallisen valmistamisen, tai laittaa pyykit pesuun, tai…"

Evelyn keskeytti: "Mutta äiti teki aina niin."

"Silloin meidän ei tarvinnut tehdä sitä, ja kaikki tuli hoidettua. Nyt kaikki on menossa pieleen. Vaikka laittaisimme pyykit pesuun, miten se korjaisi tilanteen? Olemme kaikki eksyksissä ilman äitiä, etkä sinä voi olla hän. Vaikka yrittäisit kuinka kovasti, et vain pysty siihen."

Evelyn alkoi taas itkeä, ja Cheryl ja Craig liittyivät pian mukaan.

"En halua olla hän, enkä korvata häntä, haluan vain pitää meidät kaikki yhdessä. En odota, että teette kaikkea, vaan vain autatte minua silloin tällöin. Äiti oli asiantuntija. Hän oli niin järjestäytynyt, että hoiti kaiken kysymättä meiltä mitään. Silloinkin, kun hän olisi todennäköisesti tarvinnut vähän apua.

"Hän hemmotteli meitä. Hän ajatteli, että se oli hänen tehtävänsä, koska hän oli kotona koko päivän. Hänellä oli aikaa tehdä asioita, kun emme olleet kotona. Yritän, yritän kovasti, mutta työni ja kaiken muun takia en vain pysty tekemään kaikkea."

Cheryl alkoi nyyhkiä, ja sekä hänen veljensä että sisarensa ojensivat kätensä ja pitivät häntä tiukasti kiinni.

Craig rikkoi hiljaisuuden sanomalla: "Minä pesen, hän kuivaa. Mene sinä lepäämään, ok sisko?"

"Kiitos."

Cheryl meni olohuoneeseen. Hän lepäsi sohvalla, selaili televisiokanavia ja palasi sitten keittiöön. Hän seisoi hetken oviaukossa kuunnellen, kun kaksikko jutteli päivän tapahtumista ja jakoi ajatuksiaan. Hän mietti, miksi hänestä oli tullut ulkopuolinen. Milloin se oli tapahtunut ja mitä hänen pitäisi tehdä päästäkseen takaisin porukkaan.

Hän otti pyyhkeen ja sanoi: "Autan teitä."

LUKU 15

KUN HE SAAPUIVAT AMADEON asuntoon, Terri tuskin
sai henkeä. Hän oli täynnä jännitystä ja odotusta.
Hänen kätensä vapisi, kun hän työnsi avaimen
lukkoon ja avasi oven. Hän tunsi Amadeon kuuman
hengityksen niskassaan.

Hän astui huoneeseen, joka oli täynnä pitkävartisia
ruusuja ja harsokukkia.

"Se on kaunis, aivan kaunis!"

"Tervetuloa vaatimattomaan kotiini", Amadeo sanoi ja
kumartui syvään. Kun hän nousi takaisin lattialta, Terri
tarttui häntä kaulasta ja suuteli häntä niin intohimoisesti,
että hänen jalkansa pettivät.

He kaatuivat yhdessä lattialle.

"Haluan sinua", Terri kuiskasi.

"Ja minä sinua, mutta minulla on muita suunnitelmia."

Hän nousi ylös ja avasi verhot, paljastaen upean
näkymän kaupunkiin.

"Se on ihanaa, mutta se on yhä täällä, tiedätkö – myöhemminkin."

"Ajattelin, että haluaisit ehkä kylvyn; loppujen lopuksi lento oli pitkä."

"En kai haise?" Terri kysyi. "Voi, nyt minua hävettää."

"Tietysti et, rakkaani, mutta..."

Jossain kaukana Terri kuuli kirkontorvien heikon soinnin. Ne ilmoittivat Italian ajan yhdellä lyönnillä.

Amadeo johdatti Terri huoneeseensa. Hän suuteli häntä intohimoisesti, imien hänen hengityksensä omaansa. Hän avasi oven ja perääntyi sitten.

Terri tarttui hänen käteensä ja veti hänet sisään, missä parivuode odotti häntä.

Puhelin soi.

"Anna sen soida", Terri sanoi.

"Se voi olla töistä."

"Mmmmmmm", Terri sanoi ja suuteli Amadeoa otsalle, huulille ja sormenpäille.

Hänen kännykkänsä soi.

"Uh, hei, okei, olen siellä kymmenen minuutin päästä. Pidä linnoitusta. Minun täytyy mennä, rakas, kriisi töissä."

"Varmasti se voi odottaa, olen vasta saapunut."

"Ei, se ei voi. Palaan pian, ole kuin kotonasi. Käy kylvyssä. Kävele kylään. En viivy kauempaa kuin pari tuntia." Ovi sulkeutui hänen takanaan.

Terri katseli kaikkea huoneessaan. Pieniä ruusun terälehtiä valkoisessa pitsissä ja lattialle siroteltuja ruusun terälehtiä. Huone oli taianomainen. Terri käveli huoneen poikki ja vilkaisi peilistä heijastuvaa kuvaansa.

Mikä sotku! Ei ihme, että hän juoksi ulos täältä... Menen kylpyyn.

Hän asettui ammeeseen ja hyräili *"That's Amore."*

Ovelle koputettiin.

"Oletko pukeissa?" Se oli Amadeo. Hän ei ollutkaan vielä lähtenyt.

"Olen kuplien peitossa, jos sitä tarkoitat."

Hän avasi oven ja kurkisti sisään.

Terri punastui päästä jalkoihin – onneksi suurin osa punaisista osista oli piilossa kuplien alla.

Amadeo asetti pienen pöydän aivan kylpyammeen viereen. Hän avasi pullon samppanjaa ja kaatoi sitä kristallimaljaan.

"Nauti", hän sanoi ja perääntyi ulos ovesta.

"Ei, odota! Etkö aio liittyä seuraani?"

"En tällä kertaa, mutta kiitos tarjouksesta."

Ovi sulkeutui hänen takanaan. Terri kuuli toisen oven sulkeutuvan. Tällä kertaa hän oli todella poissa.

Hän joi lasillisen samppanjaa. Hän nojautui taaksepäin ja rentoutui ylellisten kuplien syleilyssä. Terri ajatteli Amadeota, ja hänen koko vartalonsa peittyi kananlihalle. Pelkkä hänen kätensä kosketus sai hänen sydämensä sykkimään. Hän halusi häntä kovasti, enemmän kuin olisi koskaan kuvitellut voivansa haluta ketään.

Hän kuvitteli astuvansa ulos kylpyammeesta ja kävelevänsä hänen luokseen peitettynä vain saippuavaahdolla. Antautuvansa hänelle. Antautuvansa intohimolle. Se oli niin ylivoimaista, että hän tuskin pystyi hengittämään.

Hän oli nukahtanut. Se oli kaikki unta.

Hän sulki silmänsä jälleen ja antoi mielikuvituksensa lentää. Hän jahtasi Amadeoa. He olivat tiheässä metsässä. Amadeo näytti yrittävän paeta häntä. Miksi? Terri paniikkioitui, peläten menettäneensä hänet. Hän oli hämmentynyt, täynnä pelkoa siitä, miksi Amadeo käyttäytyi niin. Kadoksissa, yksin, hän istui alas. Tuntien itsensä voitetuksi ja tunteiden valtaamaksi.

"Terri, rakas. Terri."

Amadeo todella *kutsui* häntä.

"Vielä muutama minuutti, pukeudun juuri."

"Rentoudu, nauti. Kriisi on vältetty, eikä minun tarvitsekaan mennä toimistoon. Joten teen töitä huoneessani."

Hän kuuli miehen askeleet, kun tämä siirtyi pois ovesta ja kulki käytävää pitkin.

Terri ei voinut olla miettimättä naisia, joiden kanssa Amadeo oli ollut aiemmin. Hän mietti, miten hänen ruumiinsa vertailisi niihin. Mitä mies ajattelisi, kun näkisi hänet alasti? Sitten hän alkoi miettiä, miltä olisi nähdä mies alasti. Hän ei ollut koskaan ennen nähnyt miestä alasti. Ei edes lehdessä. Hän ei malttanut odottaa!

Hän kietoi pyyhkeen ympärilleen, käveli käytävää pitkin ja oli jo melkein menossa huoneeseensa. Hän katsoi käytävää pitkin. Amadeon ovi oli kiinni.

Hän mietti, oliko Amadeo siellä odottamassa häntä. Ehkä Amadeo oli riisunut vaatteensa ja makasi sängyssä. Ehkä Amadeo oli täysin alasti, lämmittämässä lakanoita ja odottamassa häntä.

Hän eteni käytävää pitkin, jättäen jälkeensä vesipisaroita. Hän kuunteli oven takana. Oli hiljaista.

Pitäisikö hänen kääntää ovenkahvaa? Pitäisikö hänen mennä hänen huoneeseensa?

Puhelin soi etuhuoneessa. Sitten soi matkapuhelin.

Hän kiiruhti takaisin huoneeseensa ja sulki oven varovasti takanaan. Hän hengitti syvään ja pukeutui. Hän puki ylleen keltaisen mekon, jonka kauluksessa ja hameen reunassa oli sinisiä kukkia. Hän näytti vähän kanarialinnulta.

Hän käveli ulos makuuhuoneestaan ja sulki oven takanaan.

LUKU 16

OLOHUONEESSA AMADEO PUHUI PUHELIMESSA. Hän ei ollut ollut lainkaan makuuhuoneessaan!

"Mutta luulin, että sinulla oli kaikki hoidossa. En voi palata toimistoon tänään! Minulla on vieras!" Hän katsoi Terriä ja alkoi sitten kävellä edestakaisin. Hän sanoi: "Kyllä, kyllä, soitan sinulle takaisin hetken kuluttua" ja laski sitten puhelimen. Hän käveli rauhallisesti kohti Terriä: "Terri, näytät enkeliltä. Missä siipesi ovat?"

"Tule tänne, niin näytän ne sinulle", Terri sanoi.

"Lupauksia, lupauksia." Hän käveli Terri luo ja otti hänet syliinsä. Matkapuhelin soi jälleen. "Haloo, kyllä, selvä, selvä. Tulen sinne kymmenen minuutin kuluttua. Pysy rauhallisena! Anteeksi, rakas, minun täytyy mennä."

"Ymmärrän. En halua sinun lähtevän, mutta en voi pitää sinua kokonaan itselläni, vai voinko?"

"Olen kokonaan sinun, kunhan kaikki on hoidettu – sillä välin mene kadulle, josta löydät pienen torin. Päätä, mitä haluaisit illalliseksi. Jos sinulla on mieli kokata, voimme jäädä kotiin tai mennä ulos, kun palaan."

"Onko lähistöllä pankkia? Minun täytyy vaihtaa matkasekkejä."

"Siihen ei ole tänään tarvetta, tässä on käteistä. Nauti, hemmottele itseäsi, ja palaan niin pian kuin pystyn."

He kävelivät yhdessä alas portaita, käsi kädessä. Amadeo suuteli Terriä hyvästiksi ja lähti. Terri heilutti hyvästiksi ja tunsi yhtäkkiä olevansa hyvin yksin. Hän katsoi kadun oikealle puolelle ja näki muutaman lapsen pelaavan jalkapalloa. Hän katseli heidän pelaamistaan. Yksi lapsista näytti hänelle kieltä. Terri vastasi samoin.

Hän mietti, halusiko Amadeo lapsia. Terri halusi ehdottomasti lapsia. Paljon lapsia. Hän halusi vähintään viisi, ehkä enemmänkin – mutta kiirettä ei ollut.

Kun hän käveli mukulakivikadulla, alkoi sataa, ja sade loi kuvioita hänen keltaiseen mekkoonsa. Hän sujahti oviaukkoon ja odotti. Tämä osa kaupunkia oli henkeäsalpaavan kaunis. Siinä oli luonnetta. Kaikki näytti niin vanhalta, perinteiseltä. Hän näki kulmassa kirjakaupan ja juoksi sinne.

Hän selaili kirjoja, mutta ei ostanut mitään, ja sade loppui. Hän osti palan pizzaa, söi mansikkajäätelöä ja siemaisi cappuccinoa kahvilassa.

Hän keräsi niin paljon illallisaineksia kuin jaksoi kantaa ja suuntasi takaisin asuntoon. Hän aikoi tehdä lasagnea ja salaattia. Hän laittoi lasagnen uuniin ja leikkasi salaatin. Hän kaatui sohvalle ja odotti. Kolme tuntia myöhemmin Amadeosta ei vieläkään näkynyt. Hän alkoi tuntea olonsa yksinäiseksi. Hän päätti soittaa Mirandalle.

"Hei, miksi soitat minulle keskellä yötä?" Miranda kysyi.

"Onko, oh, anteeksi."

"Olin hereillä, katselin vain vanhan Cary Grant -elokuvan, *Penny Serenade*, uusintaa. No, mitä kuuluu? Miten Amadeo voi? Entä sinä? Miten Italiassa menee? Oletko jo tehnyt sen?" "Vau, etpä kiertele ja kaarrellu, vai mitä?" Terri nauroi. "Amadeo on upea, henkeäsalpaavan upea, ja hän on töissä. Minulla menee hyvin, mutta tunnen oloni hieman yksinäiseksi, emmekä ole vielä tehneet mitään."

"Ei ole kiirettä, tiedätkö. Odota, kunnes se tuntuu oikealta."

"Kiitos, äiti."

"Ai, luulen, että Amadeo on palannut. Minun täytyy mennä. Otan yhteyttä."

Terri sanoi nopeasti hyvästit ystävälleen ja katkaisi puhelun ennen kuin Mirandalla oli edes mahdollisuutta sanoa sanaakaan. Hän ryntäsi tervehtimään Amadeoa – ikään kuin tämä olisi ollut poissa kuukausia ja kuukausia. Hän tarttui häneen ja suuteli häntä.

"On hyvä tulla kotiin sinun luoksesi."

Amadeo oli ollut varsin tyytyväinen lähtemään aiemmin, sillä asiat etenivät hänen suunnitelmiinsa nähden hieman liian nopeasti. Hän oli alkanut kuumentua – ja pelkäsi antavansa periksi intohimolleen. Oli houkuttelevaa olla antamatta periksi.

Hän oli itse asiassa hoitanut hätätilanteen puhelimessa, mutta hän oli huolissaan siitä, että palaisi suoraan takaisin. Hän tiesi, että nainen halusi häntä. Hän tiesi, ettei voisi vastustaa enää, joten hän päätyi kävelemään ympäriinsä. Hän katseli naista, kun tämä joi cappuccinoa, söi pizzaa ja maisteli gelatoa. Nainen teki hänet hulluksi. Hän halusi naista niin kovasti, eikä halunnut odottaa enää kauan. Ja silti hän tiesi, että hänen oli odotettava. Hän tiesi, että hänen oli varmistettava, että kaikki oli täydellistä.

"Istutaan alas ja puhutaan", Amadeo sanoi, otti Terri kädet omiinsa ja suuteli niitä yksi kerrallaan. "Olen ajatellut sinua, meitä."

Terri yritti keskeyttää. Amadeo laittoi etusormensa hänen huulilleen ja jatkoi.

"Minun on sanottava tämä; haluan kertoa sinulle tämän nyt."

Terri nyökkäsi.

"Olet nainen, josta olen unelmoinut koko elämäni. En koskaan uskonut, että tapaisin hänet. Nainen, josta unelmoin, ja nyt hän on täällä. Hän on sinä. Olet ystäväni, sielunkumppanini, ja sinun kanssasi olen täydellinen. En halua, että olemme erossa toisistamme. Koskaan."

Amadeo laskeutui oikealle polvelleen ja kurkisti takkinsa taskuun. Hän otti esiin pienen korurasian, avasi sen ja otti sieltä sormuksen.

"Haluan, että tulet vaimokseni, tänään, huomenna, olkaamme yksi. Eläkäämme miehenä ja vaimona. Suostutko?"

Terri ei olisi voinut olla yllättyneempi. Hän ei ollut odottanut tätä, ei tänään, ei näin pian. Hän nojautui kohti Amadeoa, otti tämän pään käsiinsä ja suuteli häntä intohimoisesti otsalle ja sitten huulille. Hän ei pysähtynyt siihen; hän siirtyi Amadeon rintaan, avasi tämän napit ja suuteli häntä hellästi, sitten taas suulle.

"Tarkoittaako se kyllä?"

"KYLLÄ! KYLLÄ!"

He vierivät sohvalta lattialle. He kieriskelivät ympäriinsä, kumpikaan ei halunnut lopettaa.

"Haluan odottaa", Amadeo sanoi ja työnsi Terri pois.

"Mitä? *Sinä* haluat odottaa?"

Terri vetäytyi ja katsoi häntä silmiin. Hän halusi odottaa. Terri oli halunnut odottaa koko elämänsä, kunnes olisi naimisissa. Amadeo teki tämän hänen vuokseen.

"Rakastan sinua, Amadeo!"

LUKU 17

MIRANDA OLI KEITTIÖSSÄ. OLI hänen vuoronsa laittaa ruokaa vanhemmilleen, mutta hänen piti lähteä ulos. Hän valmisti spagettia bolognesekastikkeella ja kirjoitti vanhemmilleen viestin.

Miksi ihmeessä suostuin tähän sokkotreffeihin? Olen varmaan ollut järjiltäni!

Janice, uusi ystävä töistä, oli yrittänyt parin viikon ajan järjestää Mirandalle treffit veljensä kanssa.

"Hän on *täydellinen* sinulle, Miranda", Janice sanoi joka kerta, kun näki Mirandan töissä. Joka kerta, kun he törmäsivät toisiinsa vessassa. Joka kerta, kun he ohittivat toisensa käytävällä. Mirandalla oli muutama ystävä, jotka olivat *valmiina* varoittamaan häntä Janicesta etukäteen. Valitettavasti yksi heistä nukahti ruoriin.

"Mirrrrrrannnnnnndaaaa!" Janice sanoi. "Olen etsinyt sinua ihan kaikkialta. Meillä on illalliskutsut lauantai-iltana. Tosi rento tilaisuus. Veljeni haluaisi tosi mielellään tavata sinut. Sano, että tulet, ole kiltti."

"Ööh, lauantaina minulla on kiire, minun pitää laittaa ruokaa vanhemmilleni."

"Se ei ole mikään syy. Tilaa ruokaa kotiin – niin voit liittyä seuraamme. Ihanaa! Ihanaa! Veljeni kuolee halusta tavata sinut. Hän hakee sinut kello 19. Heippa."

Sen jälkeen Miranda sai tietää, että ravintolassa olisi kolme muuta pariskuntaa. Tämä lievensi hieman hänen katkeruuttaan siitä, että hänet oli yllätetty.

Miksi, miksi en suostunut tapaamaan häntä ravintolassa?

Miranda puki yhden asun, riisui sen ja kokeili toista. Hän teki näin toistuvasti ja päätti lopulta kaksiosaisesta puvustaan. Sitten hän meni peilin eteen ja tarkisti meikkinsä. Hänen meikkinsä koostui ripsiväristä, meikkivoiteesta, poskipunasta ja kevyestä huulikiillosta. Hän ei ollut liioitellut. Hän katsoi itseään kokovartalopeilistä ja silitti pari ryppyä, jotka olivat kertyneet vyötärön ympärille. Hän suihkutti itselleen hieman hajuvettä, kampasi hiuksensa, lisäsi hieman hiuslakkaa ja palasi takaisin keittiöön.

Miranda otti savukkeen, jota hän tarvitsi kipeästi rauhoittuakseen.

Huolestuminen aiheuttaa ryppyjä kasvoihin.

Kuten aina, ensimmäinen henkäys oli paras, ja kun hän imi savukkeen takaisin, hän tunsi saaneensa tarvitsemansa rohkeuden.

Miranda mietti, mitä hänellä oli päällään, ja pohti, oliko hän mennyt liian pitkälle. Hänellä oli yllään musta puku, kaunis pitsinen korkeakauluksinen pusero, mustat avokkaat ja mustat sukat.

Lappu on siellä – valmiina, kaiken varalta, mutta toivon todella, että äiti tulee pian kotiin. Ehkä sitten me voimme keksiä jonkin järjestelmän. Voin piiloutua makuuhuoneeseeni, ja jos hän on nörtti tai täysi luuseri, äiti voi kertoa minulle. ..Sitten hän voi sanoa, että olen sairas tai jotain. Mutta sitten Janice olisi taas perässäni maanantaina ja joka toinen päivä loppuelämäni ajan. Hän on pirun sinnikäs. Voisin yhtä hyvin hoitaa tämän pois alta nyt ja tässä.

Bing-bong.

Miranda jäi paikoilleen jähmettyneenä.

Bing-bong.

Miranda tumpkasi savukkeensa. Hän silitti takkinsa etuosaa ja kurkisti avaimenreiästä. Hän näki vain miehen rinnan, joten hän tiesi yhden asian varmasti: mies oli pitkä. Hän avasi oven.

Siellä mies seisoi. Hän ei hymyillyt.

Mitä ensivaikutelmaa Mirandalle syntyi? Sana *nörtti* tuli mieleen. Jep, hän ajatteli, nörtti kuvasi miestä. Miehellä oli paksut, mustareunaiset lasit (sellaiset, joita Buddy Holly käytti) ja musta puku. He seisivat vierekkäin ja näyttivät siltä kuin olisivat menossa hautajaisiin.

"Miranda?" hän sanoi ja ojensi kätensä.

Se oli hikinen. Miranda ei keksinyt, miksi mies sanoi hänen nimensä kuin se olisi kysymys.

"Hei Lance, haen vain käsilaukkuni."

Hän kirosi Janicea hiljaa siitä, että tämä oli sälyttänyt hänelle nörttimäisen veljen, ja toivoi selviävänsä illasta. Ei ihme, ettei hän itse saa treffejä!

Mirandan posket punoittivat; hän ei ollut mikään Miss America.

Hän ajoi upouutta vihreää BMW:tä.

"Vau, upea auto – rakastan sisustusta."

"Kiitos." Hän hymyili.

Miranda huomasi hänen mukavan hymynsä. Hän kaivoi laukustaan savukkeen ja sytytti sen.

"Ööh, olen allerginen savulle", Lance sanoi.

Ei ihme, Miranda ajatteli.

"Eikö Janice maininnut siitä? Hän on varannut meille pöydän savuttomasta osastosta. Toivottavasti se ei haittaa?"

Miranda huokaisi ja mietti, kuinka mielenkiintoista olisi mennä treffeille jonkun kanssa, joka oli äärimmäisen allerginen savulle tietämättään. Hän saattaisi saada kohtauksen. Tai saada ihottumaa. Mikä ikimuistoinen ensitreffi siitä tulisi!

"Ei se mitään", Miranda sanoi, "en ole mikään ketjupolttaja tai mitään sellaista. Olen vain vähän hermostunut, niin sanotusti seurustelupolttaja. Haittaako, jos laitan vähän musiikkia?"

Radio oli jo viritetty Oldies-asemalle.

"Rakastan vanhoja hittejä. Ne auttavat kuluttamaan aikaa, kun on jumissa ruuhkassa. Millaista musiikkia kuuntelet kotona?"

"Kuuntelen kaikkea Black Sabbathista Tony Bennettiin ja Robbie Williamsiin", Lance kertoi.

"Sepä on monipuolinen kokoelma! Minä olen samanlainen, pidän mistä tahansa, jossa on tarttuva kertosäe, The Beatlesista, U2:sta, jos musiikki on hyvää, niin olen mukana."

Lance piti Mirandasta heti. Hänestä Mirandalla oli söpö kasvojenpiirteet. Hän piti Mirandan naurusta, hänen itsevarmuudestaan ja tyylitajustaan. Ainoa asia, josta hän ei pitänyt Mirandassa, oli tämän tupakointi, mutta ilta oli vielä nuori. Hän oli varma, että löytäisi Mirandasta jotain vikaa ennemmin tai myöhemmin.

Kun he olivat puhuneet musiikista, autossa oli hiljaista. Lance toivoi, ettei Miranda olisi tupakoitsija. Hän toivoi myös, että Miranda *sanoisi jotain*, mitä tahansa, koska hiljaisuus oli hermoja raastavaa.

Lance ei ollut käynyt treffeillä kuukausiin. Hän työskenteli ympäri vuorokauden kiinteistövälitysfirmassa – sosiaalinen elämä ei ollut etusijalla. Ainoat naiset, joita hän tapasi, olivat asiakkaita, lukuun ottamatta kahta hänen alaisenaan työskentelevää naista. Molemmat olivat liian riskialttiita, joten hän ei vaivautunut.

Sitten Janice kertoi hänelle Mirandasta ja toisteli asiaa, kunnes hän lopulta suostui. Hän oli huolissaan, että Miranda saattaisi olla *dawg,* mutta hän ei ollut sitä lainkaan. Hän oli huolissaan myös rahanhimoisista naisista, koska viime vuonna hän tienasi yli kuusinumeroisen summan.

Viimein he saapuivat ravintolalle ja alkoi sataa. Lance jätti Mirandan oven eteen, jotta hän ei kastuisi, ja pysäköi autonsa. Hän ei antanut kenenkään muun ajaa autoaan, etenkään pysäköintialueiden työntekijöiden.

Hän näki Mirandan portailla tupakoimassa.

Miranda yritti ottaa muutaman henkäyksen, jotta savuke kestäisi, kun Lance lähestyi häntä. Hän tumpkasi savukkeen ja he menivät sisälle.

Muut vieraat olivat jo saapuneet: Janice ja hänen miehensä Frank (he olivat vastanaineita ja siksi Janice halusi kaikkien muidenkin kokevan avio-onnea), Sandy ja Harrison (Miranda oli tavannut heidät kerran joulujuhlissa, Lance tunsi heidät hyvin) sekä Diane ja Larry, työpaikan pariskunta. Kun Miranda ja Lance lähestyivät pöytää, muut nousivat kaikki ylös ja toivottivat uudet tulokkaat lämpimästi tervetulleiksi.

Lance veti tuolin Mirandalle ja odotti, että kaikki naiset olivat istuneet, ennen kuin hän istui itse. Miehillä ei ollut tapana toimia näin.

"Kaksi pulloa Dom Perignonia", Lance sanoi tarjoilijalle. Miranda tiesi, kuinka kallista Dom Perignon oli. Itse asiassa hän ei ollut koskaan maistanut sitä aiemmin. Kun lasit oli täytetty, nostettiin malja.

"Lancelle ja Mirandalle, olkoon tämä ensimmäinen monista treffeistä!" Janice sanoi.

Miranda punastui. Niin punastui Lancekin. He kaikki kilistivät lasejaan.

Miranda ja Lance eivät nähneet sitä, mitä muut näkivät. He *näyttivät* juuri toisilleen sopivilta. He olivat vastakohtia toisilleen – Lance syvän sinisine silmineen ja vaaleine hiuksineen, Miranda syvän vihreine silmineen ja punaisine hiuksineen. Samalla heidän tummat pukunsa täydensivät toisiaan. Se oli taivaassa tehty pari – jospa vain he voisivat saada heidät molemmat uskomaan niin.

Keskustelu oli ensiluokkaista. Seurue oli korkeatasoinen. Mirandalla oli loistava ilta. Hän joi samppanjaa ja nauroi. Hän oli kiinnostunut Lancesta. Lance oli hyvin varautunut ja hiljainen, mutta silti maailmaa nähnyt ja laaja-alainen. Aina kun joku ei tiennyt jotain, Lance tiesi. Jos he eivät muistaneet jotain, Lance muisti. Hän oli kuin monitaituri. Miranda ajatteli, että Lance voisi tienata omaisuuden *Jeopardy!*-visailussa.

Lance vietti uskomatonta aikaa. Hän halusi Mirandan osallistuvan enemmän. Tällä hetkellä Miranda näytti istuvan ja ottavan kaiken vastaan. Lance mietti, oliko Miranda ujo. Hän ajatteli, että voisi auttaa, jos hän ottaisi esille aiheen, josta Miranda tiesi jotain, mitä kukaan muu ei tiennyt. Hän yritti muistaa, mitä sisarensa oli kertonut Mirandasta.

Hän muisti Mirandan sanoneen jotain Australiasta. Lance oli kiehtonut Outbackista. Hän päätti kysyä Mirandalta siitä.

"Ymmärsin, että kävit Australiassa viime vuonna. Mitä mieltä olit australialaisista miehistä?"

Lance näki Mirandan ilmeen synkistyvän. Hän ei tiennyt, mitä oli sanonut Mirandan järkyttääkseen, mutta tiesi sanoneensa jotain väärää. Miranda pyysi anteeksi ja juoksi ulos huoneesta.

"Mikä hätänä?" Lance sanoi. Hän juoksi Mirandan perään.

Miranda seisoi sateessa. Kyyneleet valuivat hänen poskilleen. Hän vapisi.

Lance riisui takkinsa ja laittoi sen Mirandan olkapäille. Hän piti Mirandasta kiinni. Hän ei tiennyt miksi, mutta tiesi, että Miranda oli eksynyt jonnekin, ja halusi vain suojella häntä siltä, mikä tahansa aiheutti Mirandalle tuskaa. Miranda piti kiinni Lancesta kuin hän olisi pelastusrengas.

"Vien sinut kotiin."

Matka oli pitkä, ja ainoa ääni oli tuulilasinpyyhkimien suhina lasia vasten.

"Oli kiva tavata", Lance sanoi, kun Miranda nousi autosta. Hän luuli kuulleensa Mirandan sanovan "kiitos", mutta ei ollut varma.

Hän ajoi takaisin ravintolaan.

"Vein Mirandan kotiin. En tajua. Miksi hän pakeni?"

"Sinä suututit hänet, senkin ääliö, kun mainitsit australialaisista miehistä", Janice sanoi.

"Miten?"

"Muistatko, kun kerroin sinulle ystävästäni, joka meni Australiaan, tapasi miehen, rakastui ja sitten mies kuoli yliajon uhrina?"

"Kyllä, mitä siitä?"

"Se tyttö oli Miranda."

"Voi, olen niin pahoillani. Tunnen itseni täydelliseksi ääliöksi, vaikka yritin vain ottaa hänet mukaan keskusteluun. Pidän hänestä todella paljon."

"Älä kerro sitä meille, kerro se hänelle", Janice sanoi.

Haluan nähdä hänet uudelleen, mutta hän luultavasti pitää minua tunteettomana ääliönä. On pakko olla jokin keino. Jos sellainen on, aion löytää sen.

Luku 18

MIRANDA KAATOI ITSELLEEN LASILLISEN puhdasta viskiä ja kumosi sen kerralla. Kun polttava tunne kurkussa oli laantunut, hän tunsi rauhoittavan vaikutuksen leviävän ylleen. Hän kaatoi toisen tuplalasillisen ja lisäsi tällä kertaa hieman jäitä. Matkalla kylpyhuoneeseen hän siemaisi juomaa samalla kun riisui märät vaatteensa ja hyppäsi suihkuun.

Vesi tuntui hyvältä, kun se osui hänen ihoonsa. Hän avasi hanan täysille, jotta vesi olisi niin kuumaa kuin hän vain kesti. Se toi mieleen muistot suihkusta, jonka hän oli ottanut raiskauksen jälkeen. Hän seisoi siellä kolmekymmentä minuuttia, nyyhkyttäen, itkien ja huutaen ja toivoen tyhjyyden katoavan.

Kukaan ei ollut pitänyt häntä sylissä Benin jälkeen. Kukaan ei puhunut hänelle Benistä. Yhtäkkiä hän oli ainoa, mitä hän pystyi ajattelemaan. Hän huusi Benin nimeä. Hän tiesi, ettei Ben olisi koskaan hänen tukenaan. Hän tarvitsi jonkun elämäänsä. Hän ei voinut jatkaa näin, kuin leskeksi jäänyt morsian, vaikka hänellä ei ollut koskaan ollut häitä tai häämatkaa. Eikö hän ansainnut vähän onnea elämäänsä? Hän ajatteli Lancea. Hän oli käyttäytynyt kuin täydellinen idiootti.

Se oli samppanja. Se kirottu samppanja! Hän tarttui viskilasiin. Se oli täynnä kondenssivettä. Hän joi sen yhdellä kulauksella ja antoi kuuman veden juosta, joten kylpyhuone oli kuin höyrysauna. Hän astui ulos suihkusta ja kietoi pyyhkeen ympärilleen. Hän istui wc-istuimelle, päänsä käsissään, ja itki vielä vähän. Hän oli onnellinen, että vanhempansa eivät olleet kotona kuulemassa hänen itkuaan. Hän rakasti työtään, mutta se ei riittänyt. Hän halusi enemmän. Hänen elämänsä tuntui vain ajelehtivan eteenpäin, viemättä häntä minnekään. Hänellä oli niin paljon annettavaa, mutta hän ei tiennyt, miten saada sitä, miten pyytää sitä.

Lance oli äärimmäisen suloinen häntä kohtaan. Hän nautti olla Lancen syleilyssä ja tuntea tämän rinnan nousevan ja laskevan, kun hän itki siihen. Hän häpesi itseään ja ajatteli, että Lance oli luultavasti päässyt hänestä eroon.

Lance oli nuori, hän näytti hyvältä ja oli erittäin älykäs. Lisäksi hänellä oli upouusi BMW. Jotkut tytöt tappaisivat sellaisen miehen vuoksi. Miranda oli kerran ajatellut, että ensivaikutelma oli kaikkein tärkein. Nyt hän tajusi, että se ei merkinnyt mitään.

Lance ei ollut nörtti, hän oli suloinen. Hän oli vähän kuin Ben.

Miranda istui suorassa. Hän siirtyi peilin ääreen ja katsoi itseään.

Ben pitäisi Lancesta. Lance pitäisi Benistä.

Katsellessaan peilikuvaansa hän teki pari elämänmuuttavaa päätöstä. Ensimmäinen päätös oli lopettaa tupakointi kertaheitolla. Toinen päätös oli liittyä kuntosalille, heti. Kolmas päätös oli pyytää Janicelta Lancen puhelinnumeroa.

LUKU 19

CHERYL KOTIELÄMÄ NÄYTTI SUJUVAN varsin sujuvasti. Kaikki auttoivat ja tekivät osansa tasapuolisesti; niin hyvin, että Cheryl päätti tehdä jotain erityistä Craigille ja Evelynille.

Hän oli säästänyt rahaa ja suunnitellut salaa. Se oli suuri salaisuus, sillä hän oli suunnitellut pitkän viikonloppumatkan heille kaikille kolmelle. Hän varasi liput huvipuisto Floridassa. Hän oli niin innoissaan suunnitelmista, että hän tuskin pystyi pidättelemään itseään kertomasta heille, mutta hän odotti torstaihin ennen pitkää viikonloppua ja huusi *YLLÄTYS!* ja ojensi jokaiselle heidän lippunsa.

Craig oli innoissaan, mutta hänellä oli lauantaina baseball-ottelun avauskokoonpanossa, joten hänen piti neuvotella valmentajan kanssa päästäkseen pois pelistä. Lopulta valmentaja suhtautui asiaan hyvin sanoen: "Kuinka usein saat tilaisuuden lähteä sellaiselle matkalle, jossa kaikki kulut maksetaan? Mene, pidä hauskaa. Me pidämme linnaketta. Sitä paitsi pelaamme vain Northwesternia vastaan. Ei hätää!"

Evelynin oli sovittu treffit, mutta hän onnistui perumaan ne ja varaamaan uuden ajan seuraavalle perjantaiksi.

Jännitys heidän kotonaan oli sähköistä, kun he kaikki pakkasivat laukkunsa ja valmistautuivat lähtemään lentokentälle. Cheryl pyysi Mirandaa käymään talossa ja varmistamaan, että kasveista ja kaloista huolehditaan. Miranda kysyi, voisiko hän huolehtia talosta. Molemmat pitivät tätä täydellisenä ratkaisuna.

Cheryl oli enemmän kuin iloinen siitä, että Miranda jäi hänen luokseen talonvahtiksi. Nyt hänellä ei olisi mitään huolia. Hän tiesi, että Miranda oli juuri lopettanut tupakoinnin, ja toivoi, ettei yksinolo talossa olisi liian suuri kiusaus.

Ennen lähtöään hän halasi Mirandaa ja sanoi: "Tiedät kai, että meillä ei tupakoida talossa."

"Tiedän, tiedän, äiti."

Miranda oli ollut tupakoimatta jo melkein viikon ja aikoi jatkaa samaa rataa. Tietenkin hän oli löytänyt uuden intohimon – SUKLAAN – ja sitä hänellä olisi runsaasti käsillä. Erityisesti niitä suklaalla päällystettyjä savukkeita.

Lento itsessään oli lyhyt, mutta Craig ja Evelyn se oli uutuus, sillä he eivät olleet koskaan ennen lentäneet.

"Äiti olisi rakastanut huvipuisto", Craig sanoi.

"Kyllä, se on hienoa, Cheryl, mutta samalla minusta tuntuu vähän syylliseltä, että meillä on hauskaa. Ei siitä ole kovin kauan."

"Äiti ei haluaisi sitä. Hän on täällä kanssamme, ja niin on isäkin – joten nautitaan elämästämme. Sitä he haluaisivat meidän tekevän!"

He nousivat koneesta ja suuntasivat suoraan Budget-Rent-a-Carille, josta vuokrasivat suuren Fordin. Heillä ei ollut mukanaan juuri muuta kuin käsimatkatavarat, koska he olivat Floridassa vain viikonlopun. Kevyt matkatavara oli yksi asia, jonka Cheryl oli oppinut matkustaessaan Australiaan. Mitä ikinä he tarvitsivatkin, hän ostaisi sen.

He ajoivat Tampan läpi, ihailivat maisemia ja pysähtyivät jopa katsomaan rantaa. Oli viileä päivä, tuuli puhalteli, ja he kaikki värisivät seisoessaan siellä katsomassa aaltoja. He palasivat autoon ja lähtivät kohti Orlandoa, jonne saapuivat myöhään illalla.

He olivat kaikki nälkäisiä, joten he tilasivat huonepalvelun ja päättivät mennä aikaisin nukkumaan. He olisivat hyvin levänneitä huomista suurta päivää varten, jolloin he lähtisivät Disney Worldiin. Hiltonissa oli tarjolla runsas buffetaamiainen, jonka he saattoivat nauttia ensin, ja sen jälkeen bussikuljetus vei heidät suoraan Disney Worldiin. Tämä oli vielä parempi, koska heidän ei tarvinnut huolehtia pysäköinnistä. Craig ja Evelyn nukahtivat heti.

Cheryl vietti yön katsellen ulos ikkunasta ja ajattelemalla äitiään ja isäänsä. Hän tunsi myös syyllisyyttä siitä, että hän piti hauskaa ilman heitä – mutta hän ei missään nimessä aikonut kertoa siitä veljelleen ja sisarelleen.

LUKU 20

MIRANDA SAI YLLÄTTÄVÄN KUTSUN Lancelta. Hän halusi aloittaa alusta ja mennä heidän ensimmäiselle treffilleen. Miranda oli todella iloinen, kun Lance soitti, sillä hän oli juuri aikeissa soittaa Lancelle itse.

Tällä kertaa, kun hän avasi etuoven, hän jäi suu auki. Ilman silmälasejaan Lance näytti komealta – vähän kuin Ryan O'Neil elokuvassa Mitä kuuluu, Doc?

"Vau, Lance, pidän piilolinsseistäsi."

"Kiitos, Miranda. Ja ennen kuin lähdemme, haluan vain sanoa, kuinka pahoillani olen siitä, että mokasin."

"Milloin? En usko, että olemme tavanneet aiemmin. Muistathan, että tämä on ensimmäinen treffimme? No, miten menee, Lance?"

He nauroivat kävellessään kohti autoa.

Mirandan ja Lancen puhelinkeskustelu kesti reilusti yli tunnin. Heillä oli enemmän yhteistä kuin olivat luulleet. Molemmat rakastivat runoutta ja kirjallisuutta. He olivat nauttineet muutamasta samasta kirjasta. He rakastivat vanhoja elokuvia. Molemmat pelasivat tennistä – vaikka Miranda ei ollut koskenut mailaan vuosiin. Lance kutsui hänet liittymään joukkoon kollegoitaan, jotka pelasivat joka viikonloppu.

"Näytät ihanalta", Lance sanoi. "Aioin sanoa sen jo aiemmin, mutta hämmennyin, kun mainitsit piilolinssit."

"Kiitos, sir", Miranda sanoi.

Hän huomasi Mirandan hajuveden ensimmäistä kertaa, kun sulki auton oven. Aiemmin hän oli haistanut vain tupakkaa, ja se oli melkein kaatanut hänet jaloiltaan. Nyt hän ei havainnut siitä hajuakaan.

"Olen lopettanut tupakoinnin", Miranda tunnusti. "Lopetin kertaheitolla ja olen ollut tupakoimaton nyt melkein kolme viikkoa."

"Onnittelut!"

Lance oli ylpeä Mirandasta tämän aloitteen vuoksi ja sanoi sen ääneen. Hänestä tuntui, että jotain oli hieman erilaista, ehkä Miranda oli lihonut pari kiloa, mutta hän ei halunnut sanoa sitä ääneen. Miranda näytti erittäin terveeltä. Miranda oli sellainen tyttö, joka kesti helposti muutaman ylimääräisen kilon. Itse asiassa se teki hänestä kurvikkaamman ja seksikkäämmän. Erityisesti Lancelle, koska hän ei ollut lainkaan kiinnostunut niistä laihista, anorektisista malleista, joita media yrittää syöttää miehille päivittäin. Tytöt hänen toimistossaan olivat nielleet sen koukku, siima ja paino ja näyttivät kaikki samalta. Jotkut heistä olivat kuin käveleviä tulitikkuja, joiden päällä oli valtavat rinnat, ja hän mietti usein, miten ne pysyivät pystyssä. Lance nauroi ääneen.

"Mitä mietit?"

Lance ei kertonut, mitä ajatteli. Hän ei tuntenut naista tarpeeksi hyvin. Vielä.

He saapuivat elokuvateatterille, katselivat elokuvavalikoimaa ja päättivät mennä katsomaan komediaa, Woody Allenin uusinta elokuvaa *Anything Else*. Molemmat olivat nauttineet hänen aiemmista elokuvistaan ja olivat sillä tuulella, että halusivat nähdä juuri hänen tyylistä huumoria. Kaksi tuntia kului nopeasti; he nauttivat elokuvan jokaisesta minuutista ja suuntasivat sitten kadulle syömään pizzaa ja juomaan lasillisen viiniä.

He juttelivat kävellessään, ja keskustelulla ei näyttänyt olevan loppua tänä iltana. Kiusallisuutta ei enää ollut. Puhelimessa puhuminen näytti lieventäneen sitä uutuuden tunnetta, ja heidän suhteensa oli siirtynyt uudelle tasolle.

Lancella ei ollut paljon ystäviä; hän ei ollut koskaan ollut kenenkään kanssa läheinen kasvaessaan. Hänellä oli kerran ollut paras ystävä, joka muutti pois ja johon hän menetti yhteyden, muuten hän oli melko yksinäinen. Hänen siskonsa Janice yritti aina järjestää hänelle treffejä, saada hänet ulos ja esitellä hänet ystävilleen, ja usein hän ajatteli, että tämä oli ihan hyvä, mutta tällä kertaa hän tunsi, että Mirandan kaltainen ystävä oli juuri sitä, mitä hän tarvitsi. Hän tiesi syvällä sisimmässään, että hän halusi enemmän kuin ystävän, hän halusi luottamushenkilön, rakastajan, vaimon, mutta ennen kaikkea hän halusi heidän olevan ystäviä, ja he olivat jo sitä.

Miranda puhui ja puhui siitä, millaista oli asua taas vanhempiensa luona, ja Lance vain katseli häntä. Hän oli niin eloisa puhuja, että Lance ei voinut irrottaa katsettaan hänestä. Hän osti pullon viiniä, maistoi sitä tarjoilijalle ja sitten he skoolasivat illanviettoaan, molemmat sanoen, että heillä oli ollut ihanaa ja että heidän täytyi tavata uudelleen ja pian. He sopivat treffit seuraavalle perjantaiksi ja päättivät tavata lauantaiaamuna tennismatsiin. Lance sanoi hankkivansa kaksi muuta pelaajaa mukaan eikä näyttänyt välittävän siitä, että Miranda ei ollut koskenut mailaan aikoihin. Hän oli tyytyväinen, että Mirandalla oli oma maila. Oli hyvä merkki, että Miranda halusi pelata, mutta hänellä ei vain ollut ketään, kenen kanssa pelata. Heidän piti pelata aikaisin aamulla, kello 7, koska Lancella oli aamupäivällä avointen ovien tilaisuus.

He eivät suudelleet, kun he erosivat.

"Nähdään perjantaina", Lance sanoi, "soitan sinulle ja kerron yksityiskohdat."

"Odotan innolla, puhutaan pian!"

LUKU 21

TERRI HERÄSI JA KATSELI ympärilleen huoneessaan. Hän oli tuntenut olonsa niin onnelliseksi viimeisten parin viikon aikana, ettei voinut uskoa pääsevänsä kotiin viikonloppuna. Vain kahden päivän kuluttua Terri matka olisi ohi, ja hänen olisi palattava kotiin yksin.

Amadeo ehdotti, että he karkaisivat naimisiin, mutta Terrillä oli vain matkaviisumi. Amadeo ei ollut Italian kansalainen, joten karkaus ei ratkaisisi heidän ongelmaansa. Heidän olisi silti pakko olla erossa toisistaan.

Terri itki ajatellessaan heidän eroa, ja Amadeo kuuli hänen nyyhkytyksensä kulkiessaan hänen ovensa ohi.

"Oletko kunnossa, rakkaani?"

Terri itki entistä enemmän. Amadeo meni hänen huoneeseensa ja lohdutti häntä.

He halusivat kuulua toisilleen, mutta se tuntui mahdottomalta.

LUKU 22

CHERYL, CRAIG JA EVELYN syöksyivät runsaan aamiaisbuffetin kimppuun ja maistelivat vähän kaikkea tarjolla ollutta. He söivät pannukakkuja kuumalla vaahterasiirapilla, pekonia, munia, muroja, ranskalaisia leipiä, kahvia, appelsiinimehua ja paahtoleipää, ja kun he olivat käyneet buffetissa jo toisen kerran, olivat kaikki valmiita lähtemään huvipuisto. He ehtivät juuri ajoissa kello 10 lähtevään bussiin, näyttivät päivälippunsa ja matka alkoi. Matka oli lyhyt, mikä oli onni, sillä Craig ja Evelyn tuskin pystyivät hillitsemään innostustaan. Pian he olivat liittyneet jonoon odottamaan puiston avaamista ja pääsyä sisään pääportista. He eivät nähneet paljoakaan sisäänkäynnin takaa, ja jännitys alkoi käydä heille hermoille, mutta ei kestänyt kauan, kun he olivat jonon kärjessä ja kävelivät rauhassa ympäri puistoa.

He päättivät kierrellä ympäriinsä ja antaa aamiaisen laskeutua samalla kun tarkistivat laitteet, joihin halusivat mennä ensimmäiseksi. Jonot olivat pitkiä. Syömänsä ruoan määrän vuoksi pisin odotus olisi paras valinta.

Mikki ja Minni Hiiri tulivat paikalle, ja he ottivat kuvia heidän kanssaan. Mikki flirttaili armottomasti Evelynin kanssa, kunnes Minni ajoi hänet pois. Jopa hiiret pitivät Evelynia upeana.

Kello 21 mennessä he olivat käyneet kaikissa laitteissa, nähneet kaikki näyttelyt ja heidän jalkansa olivat kipeät.

"En jaksa enää askeltakaan", Craig sanoi. "Nukun puistonpenkillä, jos löydän sellaisen."

"Seuraava bussi lähtee vasta kello 22", Cheryl sanoi.

"Katso, ilotulitus alkaa! Istutaan tähän ja katsotaan. Se auttaa kuluttamaan aikaa", Evelyn ehdotti.

"Hyvä idea", sanoivat Cheryl ja Craig.

He ihastelivat ja huokailivat, kun ilotulitus valaisi taivaan.

"Täydellinen lopetus täydelliselle päivälle", sanoi Cheryl ja halasi Evelynia vasemmalla kädellään ja Craigia oikealla kädellään, kun he kaikki katselivat ilotulitusta, joka nousi ylös, yli ja ympäri Cinderellan linnan.

Huomenna he menisivät Universal Studiosiin, ja siitä tulisi jälleen uuvuttava päivä, mutta se toi heidät kolme lähemmäksi toisiaan kuin koskaan ennen. Cheryl rakasti nähdä veljensä ja sisarensa niin onnellisina. He eivät olleet nauraneet näin paljon aikoihin.

Viimein bussi saapui. Kun he palasivat hotellille, he olivat niin uupuneita, että nukahtivat heti – vaatteet päällä.

LUKU 23

LAUANTAIAAMU KOITTI PIAN. SE oli päivä, jolloin Terri oli määrä lähteä Roomasta.

Hän vilkaisi kelloa; se oli kahdeksan aamulla, ja hän tiesi, että hänen piti olla lentokentällä vajaan kahden tunnin kuluttua. Hän ei halunnut nousta sängystä. Hän veti peiton päänsä yli toivoen, että päivä vain katoaisi. Toivoen voivansa kääntää ajan kulun taaksepäin, mutta se ei ollut mahdollista. Kun hän kurkisti peiton alta, kellon viisarit olivat edenneet muutaman hetken, ja hän kuuli Amadeon askeleet käytävällä.

"Herää, rakas", hän sanoi. "Meidän on kiirehdittävä, jotta ehdimme lennollesi ajoissa."

Terri ei ollut lainkaan iloinen Amadeon iloisesta äänestä. Hän odotti Amadeon tuntevan samoin kuin hän, että hänen sydämensä repäistään irti, kun he eroavat, mutta ilmeisesti Amadeo ei tuntenut niin. Terri laski jalkansa lattialle ja suuntasi kohti kylpyhuonetta.

Amadeo oli jo suihkussa, joten Terri meni keittiöön, kaatoi itselleen kupin kuumaa kahvia, mustaa ilman sokeria, ja joi sen nopeasti. Hän piti siitä polttavasta tunteesta, kun kahvi valui kurkusta alas. Se muistutti häntä siitä, että hän oli yhä elossa ja kunnossa. Hän joi toisen kupillisen, mutta tällä kertaa lisäsi siihen kaksi täyttä lusikallista sokeria. Hän tunsi tarvitsevansa sitä selviytyäkseen tästä päivästä. Silti hän ajatteli, että Amadeolle ei ehkä olisi niin vaikeaa nähdä hänen kävelevän noiden porttien läpi, ja tämä sai hänet tuntemaan itsensä melko vihaiseksi ja pettyneeksi.

Terri tiesi, että Amadeolla oli oma elämänsä Roomassa, elämä, joka oli alkanut kauan ennen kuin hän tuli kuvioihin. Amadeo rakasti elämäänsä, ja hän rakasti Roomaa. Hän mietti, kumpaa hän rakasti enemmän. Hän syleili itseään, kaatoi itselleen kulhollisen muroja ja istui niitä mutustellen.

Ajattele, ajattele! En halua jättää häntä. Mutta mitä voin tehdä?

Terri oli aina huomannut, että mutustelu auttoi häntä ajattelemaan, mutta vastauksia ei tullut. Vain epäilyksiä. Hän mietti, oliko heidän yhteinen päätöksensä odottaa avioliittoon asti huono suunnitelma hänen osaltaan. Loppujen lopuksi Amadeo ei ollut neitsyt. Ehkä odottaminen oli vaikeaa. Entä jos Amadeo tunsi tarvetta harhailla? Hän mietti, yrittäisikö hän vielä kerran saada Amadeon muuttamaan mieltään, mutta Amadeo näytti olevan sitoutuneempi siihen, että Terri pysyisi neitsyenä hääyöhön asti, kuin Terri itse.

Terri huomasi, että Amadeo lauloi suihkussa. Hän nauroi kuunnellessaan sulhasensa päivittäistä imitaatiota Luciano Pavarottista. Hän kaatoi itselleen toisen kupin kahvia ja vei sen makuuhuoneeseen, jossa hän pakkasi loput tavaransa.

Amadeo toivoi, että Terri kuulisi hänen laulavan suihkussa. Hän halusi saada Terri uskomaan, että tämä päivä oli aivan kuten mikä tahansa muu päivä. Mutta se ei ollut. Ei lainkaan. Hän halusi kertoa sen hänelle. Hän tiesi, että Terri tulisi olemaan surullinen, kun he joutuivat eroon toisistaan, mutta hän toipuisi siitä.

Amadeo rakasti suunnitella asioita, ja hän oli uskomattoman hyvä pitämään salaisuuksia. Hän oli juoninut jo päiväkausia ja haaveillut yllättävänsä Terri. Ja tänään Terri saisi elämänsä yllätyksen! Amadeon piti varmistaa, ettei hän paljastanut mitään. Hän toivoi, ettei Terri pitäisi häntä liian iloisena, mutta itse asiassa hän oli äärimmäisen onnellinen. Onnellisempi kuin koskaan aiemmin elämässään.

Terri katseli Amadeon asuntoa viimeisen kerran, kun tämä kantoi hänen laukkunsa ovelle ja he valmistautuivat lähtemään. Amadeo heitti laukut autonsa takakonttiin, ja he lähtivät matkaan.

Terri katsoi ulos ikkunasta yrittäen ottaa kaiken sisäänsä, painaa mieleensä jokaisen pienen yksityiskohdan näkemästään. Hän tunsi yhtäkkiä, kuin häntä ajettaisiin maailman ääriin. Kyyneleet valuivat hänen poskiaan, kun hän tukahdutti itkunsa.

"Terri, kaikki tulee olemaan hyvin. Luota minuun."

"Hyvin? Hyvin? Kuinka kaikki voi olla hyvin, kun muutaman minuutin kuluttua meidät erotetaan toisistamme, emmekä tiedä milloin näemme toisemme uudelleen?"

Amadeo ei sanonut mitään. Jos hän alkaisi puhua, hän paljastaisi kaiken ja se pilaisi Terri yllätyksen. Oli ehdottomasti tärkeää pitää hänet toistaiseksi pimennossa.

Odota vielä muutama minuutti, rakas, Amadeo ajatteli, *ja kaikki paljastuu.*

Lentoasemalla Amadeo etsi parkkipaikkaa. Hän ei löytänyt yhtään.

"Minun on parempi jättää sinut tänne, sinun täytyy tehdä lähtöselvitys ja kaikki."

"Mutta entä jos et löydä minua?"

"Etkö minä löytäisi sinua. Tietenkin löydän. Luota minuun."

Terri paiskasi oven kiinni. Hän ei ollut tyytyväinen, ja tuntui hyvältä päästää osa tuntemastaan vihasta pintaan. Hän katseli Alfa Romeota, kunnes se kääntyi kulman taakse, ja otti sitten matkatavaransa ja meni sisälle.

Odotan häntä täällä muutaman minuutin. Meillä on vielä aikaa.

"Viimeinen kutsu lennolle 222 Torontoon."

Emme edes sanoneet hyvästit.

Hän kirjautti matkatavaransa ja käveli turvatarkastuksen läpi. Lentoemännät ohjasivat hänet koneeseen, ja hän etsi istumapaikkaansa toivoen näkevänsä Amadeon vielä viimeisen kerran, kun kone nousi ilmaan.

E Ehkä, vain ehkä Amadeo ei tunne samoin kuin minä. Entä jos hän on iloinen, kun pääsee eroon minusta? Hän ei ainakaan näyttänyt kovin surulliselta tänä aamuna. Mutta toisaalta, miehet osaavat piilottaa tunteensa helpommin kuin me tytöt... Mutta ei Amadeo, hän on aina ollut niin avoin minulle. Siksi rakastan häntä niin paljon.

Hetken kuluttua Amadeo nousi koneeseen. Terri juoksi hänen luokseen.

"Luulin, ettemme ehtisi sanoa hyvästit."

"Ei tämä ole hyvästit."

"Anteeksi neiti, näyttää siltä, että istutte väärällä paikalla. Paikkanne on täällä", lentoemäntä sanoi.

"Mutta minun täytyy sanoa hyvästit kihlatulleni."

"Valitan, lähdemme muutaman minuutin kuluttua, ja kaikkien on istuttava paikoilleen välittömästi."

"Okei, okei", Terri sanoi. "Odota minua, Amadeo, palaan muutaman minuutin kuluttua."

" "Pelkäänpä, että se ei ole mahdollista, neiti. Suljemme ovet nyt, ottakaa laukkunne."

Terri itki kulkiessaan käytävää pitkin. Matkustajat kysyivät, onko hän kunnossa. He tuijottivat häntä. Hän halusi käpertyä kokoon ja kuolla. Kun hän palasi ensimmäiseen luokkaan, Amadeo oli poissa.

"Ei kai teitä haittaa istua tämän herran vieressä?" lentoemäntä kysyi.

"Amadeo!" Hän tarttui häntä kaulasta, halasi häntä, suuteli häntä ja sitten yhtäkkiä hän tajusi, mitä Amadeo oli juuri saanut hänet kokemaan. "Senkin roisto! Olet vedättänyt minua koko päivän!"

"Anteeksi, rakas, usko minua, halusin kertoa sinulle jo siellä, mutta olin järjestänyt kaiken. Niin moni oli mukana tässä pienessä yllätyksessäsi. Toivottavasti se oli sen arvoista."

"Oli, mutta olet minulle ison velkaa! Kerro, kuinka kauan aiot olla Torontossa?"

"Ikuisesti. Otan sieltä töitä. Myin asuntoni ja autoni."

"Myitkö Alfa Romeosi?"

"Kyllä, ystäväni haki sen lentokentältä. Hän oli katsellut sitä jo jonkin aikaa eikä ollut varaa uuteen. Tein hänelle hyvän kaupan."

"Mutta sinähän rakastit sitä autoa."

"Voin ostaa uuden auton, mutta en koskaan löydä toista Terriä."

He käpertyivät toisiinsa ja joivat samppanjaa. Tämä oli ensimmäinen monista yllätyksistä, joita Amadeo oli varannut morsiamelleen.

LUKU 24

CHERYL, CRAIG JA EVELYN viettivät todella hauskaa Universal Studiosissa. Aluksi he epäröivät lähteä, sillä he ajattelivat, ettei mikään voisi ylittää edellisenä päivänä huvipuisto koettua seikkailua, mutta Universal Studiosilla oli todellakin paljon tarjottavaa.

Sunnuntaina he päättivät käydä ostoksilla kuuluisissa Orlando tehdasmyymälät -myymälöissä. Evelyn nappasi itselleen kaksi paria Ralph Lauren -farkkuja alle 50 dollarilla. Craig onnistui löytämään itselleen parin Nike-kuntokenkiä, joita hän oli halunnut ostaa jo kauan, mutta joihin hänellä ei ollut varaa. Cheryl hemmotteli itseään söpöllä kaksiosaisella puvulla ja siihen sopivalla kenkäparilla. Hän esitteli uutta asuaan sisaruksilleen, jotka taputtivat ja vihelsivät, mikä nolotti Cherylia suuresti. Hän otti kaiken kuitenkin rennosti ja pyörähteli jopa muutaman kierroksen matolla.

He vilkuttivat hyvästit Orlandolle ja ajoivat takaisin Tampaan ehtiäkseen kotilennolleen. He olivat kaikki niin rentoja. Mikä upea viikonloppu.

Siitä huolimatta Craig ja Evelyn olivat innokkaita pääsemään kotiin ja kertomaan ystävilleen upeasta siskostaan ja mahtavasta viikonlopustaan. Evelyn oli ensimmäinen kotona ja ensimmäinen puhelimessa. Hänen poikaystävänsä Mike oli jättänyt viisi viestiä puhelimeen hänen poissa ollessaan.

"Ah, nuoruuden rakkaus", Cheryl sanoi taputtaen sisartaan päähän.

"Sinun pitäisi todella kokeilla sitä joskus, sisko."

"Viisastelija!"

Jospa Evelyn vain tietäisi, kuinka paljon Cheryl halusi kokeilla sitä. Hänen nuoremman sisarensa ovella jonotti miehiä. Mirandalla oli uusi *ystävä* Lance. Cheryl nauroi, kun hän sanoi sanan ystävä. Hän tiesi, että kyseessä oli enemmän kuin kumpikaan heistä halusi myöntää. Sitten olivat Amadeo ja Terri, jotka olivat korviaan myöten rakastuneita.

Terri saapuu kotiin tänä iltana. En malta odottaa, että saan kuulla kaiken Roomasta ja Amadeosta. Meillä on jo kauan ollut tyttöjen illanvietto.

Cheryl päätti kokeilla uusia asioita piristääkseen elämäänsä. Hän oli aikoinaan erinomainen taidemaalari lukiossa. Se oli lahjakkuus, jota hän halusi harjoittaa ammatillisesti, mutta se tuntui turhalta isänsä kuoleman jälkeen. Isä oli hänen suurin tukijansa.

Sitä aion tehdä. Aion ilmoittautua maalauskurssille. Minun täytyy kaivaa esiin maalaustelineeni ja siveltimeni. Minun täytyy löytää itseni uudelleen. Löytää uudelleen ne asiat, jotka kerran toivat minulle vahvan yhteyden sisäiseen minääni.

LUKU 25

MIRANDA OLI MATKALLA TOIMISTOLLE, kiiruhtamassa kuten aina ja toivoen, ettei hän myöhästyisi. Hän treenasi joka aamu ennen töitä yrityksen kuntosalilla, mutta tänä aamuna hänellä oli aikainen kokous, eikä hän ollut varma, ehtiikö hän sinne. Kun hän aloitti treenaamisen, hän puhalteli loppupäivän. Nyt hän oli löytänyt rytminsä, ja kaikki huomasivat ja kehusivat hänen uutta ulkonäköään.

"Miranda", herra Mandelbaum kysyi, "kutsuin sinut tänne tänä aamuna auttamaan minua ongelmassa, joka huolestuttaa minua suuresti."

"Miten voin auttaa?"

"Kun lopetit tupakoinnin kertaheitolla, työtoverisi ihailivat päättäväisyyttäsi, ja sinä inspiroit heitä. Haluaisin antaa sinulle tehtävän, jossa voisit auttaa muita työntekijöitä tekemään samoin. Luuletko, että pystyt siihen?"

"En oikein ymmärrä, miten voisin auttaa heitä, jos he eivät halua apua."

"Teen sen sinulle helpoksi. Järjestän seminaareja kerran viikossa lounasaikaan. Voit puhua heille, rohkaista heitä, kertoa heille, miten voittaa tupakointihimo, miten sinä teit sen. Maksan heille seminaareihin osallistumisesta – en rahana – mutta tarjoan ilmaisen lounaan kaikille osallistujille. Ja kaikille, jotka lopettavat tupakoinnin ja pysyvät lopettaneina 30 päivää, annan 100 dollarin käteispalkkion."

"Se on hyvin anteliasta teiltä, herra Mandelbaum. En tosin tiedä, millainen puhuja minusta tulisi. En ollut hyvä puhumaan julkisesti koulussa."

"Olen valmis maksamaan teille."

"Te maksatte minulle jo, autan mielelläni."

"Sitten tehdään siitä bonussysteemi myös sinulle. Jokaisesta työkaverista, joka lopettaa tupakoinnin ja pysyy tupakoimattomana 30 päivää, saat 25 dollaria. Koska meillä on yli sata tupakoitsijaa, voisit ansaita helposti 2500 dollaria. Onko se tarpeeksi kannustin, jotta uskallat kokeilla tätä?"

"En voi kieltäytyä. Teen parhaani."

Sulkiessaan oven takanaan Miranda ei voinut uskoa, että tällainen tilaisuus oli avautunut hänen eteensä.

Kaksi viikkoa myöhemmin Miranda piti ensimmäisen seminaarinsa. Aluksi hän oli hermostunut, mutta pian hän huomasi nauttivansa siitä. Ja vielä jotain muuta: hän oli siinä hyvä. Muutamassa päivässä työtoverit lopettivat tupakoinnin. Mirandan intohimoiset sanat tekivät kaiken eron.

"Miranda, kutsuin sinut tänään tänne toiseen kokoukseen keskustelemaan seminaareistasi. Olen ollut niin vaikuttunut sinusta. Haluaisin ojentaa sinulle tämän 250 dollarin sekin."

"Kiitos, herra Mandelbaum, olen niin iloinen, että olen voinut vaikuttaa asioihin. Ja rakastan tätä."

" Luulen, että olemme aliarvioineet kykyjäsi, Miranda. Haluan ehdottaa sinua eteenpäin tässä yrityksessä. Itse asiassa luulen, että sopisit täydellisesti PR-osastollemme."

"Todellako? Mitä sinulla on mielessäsi?"

"Ensinnäkin tarvitsemme sinulta asianmukaiset pätevyydet. Tässä ovat esitteet, ja voit käydä koulua kahdesti viikossa työaikana sekä kaksi iltaa viikossa. Jos olet kiinnostunut, tietenkin."

"Pelkäänpä, että minulla ei ole varaa palata kouluun, herra Mandelbaum. Mutta kiitos, että ajattelitte minua", Miranda sanoi noustessaan ylös ja kääntyessään kohti ovea.

"Neiti Evans, haluan auttaa teitä menestymään. Aion palkata teidät 7. kerrokseen, kun valmistutte, joten maksan kulut. Hyödynnämme kykyjänne tämän yrityksen eduksi."

"Olen sanaton, herra Mandelbaum. Kiitos ei riitä."

"Kiitos riittää toistaiseksi. Kun olet 7. kerroksessa johtamassa tätä yritystä kohti tuottoisampaa tulevaisuutta, silloin kiitos on enemmän kuin tarpeeksi."

Kun Miranda lähti herra Mandelbaumin toimistosta, hänen päänsä pyöri. Hän ei malttanut odottaa, että saisi kertoa uutisen Lancelle.

LUKU 26

ANCE OLI HURJAN ILOINEN, kun Miranda kertoi hänelle asiasta. Hän oli huomannut Mirandassa muutoksen viimeisten parin kuukauden aikana. Miranda oli tullut itsevarmemmaksi, rennommaksi ja varmemmaksi itsestään. Lance ajatteli häntä yötä päivää.

Miranda tunsi olonsa mukavaksi Lancen seurassa, kuten Terri ja Cherylkin. Heidän ystävyytensä oli kasvanut muutaman kuukauden ajan ja se perustui vahvalle pohjalle. Joskus hän ajatteli Lancea kuin hän olisi enemmän kuin ystävä. Silloin hän halusi Lancen kokonaan itselleen. Hän kertoi Lancelle kaiken ja tiesi, ettei Lance tapaili ketään muuta.

Lance kertoi Mirandalle kaiken. Hänellä ei ollut halua olla kenenkään muun naisen kanssa. Hän halusi ilmaista tunteensa Mirandalle, mutta hän pelkäsi. Miranda oli käynyt läpi niin paljon raiskauksen ja Benin takia, eikä Lance halunnut tuottaa hänelle pettymystä kertomalla tunteistaan. Hän ei halunnut pettää Mirandaa.

Menneisyyden takia Lance antoi Mirandan määrätä tahdin. Hän ei kiirehtinyt Mirandaa. Hän arvosti jokaista hetkeä, jonka vietti Mirandan kanssa. Hetket, jolloin Mirandan hiukset koskettivat vahingossa hänen ihoaan. Hetket, jolloin heidän kätensä koskettivat toisiaan kävellessä.

Silti hän mietti toisinaan, estäisikö heidän ystävyytensä heitä solmimasta fyysistä suhdetta. Heistä saattaisi tulla niin tuttuja toisilleen kuin veljelle ja sisarelle – ja silloin heidän suhteensa olisi tuomittu. Ennen kuin heidän suhteensa etenisi siihen suuntaan, Lance päätti ottaa tarvittavat riskit. Toistaiseksi hän oli tyytyväinen siihen, että asiat jatkuivat entisellään.

Luku 27

MIRANDA TAJUSI, ETTÄ TERRI palasi kotiin tänään. Hän odotti innokkaasti, että pääsisi yhteen kahden ystävättärensä kanssa viettämään tyttöjen iltaa. Se oli jo kauan odotettu.

"Hei, rouva Russo. Miranda tässä. Kuinka voitte?"

"Voin mainiosti, kiitos." Rouva Russo naurahti.

"Terri saapuu tänään takaisin, luulen että hän on todella järkyttynyt."

Rouva Russo naurahti jälleen.

"Haluatteko, että haen hänet lentokentältä?" *Miksi hän nauraa koko ajan?*

"Ei, ei, se sujuu kyllä. Kiitos kuitenkin paljon. Kiitos. Hei hei."

Hän lopetti puhelun.

Ihmettelen, onko rouva Russo ottanut aamulla muutaman lasillisen. Kuinka outoa. Ihmettelen, onko Cheryl kuullut mitään.

"Hei Cheryl, minä tässä. Kuinka voit?"

"Hyvin, entä sinä?"

"Olin hyvin, kunnes soitin Terri kotiin. Hänen äitinsä käyttäytyi oudosti. Nauri kuin koululainen. Onko sinulla aavistustakaan, pitääkö hän aamuisin pientä viinaa?"

"Rouva Russo, nauraa? Se on niin outoa. En voi edes kuvitella häntä nauravan, enkä usko, että hän juo kovin paljon. Luuletko, että Terri on kunnossa?"

" "Hän ei antanut minun mennä lentokentälle hakemaan häntä."

"Meillä on jo kauan ollut tyttöjen illanvietto. Järjestetään jotain Terri piristämiseksi, jooko?" Cheryl sanoi.

"Olemme samalla aaltopituudella. Otan yhteyttä."

"Hei, minulla on uutisia. Muistatko, kuinka rakastin aikoinaan maalaamista?"

"Totta kai", Miranda sanoi.

"No, olen nyt taidekurssilla, ja rakastan sitä!"

"Se on hienoa, Cheryl! Hyvin tehty. Minäkin käyn kursseja, viestinnän alalla."

"Vau, ja miten tupakoinnin lopettamisseminaarisi sujuvat?"

"Ne sujuvat niin hyvin, etten voi uskoa sitä. Ja tiedätkö mitä? Rakastan sitä! Herra Mandelbaum sanoo, että minulla on erinomaiset mahdollisuudet työskennellä 7. kerroksessa viestinnän parissa."

"Voi, PR, kuulostatpa trendikkäältä."

"Jep, mutta varo, ettei se nouse päähän!"

"Siitä puheen ollen, miten Lance voi?"

"Miten hän päätyi tähän keskusteluun? Hän voi hyvin. Hän on hyvä ystävä."

"Onko siinä mitään muuta meneillään kuin ystävyys?"

Miranda kielsi sen painokkaasti. Hän muistutti Cherylille, että sekä hän että Lance olivat tyytyväisiä tilanteeseen ja kumpikaan ei halunnut mitään muuta kuin ystävyyttä.

"Todella, en ajattele Lancea *sillä tavalla.*"

"Paras lähteä. Kerro, jos kuulet jotain Terriltä, niin teen samoin. Heippa nyt."

"Heippa."

Minusta tuntuu, että hän protestoi liikaa, Cheryl ajatteli.

Luku 28

MIRANDA EI OLLUT VALEHDELLUT. Hän ei todellakaan ajatellut Lancea *sillä tavalla* – ainakaan useimmiten. Ainoastaan siksi, ettei hän ollut varma, ajatteliko Lance häntä *sillä tavalla*.

Lance ei ollut koskaan yrittänyt suudella häntä. Eikä tarttua hänen käteensä. Hän ei selvästikään ollut kiinnostunut Mirandasta muutoin kuin ystävänä.

Lance oli onnellinen. Miranda oli onnellinen. Mitä muuta he voisivat toivoa?

Luku 29

IRANDA LASKI KUULOKKEEN. HETI kun se kosketti kuuloketta, puhelin soi jälleen.

"Unohditko jotain?"

Ääni puhelimen toisessa päässä selvitti kurkkuaan. Se oli miehen ääni. Tuntemattoman ääni.

"Neiti Evans? Neiti Miranda Evans?"

"Kyllä. Kuka siellä?"

"Täällä on poliisi, ylikonstaapeli Jim Miller. Neiti Evans, haluaisimme, että tulisitte poliisiasemalle – mieluiten heti, jos mahdollista."

"Mistä on kyse?"

"Meillä on pidätettynä mies, jonka haluaisimme teidän tunnistavan. Uskomme, että hän on se mies, jonka kuvailitte."

"Tulen sinne 30 minuutin sisällä. Sopiiko se?"

"Toki, järjestämme tunnistusriviä juuri nyt, joten milloin tahansa 30 minuutin kuluttua sopii meille. Nähdään sitten. Älä huoli."

Kun hän oli sulkenut puhelimen, Miranda soitti Lancelle. Hän kauhisteli ajatusta siitä, että hänen pitäisi nähdä se kauhea mies uudelleen, ja toivoi, ettei hänen tarvitsisi mennä tunnistamaan häntä. Samalla hän halusi, että mies saataisiin kiinni ja lukittaisiin pois ikuisiksi ajoiksi. Jos se oli hän. Jos se oli hän, Miranda halusi nähdä miehen saavan rangaistuksen siitä, mitä tämä oli tehnyt hänelle. Lance suostui lähtemään Mirandan mukaan.

Kun Mirandan vanhemmat tulivat kotiin, Miranda istui sohvalla takki päällä ja tuijotti tyhjyyteen.

"Minun täytyy mennä poliisiasemalle. Ylikonstaapeli Miller soitti juuri. Heillä on epäilty – joka vastaa antamaani kuvausta."

"Minä, me, äitisi ja minä, haluamme tulla mukaasi, antamaan henkistä tukea."

"Lance tulee mukaani. Hänen pitäisi saapua hetkenä minä hyvänsä."

Kun Lance ajoi hakemaan Mirandaa, hän murehti, miten tämä kohtaaminen tulisi sujumaan. Miranda esitti aina vahvaa. Miten miehen näkeminen kasvotusten vaikuttaisi häneen? Hän mietti, miten hän ikinä pystyisi hillitsemään itsensä lyömästä miestä kasvoihin. Lance uskoi, että kastrointi olisi liian hyvä rangaistus miehelle. *E Eikö hän ole jo kokenut tarpeeksi?* Lance ajatteli ja löi kätensä voimakkaasti ohjauspyörään. Hän nousi autosta ja katsoi taivaalle toivoen merkkiä. Mitään ei tullut.

Lance hymyili, kun hän käveli Mirandan luo, ja melkein halasi häntä. Miranda oli rauhallinen. Hänellä oli rohkea ilme kasvoillaan. Hän leikki käsilaukkunsa kahvalla, väänteli ja käänsi sitä ja toivoi salaa, että hänellä olisi tupakka. *Vain yksi savuke.* Silti hän tiesi, ettei *vain yhtä savuketta* voisi koskaan olla.

Lance haukkui miestä mielessään kaikilla mahdollisilla nimillä ja huolestui sairaaksi, kun he nousivat miehen autoon. Hän huolestui: entä jos se on hän? Entä jos se ei ole hän? Jos se ei olisi, Mirandan pitäisi tehdä tämä uudestaan. Ehkä jopa useita kertoja. Hän toivoi, että se olisi hän. Silloin tämä luku Mirandan elämässä voisi sulkeutua, päättyä.

He saapuivat poliisiasemalle, ja Miranda tarttui Lancen käteen. Se oli ensimmäinen kerta, kun hän oli koskettanut häntä fyysisesti, ja vaikka tämä ei ollut oikea aika tai paikka romantiikalle, Lancen sydän huokaisi. Mirandan käsi oli niin pieni verrattuna hänen käteensä.

Ylikonstaapeli Miller otti heidät vastaan tiskillä ja vei Mirandan ja Lancen syrjään selittämään menettelytapoja. He tulisivat katsomaan tunnistusriviä lasin takaa, josta he näkisivät syytetyt, mutta syytetyt eivät näkisi heitä.

Miranda huokaisi helpotuksesta kuullessaan tämän. Matkalla hän oli kuvitellut tilanteen olevan kuin televisiossa. Hänen pitäisi kävellä riviä pitkin ja napauttaa syyllistä olkapäähän. Pelkkä ajatus siitä, että hänen pitäisi koskettaa hyökkääjäänsä, sai hänet voimaan pahoin.

Ylikonstaapeli Miller käski heidän odottaa kymmenen minuuttia, kunnes epäillyt tuotiin huoneeseen, ja sitten hän kutsuisi Mirandan katsomaan tunnistusriviä ja tarkistamaan, tunnistaisiko hän ketään. Hän muistutti Mirandalle, että tämän piti olla varma, että se oli hän. Sen piti olla kiistatonta.

"Nainen, joka on raiskattu, ei unohda. Koskaan. Ei miljoonassa vuodessa."

Miranda kysyi ylikonstaapeli Milleriltä, olisiko Lanceen kanssa huoneessa olo sopivaa. Ylikonstaapeli Miller sanoi, että se sopisi, edellyttäen että Lance ei yrittäisi puuttua prosessiin. Lance nyökkäsi täysin samaa mieltä. He istuivat. He odottivat. Miranda tarttui jälleen Lancen käteen.

Lance tarttui Mirandan molempiin käsiin omillaan sanoen: "Kaikki menee hyvin." Hän ojensi kätensä pitääkseen Mirandasta kiinni. Mirandan ruumis vapisi aluksi, mutta rentoutui sitten hänen syleilyssään. Ylikonstaapeli Miller keskeytti heidät ja ilmoitti, että tunnistusrivistö oli valmis.

He astuivat huoneeseen, ja lasilevyn toisella puolella oli vain pimeyttä. Kun Miranda istui ikkunan eteen, kirkkaat valot syttyivät yhtäkkiä. Miranda näki viiden miehen varjot.

Ylikonstaapeli Miller puhui mikrofoniin ja kutsui jokaista numerolla. Hän pyysi jokaista miestä astumaan eteenpäin.

Ensimmäinen astui eteen. Se ei ollut hän. Se ei ollut toinenkaan, eikä kolmas.

Kun neljäs astui eteen, Mirandan sydän hyppäsi, ja sitten alkoi hakata. Hän nousi tuoliltaan ja halusi juosta ulos huoneesta, mutta Lance pysäytti hänet. Hän houkutteli Mirandan istumaan takaisin tuolille, laittoi kätensä hänen molemmille olkapäilleen ja kysyi: "Onko se hän? Miranda, sinun on kerrottava heille. Sinun on pakko."

Miranda nyökkäsi. "Olen 100-prosenttisen varma."

Ylikonstaapeli Miller rohkaisi häntä nousemaan ylös ja astumaan niin lähelle ikkunaa kuin mahdollista. Hän puhui mikrofoniin: "Numero neljä, sano, kuinka voit?"

"Kuinka voit?"

Miranda peitti heti korvansa ja sanoi: "KYLLÄ, sanoinhan, että se on hän. Se on se, jonka halusitte. Sanoinhan", ja kun hän sanoi tämän, kyyneleet alkoivat valua hänen kasvoillaan.

Lance tarttui häneen ja piti häntä sylissään. Miranda vapisi päästä jalkoihin. Kaikki oli ohi. Mies, joka oli raiskannut hänet, joutui pian vankilaan erittäin pitkäksi ajaksi.

Ylikonstaapeli Miller kiitti Mirandaa. Hän kehui hänen rohkeuttaan.

Miranda kysyi, missä vessa on, ja poistui.

"Ylikonstaapeli Miller, miten saitte hänet kiinni? Siitä on jo jonkin aikaa", Lance kysyi.

"Meillä oli vain onnea. Hänen kaltaisensa ihmiset yrittävät aina uudestaan. Tässä tapauksessa hän yritti ryöstää kulmakaupan. Ainoa ongelma oli, että omistaja oli takahuoneessa. Hän tuli sisään, sai miehen kiinni itse teosta ja pidätti hänet, kunnes saavuimme paikalle. Evansin neidin tunnistuksen ansiosta saamme hänet vankilaan pitkäksi aikaa."

"Olen iloinen kuullessani sen. Hänen kaltaisensa eläimet eivät ansaitse olla vapaana yhteiskunnassa."

Miranda palasi. Hän oli kalpea kuin lakana. Hän vapisi yhä. Lance halusi ottaa hänet syliinsä. Hän ei tehnyt sitä.

Miranda ei voinut lopettaa vapinaa. Hän halusi, että Lance halaisi häntä. Lance ei tehnyt sitä.

"Mitä jos menisimme syömään jotain?" Lance kysyi.

"En voi syödä mitään."

"Kahvia sitten?"

"Ei kiitos. Haluan vain pois täältä."

LUKU 30

AUTOSSA MIRANDA OLI HILJAA. Lance vilkaisi häntä nähdäkseen, itkikö hän. Hän ei itkenyt. Lance ei tiennyt, mitä sanoa.

"En halua olla yksin tänä yönä, Lance. Voisinko, sopisiko, jos nukkuisin tänä yönä sinun sohvallasi? Voisin mennä kotiin, mutta sitten minun pitäisi selittää kaikki äidille ja isälle. Minun pitäisi käydä läpi jokainen yksityiskohta uudelleen. En vain kestä sitä juuri nyt."

"Toki, voit jäädä luokseni. Minä nukun kuitenkin sohvalla. Vaadin, että otat minun sänkyni."

"Voisimmeko poiketa kotonani, jotta voin hakea muutaman tavaran?"

"Voit pukeutua yhteen pyjamaani, ja vien sinut heti kotiin, jotta voit vaihtaa vaatteet. Sopiiko se?"

"Kyllä, soitan sinun luotasi ja kerron äidille ja isälle, että kaikki on kunnossa – ja selitän kaiken yksityiskohtaisesti huomenna."

"Voin tehdä sen puolestasi. Sitten sinun ei tarvitse selittää tai kuunnella heidän kysymyksiään."

"Tekisitkö sen puolestani?"

"Totta kai, se ei ole vaivaa."

Lancen asunnossa Miranda kysyi, saako hän laittaa kylvyn valmiiksi.

"Ole kuin kotonasi. Pyjamat löytyvät alalaatikosta ja pyyhkeet kaapista. Soitan nyt vanhemmillesi."

"Kiitos, Lance."

Miranda pukeutuneena minun pyjamaani. En malta odottaa, että saan nähdä tämän.

LUKU 31

ANCE NÄKI UNTA.

Hän näki unta, että hänellä oli pakkopaita päällä. Hän ei pystynyt liikkumaan mihinkään suuntaan. Hän yritti huutaa, mutta ääntä ei tullut ulos. Hän yritti avata nauhoja hampaillaan, mutta ei saanut niitä auki.

Hän heittelehti puolelta toiselle ja heilutti päätään kuin heiluria. Hiki valui hänen otsaltaan. Hän ei voinut pyyhkiä sitä pois. Se valui alas, alas, hänen leuastaan takin päälle.

Hän avasi silmänsä. Hän kurotti kätensä vatsalleen.

Jokin piti häntä siinä paikallaan, mutta hän ei ollut pakkopaidassa, koska hän pystyi liikkuttamaan käsiään.

Hän tunnusteli ympärilleen kuin sokea.

Hän löysi käden. Se oli Mirandan. Hän avasi silmänsä.

Oli varhainen aamu, vielä ei ollut valoisaa. Miranda oli sängyssä hänen takanaan, pitäen kiinni hänestä kuin henkensä kaupalla. Hän kuunteli tarkasti ja kuuli Mirandan tasaisen hengityksen. Hän tunsi Mirandan hengityksen niskansa takana. Mirandan sydämenlyönnit rinnassaan. Hän ei halunnut liikkua, peläten herättävänsä Mirandan. Hän ei halunnut tämän hetken päättyvän. Miranda ojensi kätensä häntä kohti, kolme kertaa.

Hän halusi kääntyä ympäri, ottaa Mirandan syliinsä ja kertoa hänelle tunteistaan. Hän halusi suudella Mirandan silmiä ja tutkia hänen suutaan kielellään. Hän halusi Mirandan olevan hänen, ja vain hänen.

Hän ei tehnyt mitään.

Hän ei halunnut käyttää Mirandaa hyväkseen. Millään tavalla.

Hän sulki silmänsä ja kuunteli Mirandan hengitystä.

LUKU 32

VARHAIN AAMULLA MIRANDA LÖYSI turvapaikan Lancen sängystä.
Kun hän oli sohvalla, hän pyöri ja kääntyili unettomana.

Yksi luku hänen elämässään oli päättynyt, ja hän halusi tulla syleilemään. Hän halusi, että Lance syleilisi häntä. Hän halusi mennä Lancen luo, mutta hänellä ei ollut rohkeutta siihen ennen kuin Lance oli nukahtanut. Sitten hän kiipesi sänkyyn Lancen taakse ja käpertyi häntä vasten. Lance oli aluksi jännittynyt, mutta sitten hän rentoutui Mirandan syleilyssä. Miranda tunsi Lancen rinnan nousevan ja laskevan tahdissa oman rintansa kanssa.

Hän toivoi, ettei Lance loukkaantuisi herätessään.

Miranda ei tiennyt, että Lance oli jo hereillä eikä aikonut nukahtaa uudelleen lähiaikoina.

LUKU 33

CHERYL OLI ULKONA PERJANTAI-ILLAN ostosreissullaan. Perjantai-iltaisin kello 21 jälkeen kaupat olivat niin tyhjiä, että käytäviä olisi voinut käyttää keilahalleina. Hän inhosi ruuhkaista ruokakauppoja. Perjantai-illat olivat heidän kotonaan erityisiä. He istuivat alas syömään illallista yhdessä ja keskustelivat viikonlopun suunnitelmistaan. Cherylillä oli harvoin mitään suunnitelmia, mutta hän rakasti kuunnella, mitä sisaruksillaan oli meneillään. Kun he olivat siivonneet keittiön, he lähtivät ulos ja Cheryl hankki viikon ruokatarvikkeet.

Cheryl oli hyvin budjettitietoinen ja yritti aina pysyä alle 100 dollarin rajoissa kolmen hengen osalta, mutta viime aikoina oli vaikea pysyä Craigin ruokahalun perässä. Hän söi kaiken, mitä näki! Evelyn ei ollut suuri syöjä, ja silloin tällöin Cheryl huolestui siitä, ettei hän syö tarpeeksi. Hän oli myös tietoinen siitä, että teini-ikäisillä tytöillä on paineita olla laihoja. Cheryl valmistamat ateriat olivat ravitsevia, mutta hän ei ollut mikään kokki.

Cheryl päätti mennä läheiseen kirjakauppaan ja ostaa pari keittokirjaa. Hän valitsi kaksi kirjaa, yhden Nigella Lawsonilta ja toisen *The Naked Chefiltä*. Hän oli nähnyt molempien ohjelmat PBS:llä, ja ne saivat ruoanlaiton näyttämään niin helpolta. Hän teki viikon ostoslistan niiden reseptien perusteella, joita aikoi valmistaa. Kassakoneen summa oli 145,00 dollaria. Hän oli ylittänyt budjetin, koska keittiössä ei ollut paljon mausteita.

Ylpeänä valinnoistaan hän lastasi kaiken autoon ja lähti kotimatkalle. Matkalla hänelle tuli mieli Tim Hortonin kahvia. Hän tilasi ison kupin kahvia kaksinkertaisella maitolla ja kahvilla ja siemaisi sitä matkalla kotiin. Kun hän pääsi kotiin, kello oli jo melkein 11.

Outoa. Ei valoja. Ei televisiota. Ei musiikkia, ja kello on melkein 11.

Hän sytytti eteisen valon ja huusi. Ei vastausta. Hän kurkisti kulman takaa olohuoneeseen ja näki kaksi ihmistä, jotka yrittivät kiireesti pukeutua.

Se on Evelyn ja hänen poikaystävänsä Mike – Hups, se ei olekaan Mike, se on, en tiedä kuka se on.

Cheryl otti Evelynin puseron ja heitti sen hänelle.

"Keittiöön. Kaksi minuuttia", hän käski.

Cheryl oli raivoissaan, raivoissaan. Hän raahasi sisään ensimmäisen erän laukkuja. *Hän* kysyi, voisiko auttaa. Cheryl sivuutti hänet ja meni taas ulos autolle. Cheryl ei ollut koskaan ennen nähnyt tätä kaveria, ja hänen pikkusiskonsa makasi tämän kanssa.

Tällä kertaa hän ei katsonut heitä, kun hän paiskasi laukut lattialle. Hänellä oli vielä yksi erä tuoda sisään, ja sitten hänen pitäisi olla tarpeeksi rauhallinen puhuakseen heidän kanssaan räjähtämättä.

Hän on vielä vauva. Suloinen kuusitoistavuotias.

Hän katsoi miestä olkapäänsä yli. Mies näytti vanhemmalta, ehkä 18-vuotiaalta, ehkä 20-vuotiaalta. Hän ei näyttänyt onnelliselta. Cheryl istui heidän vastapäätä.

"Anteeksi, sisko, me innostuimme liikaa."

"Niinpä niin... Jos en olisi tullut sisään juuri silloin, te kaksi olisitte menneet loppuun asti, ja mitä sitten? Olisit saattanut tulla raskaaksi. Olet vasta kuusitoista! En kai kumpikaan teistä käyttänyt suojaa?"

"Käytän pillereitä, Cheryl. Olen käyttänyt jo kuukausia."

"Miten ihmeessä? Miten niin käytät pillereitä? Miten? Missä?"

"Se on helppoa. Kävin klinikalla. Sanoin heille, että haluan olla seksuaalisesti aktiivinen, ja he antoivat ne minulle."

"Mutta eikö sinun tarvinnut saada aikuisen suostumusta?"

"Olet niin vanhanaikainen, sisko. Kaikki ystäväni käyttävät pillereitä. Ihan vain tiedoksesi, Sam aikoi käyttää myös kondomia."

"Sam, ai, sinun nimesi on Sam?"

"Hauska tavata", hän kysyi, nousten seisomaan ja ojentaen kätensä Cherylille.

Cheryl ei kättellyt häntä.

"Sääntö numero yksi. Ei seksiä tässä talossa. Ei olohuoneessa, ei makuuhuoneessasi eikä missään muussakaan huoneessa. Onko selvä?"

'Anteeksi', Sam sanoi. "Kuten Evelyn selitti, me vain innostuimme hetken huumassa."

"No, olen iloinen, että te kaksi olitte niin vastuullisia. Luulen, että sinun pitäisi mennä nyt kotiin, Sam."

"Uh, oli kiva tavata. Nähdään, Evelyn."

"Hyvää yötä, sisko", Evelyn sanoi noustessaan ylös ja siirtäessään tuolinsa pois pöydän luota.

"Istu alas, meidän on parasta keskustella vähän."

Hiljaisuus. Cheryl nousi ylös ja alkoi laittaa ostoksia paikoilleen. Evelyn auttoi häntä. Oli helpompi puhua, kun he tekivät jotain.

'Kiitos', Evelyn sanoi.

"Mistä?"

"Siitä, että olet niin rento. Kiitos, ettet räjähtänyt raivosta ja kohtelit meitä kuin aikuisia."

Cheryl halasi Evelynia.

"Ei ollut helppoa olla räjähtämättä raivosta. Siksi menin ulos ja toin kaikki tavarat sisään ennen kuin puhuin teille kahdelle."

"Tiedän."

"Kupillinen teetä?" Cheryl kysyi ja ryhtyi sitten keittämään sitä, laittaen keksejä pöydälle. "Onko sinulla jotain mielessä?"

"Mietin vain, millainen sinun ensikertasi oli? Tämä olisi ollut minun ensikertani."

"Olen yhä neitsyt."

"Pilailetko? Et kai ole? Olen niin pahoillani."

"Älä ole pahoillasi. En ole vielä tavannut oikeaa miestä."

"En tiedä, miten voisit tavata ketään, kun teet koko ajan kaikkea meidän puolestamme. En ole koskaan ennen ajatellut sitä, sisko, mutta sinun täytyy keskittyä sosiaaliseen elämään. Et enää nuorru."

"Kiitos, Evelyn, mutta se ei huolestuta minua. Sinä ja Craig olette tärkeimmät ihmiset elämässäni."

"Mutta me kasvaamme aikuisiksi, sisko, ja ansaitset jonkun erityisen. Sinun pitäisi todella käydä enemmän ulkona."

"Yritän, Evelyn. No, nyt hyvää yötä."

Luku 34

L ANCE VEI MIRANDAN KOTIIN matkalla töihin. Aamu oli ollut kiusallinen: aamiaisen valmistaminen ja päivän valmistautuminen. Miranda soitti töihin ja kertoi herra Mandelbaumille, että hän myöhästyisi muutaman tunnin.

Lance tunsi, että täydellinen tilaisuus tunnustaa tunteensa Mirandalle oli mennyt ohi. Miranda oli aivan hänen vieressään sängyssä, ja hän halusi niin kovasti kertoa sen hänelle. Hän teeskenteli kuitenkin nukkuvansa, ja tilaisuus lipui käsistä.

Miranda mietti samaa asiaa matkalla kotiinsa. Hän mietti, oliko Lance edes huomannut, että Miranda oli ollut sängyssä hänen vieressään. Jos hän tiesi, hän ei ainakaan antanut siitä mitään merkkiä. Ehkä hän oli liian nolo? Miranda ei ollut varma, pitäisikö hänen pyytää anteeksi vai vain teeskennellä, ettei mitään ollut tapahtunut. Lopulta hän päätti tehdä jälkimmäisen.

"Äiti, isä, onko ketään kotona?"

Vastausta ei kuulunut.

Hän näki viestin jääkaapin ovessa.

- *Miranda – Soita kiireesti kersantti Millerille – Rakkaudella äiti.*

"Kersantti Miller, tässä on Miranda Evans."

"Kiitos soitosta, neiti Evans. Voisitteko tulla poliisiasemalle? Meillä on muutamia asioita, joita haluaisimme teidän katsovan."

"Mitä asioita?"

"En voi kertoa, neiti Evans, riittää kun sanon, että on erittäin tärkeää, että näette ne."

Miranda soitti herra Mandelbaumille ja selitti, että hänen täytyi mennä poliisiasemalle, eikä hän ollut varma, kuinka kauan hän olisi poissa. Herra Mandelbaum suositteli, että hän ottaisi vapaapäivän. Herra Mandelbaum oli aina hyvä havaitsemaan stressin työntekijöidensä äänistä.

"Onko sinulla ketään, joka voisi mennä Mirandan mukaan?"

"Ei, kaikki ovat töissä, mutta pärjään kyllä. Loppujen lopuksi hyökkääjäni on pidätettynä."

Kun hän saapui asemalle, ylikonstaapeli Miller vei hänet toimistoonsa ja esitteli hänet etsivä Harold Sangsterille. Etsivä Sangster haki kenkälaatikon toisesta toimistosta.

"Voisitteko vilkaista näitä esineitä, neiti Evans? Katsokaa, onko siellä mitään, minkä tunnistatte?"

"Se on lompakkoni. Tämä on valokuva autostani. Vids-R-Us-työntekijäkorttini, kirjastokorttini."

"Jatkakaa katsomista. Onko siellä muuta, minkä tunnistatte?" ylikonstaapeli Miller sanoi.

Hän jatkoi penkomista laatikossa, joka oli täynnä tavaroita, joista suurin osa ei kuulunut hänelle. Sitten hän huomasi paperilapun, jossa oli käsinkirjoitusta. Hänen sydämensä hyppäsi kurkkuun, kun hän kosketti sitä, ja hän tajusi nopeasti, että se oli hänen omaa käsialaa.

Rakas Christina, tässä on matkasuunnitelmamme. Ole kuin kotonasi, ja toivon, että nautit vierailustasi täällä! Miranda.

Viestin liitteenä oli kopio heidän matkasuunnitelmastaan. "Tämä on viesti, jonka jätin Christinalle." Mirandan kädet tärisivät. Hän pelkäsi, että paperi repeäisi.

"Oliko viesti mukanasi sinä päivänä, kun sinua hyökättiin?" kysyi etsivä Sangster.

"Ei, kirjoitin sen vasta paljon myöhemmin. Kun Christina tuli vuokraamaan asuntoani, laitoin sen hänelle puhelimen vieressä olevaan pöytään."

"Juoni tiivistyy", sanoi ylikonstaapeli Miller katse alaspäin. "Näyttää siltä, että voimme sijoittaa hänet rikospaikalle silloin, kun alivuokralaisenne murhattiin. Todistatteko, että jätitte sen puhelinpöydälle? Tiesikö kukaan muu, että jätitte sinne viestin?"

"Vuokranantajani tiesi, että se oli siellä. Mainitsin siitä hänelle ennen lähtöäni – siltä varalta, että hän tarvitsisi ottaa yhteyttä."

"Kiitos paljon, neiti Evans, että otitte vaivaa tulla tänne uudelleen. Olemme saaneet hänet kiinni pahoinpitelystä, ryöstöyrityksestä ja raiskauksesta, ja jos saamme hänet kiinni myös murhasta, tuomari antaa hänelle varmasti ankarimman mahdollisen tuomion."

Kun ylikonstaapeli Miller ja etsivä Sangster olivat viemässä Mirandaa ulos käytävään, kaksi poliisia toi käsiraudoissa olevan vangin heidän luokseen. Se oli hän.

"Harmi, etten tappanut sinua sinä yönä, senkin narttu! Käskin sinua olemaan menemättä poliisin luo, eikö niin?"

Miranda perääntyi. Hän oli seinää vasten. Hän tunsi itsensä huonovointiseksi. Ylikonstaapeli Miller ja etsivä Sangster seisoivat hänen molemmin puolin, kuin kirjanpitimet.

"Harmi, että olit ulkona sinä yönä. Halusin saada sinut, en häntä."

"Sinä tapoit Christinan? Senkin paskiainen! Vihaan sinua!!" Hän tarttui miehen kaulukseen.

Ylikonstaapeli Miller tarttui Mirandaan, joka rimpuili ja löi häntä nyrkkejään puristaen.

"Sanoinhan, mitä tekisin rakkaillesi, jos kertoisit poliisille."

Mirandan koko maailma alkoi pyöriä hänen ympärillään. Kuvat Christinasta, köyhän Christinan kasvoista, pyörivät Mirandan mielessä kuin kaleidoskooppi, joka pyörii ja pyörii. Hän halusi sen loppuvan. Aivan kuten Cher, Miranda halusi kääntää aikaa taaksepäin.

Seuraava asia, jonka Miranda muisti, oli herääminen AP:n yleissairaalassa, jossa hänelle oli varmaankin annettu voimakkaita rauhoittavia, sillä hän ei tuntenut mitään. Kaikki oli hämärää. Siellä oli varjoja ja tunne kuin leijuisi pilvellä. Joku piti häntä kädestä. Hän mietti, kuka se oli.

Se oli Lance.

Hän hymyili tälle.

LUKU 35

TERRI JA AMADEO LASKEUTUIVAT Torontossa, ja heitä tuli vastaan niin monta perheenjäsentä kuin autoihin mahtui. Terri äiti itki katkerasti.

"Minullakin oli ikävä sinua, äiti", Terri sanoi, "mutta olin poissa vain niin lyhyen aikaa. Et itkenyt näin paljon edes silloin, kun palasin Australiasta."

Terri äiti itki vielä enemmän, kun heidät vietiin limusiiniin.

"Mihin Amadeo meni? Haluan Amadeon."

"Älä huoli, tyttäreni, hän on isäsi kanssa."

Kun hän pääsi kotiin, kaikki selittyi.

Kaunein hääpuku, jonka hän oli koskaan nähnyt koko elämänsä aikana, oli mannekiinilla olohuoneessa.

"Hän pyytää nyt kättäsi, pyytää isältäsi. Hän on niin ihana poika, Terri; kukaan isä ei voisi koskaan kieltäytyä hänestä. Amadeo hoiti kaiken, hän on ajatellut kaiken! Kirkko on varattu. Häämatka on varattu (vaikka Amadeo ei suostunut kertomaan, minne hän vie sinut) – sinun tarvitsee vain soittaa Cherylille ja Mirandalle ja järjestää morsiusneito ja kaaso... Ja sovittaa heidän pukunsa. Koska Teresa, sinä menet naimisiin aamulla!"

Terri äiti käski häntä ryhdistäytymään nopeasti, sillä heillä oli vielä paljon tekemistä ja niin vähän aikaa. Ensimmäisenä oli ottaa yhteyttä ystäviin. Amadeo oli varannut hääpukuliikkeen, jotta tytöt voisivat valita pukunsa (tai Terri voisi vaihtaa sen, jonka äiti oli valinnut hänelle, jos hän halusi), mutta siihen ei ollut tarvetta, sillä se oli täydellinen. Heidän kaikkien piti kokoontua muutaman tunnin kuluttua sovitukseen, hankkia kengät, asusteet sekä jotain vanhaa, jotain uutta, jotain lainattua ja jotain sinistä.

"Hei, rouva Evans. Terri tässä. Etsin Mirandaa."

"En tiedä, missä hän on. Lance saattaa tietää, tässä on hänen kännykkänumeronsa."

"Kiitos, rouva Evans." Hän laski luurin ja näppäili Lancen numeron.

Lance katsoi Mirandaa, joka yhä vaipui uneen ja heräsi, ja meni sitten eteiseen puhumaan Terri kanssa.

"Hei, Terri. Pelkäänpä, että Miranda ei ole kunnossa osallistuakseen häihin tänään. Hän sai eilen kauhean shokin eikä voi hyvin. Mies, joka raiskasi hänet, tunnusti tappaneensa Christinan ja Benin. Miranda pyörtyi, ja ylikonstaapeli Miller soitti minulle, koska olin ollut siellä hänen kanssaan edellisenä päivänä tunnistamassa sitä hyypiötä. Hän tarvitsee lepoa. En usko, että sinun pitäisi luottaa siihen, että hän on paikalla."

"En missään nimessä pidä häitäni ilman Mirandaa."

Hän tutki huoneen. Miranda oli heräämässä.

"Hän näyttää heräävän. Katson, miten hän voi, ja puhun lääkärille hänestä. Soita minulle takaisin noin tunnin kuluttua. Katson, mitä voin tehdä."

"Häät ovat hieman yli vuorokauden päästä, Lance. Lykkään niitä, jos on pakko."

Kolme tuntia myöhemmin Miranda oli hereillä ja pukeutumassa. Lance selitti kaiken aikanaan – ja se näytti vetävän Mirandan pois shokkitilasta. Ei ollut mitään mahdollisuutta, että hän olisi lykännyt parhaan ystävänsä häitä itsensä takia.

Itse asiassa Terri häät eivät olisi voineet tulla parempaan aikaan Mirandalle, koska hänen piti saada itsensä kasaan ja jatkaa elämäänsä sekä jättää menneisyys menneisyyteen. Hän tiesi sen nyt paremmin kuin koskaan.

"Muuten, Lance", Miranda sanoi. "Toivon, että olet seuralaiseni häissä. En haluaisi olla siellä kenenkään muun kanssa. Toivon, että pääset tulemaan."

Lance oli innoissaan, koska Miranda pyysi häntä treffeille. Vielä parempaa oli, että he olivat menossa häihin. Kuinka romanttista. Hän soitti Terrille ja kertoi, että kaikki oli valmista.

"Minun täytyy kuitenkin viedä sinut sinne ja jättää sinut Terri ja Cheryl seuraan, jotta voin hakea smokkini naftaliinista."

Sillä välin Terri oli puhunut Cheryl kanssa siitä, että tämä olisi morsiusneito. Itse asiassa hänen häissään olisi kaksi morsiusneitoa. Hän ei voinut mitenkään valita toista ystäväänsä toisen sijaan.

Kello 17.00 kolme ystävää tapasi The Bridal Boutiquessa. He valitsivat pukunsa ja suunnittelivat tyttöjen illanviettoa. Terri halusi järjestää yökylän, ja Miranda ehdotti, että he varaisivat sviitin Hiltonista.

He erosivat kahdeksi tunniksi pakkaamaan muutamia tavaroita ja sopivat tapaavansa baarissa kello 20.00.

LUKU 36

CHERYL OLI IHAN PANIIKISSA, koska hänellä ei ollut ketään, jolta pyytää seurakseen häihin. Aiemmin ainakin yksi hänen ystävistään oli myös mennyt yksin. Tällä kertaa ei ollut sellaista onnea.

"Älä huoli, sisko", Evelyn sanoi, "luulin, että morsiusneidot saavat seuralaisen vahtimestareista tai jostakin?"

"Olet oikeassa, en ole koskaan ajatellut sitä. Toivotaan, että hän on sinkku", Cheryl sanoi pakatessaan laukkuaan lähteäkseen tyttöjen illanviettoon. "Loppujen lopuksi kerjäläiset eivät voi valita!"

LUKU 37

AMADEO KAIPASI TERRIÄ. TERRI oli viety häneltä pois – hänellä ei ollut ollut edes tilaisuutta suudella häntä hyvästiksi. Hän muisti, kuinka Terri kasvot olivat kirkastuneet, kun tämä oli tajunnut, ettei heidän tarvinnutkaan olla erossa toisistaan. Hän halusi saada Terri kasvot kirkastumaan samalla tavalla yhä uudelleen ja uudelleen loppuelämänsä ajan.

Hän toivoi, että olisi voinut olla paikalla, kun Terri avasi oven ja näki hääpukunsa. Maria, hänen tuleva anoppinsa, oli vaatinut ehdottomasti, ettei sulhanen saisi nähdä hääpukua. Se oli taikausko, johon hän ei uskonut – mutta miksi ottaa riskiä?

Huomenna Terristä tulisi rouva Amadeo Travetti. Hänen tuleva vaimonsa juhliisi pian tyttöjen illanvietossa ystäviensä kanssa. Amadeo aikoi viettää rauhallisen illan bestmaninsa Malvion kanssa, joka oli juuri saapunut Roomasta.

"Hän on täydellinen Cherylille", Terri sanoi, kun hän näki Malvion, "Täydellinen!"

LUKU 38

MIRANDA ASTUI HILTONIN BAARIIN ja katseli ympärilleen etsien ystäviään. *Hups, hän oli ensimmäinen.* Hän inhosi istua yksin baarissa. Onneksi paikalla oli vain yksi mies – joka hukutti surujaan ja jutteli baarimikon kanssa.

"Lasillinen Chardonnayta", Miranda sanoi. Lasin kädessään hän istuutui sisäänkäynnin lähelle toivoen, että joku hänen ystävistään saapuisi pian.

Hän katseli ympärilleen, kuten yleensä tekee, kun on yksin. Hän tunnisti baarituolilla istuvan miehen. Se oli hänen entinen pomonsa, Andrew – alias Andrew-the-Asshole Vids-R-Usista!

Heidän katseensa kohtasivat, ja Andrew tuli hänen luokseen.

"Miten helvetissä voit, Miranda? Pitkästä aikaa!"

"Olet oikeassa, Andrew. Voin hyvin."

"Näytät upealta."

"Kiitos."

"No, millainen matkasi Australiaan oli?"

"Se oli sanoin kuvaamaton; haluan todella mennä sinne takaisin jonain päivänä."

"Kuulin, että elämässäsi on uusi mies?"

"Ei, minulla on ystävä, joka sattuu olemaan mies. Hän on kiinteistönvälittäjä."

"Ai, luulin, että olit menossa naimisiin tai jotain. Taisin ymmärtää väärin. Anteeksi. "

"Se on ystäväni Terri, joka menee naimisiin, itse asiassa huomenna. Siksi olemme täällä – meillä on tyttöjen ilta – he ovat myöhässä. Miten sinulla menee? Olethan naimisissa?"

"Olin, mutta vaimo ei halunnut muuttaa pois osavaltiosta ja Vids-R-Us tarvitsi minua Teksasissa. Joten otin työn vastaan ja jätin hänet taakseni."

"Olet liian omistautunut Vids-R-Usille."

"Joo, ehkä, mutta he kohtelevat minua hyvin. Olen täällä vain viikonlopun, koska äitini on sairaalassa. Ei mitään vakavaa, mutta hän kysyi minua. Kun kyse on äidistä, on pakko järjestää aikaa, tiedätkö."

"Toivottavasti hän paranee pian."

Cheryl saapui. Hän tunnisti Andrew'n ja tervehti.

"Jätän teidät kahden. Oli kiva nähdä sinua taas, Miranda. Ja hei, olen pahoillani siitä, mitä sinulle tapahtui. Olen aina tuntenut siitä huonoa omaatuntoa. Toivon, ettei sitä olisi koskaan tapahtunut."

"Kiitos, Andrew, arvostan sitä. Itse asiassa he saivat sen tyypin kiinni, ja hänet pannaan vankilaan melko pitkäksi aikaa."

"Mukava kuulla."

"Heippa, Andrew, ja pidä huolta itsestäsi, jooko?"

Terri saapui.

"Onko teillä kahdella tapana poimia tuntemattomia miehiä baareista nykyään?" Terri kysyi.

"Se ei ollut tuntematon. Se oli Andrew-se-kusipää!" Cheryl sanoi.

"Voi luoja, se on Andrew. Mitä hänelle on tapahtunut? Toivottavasti avioliitto ei tehnyt *sitä* hänelle?"

"Luulen, että avioero teki", Miranda sanoi. "Vids-R-Us siirsi hänet toiseen osavaltioon, eikä hänen vaimonsa halunnut lähteä – joten hän luopui vaimostaan – ja muutti yksin."

"Uskomatonta!" Terri sanoi.

"Hei, mennään aloittamaan tämä juhla", Miranda sanoi.

Sviitti oli upea. Valtava baari, poreallas –

"Tämä on elämää", sanoi Miranda.

He tilasivat samppanjaa ja käynnistivät porealtaan.

"Laita se tuonne", sanoi Cheryl tarjoilijalle, joka oli juuri saapunut juomien kanssa. Kun tämä oli lähtenyt, hän sanoi: "Mitähän hän tekee huomenna illalla? Minulla ei ole treffiseuraa ja olen epätoivoinen!"

"Voi pojat, minulla on sinulle mies, Cheryl! Hänen nimensä on Malvio ja hän on Amadeon best man. Hän näyttää kreikkalaiselta jumalalta – on kuolemaan kaunis ja luulen, että tulet todella rakastamaan häntä! Hän on korkeassa asemassa Rooman muotialalla."

"Mutta pitääkö hän minusta? Se on kysymys."

"Hän ihastuu sinuun!"

"Voi, juuri sitä mitä tarvitsenkin, miehen, joka tietää muodista enemmän kuin minä!"

"Jos se ei toimi, voit aina hengailla Lancen ja minun kanssa. Olemmehan loppujen lopuksi vain hyviä ystäviä."

"Joo, totta kai," sanoivat Cheryl ja Terri yhtä aikaa.

"Ihan totta, olemme vain ystäviä."

"Älä viitsi", sanoi Cheryl. "Näen, miten katsot häntä ja miten hän katsoo sinua. Miksi kumpikaan teistä ei voi myöntää sitä? Olette hulluna toisiinne. Minä näen sen. Kaikki näkevät sen paitsi te kaksi."

"Olemme ystäviä ja sinä kuvittelet loput. Mutta älä minusta välitä; puhutaanpa morsiamesta. Miten sait Amadeon suostuteltua muuttamaan takaisin tänne kanssasi? Menemään naimisiin kanssasi. Ja oletko yhä neitsyt? Vai onko se syy – hän haluaa sinut niin kovasti, että tekee kaiken tämän saadakseen sinut?"

"En *tehnyt mitään* – se oli alusta loppuun asti Amadeon idea. Ja se on hän, ei minä, joka haluaa odottaa, kunnes olemme naimisissa."

"Kuinka romanttista!" Cheryl huudahti.

"Minne lähdette häämatkalle?

"En tiedä. Hän ei kerro minulle mitään. Amadeo rakastaa salaisuuksia."

"Minulla on tylsää", sanoi Miranda noustessaan kylpyammeesta.

"Ja minulla on nälkä", sanoi Cheryl. "Katsotaanpa, mitä huonepalvelu tarjoaa."

He tilasivat pihvin ja hummerin ja joivat vielä kaksi pulloa samppanjaa. He kaatuivat television eteen ja heräsivät kello 10 aamulla.

"Voi luoja, kello on 9. Häät ovat kahden tunnin päästä!"

"Pannaan vauhtia!" sanoi Miranda.

"No problemo!" sanoi Cheryl ja painoi päänsä takaisin tyynylle ja alkoi kuorsata.

LUKU 39

UNSAIDEN KAHVIKUPILLISTEN JA PITKÄN suostuttelun jälkeen Cheryl oli jo ylhäällä ja valmiina kahden ystävättärensä kanssa. Heidän hiuksensa laitettiin ennätysajassa hotellin kampaamossa matkalla Terri talolle, jossa Maria, hermostunut morsiamen äiti, odotti.

"Te tytöt olette niin myöhässä, niin myöhässä!"

"Tiedän, äiti, mutta kaikki menee hyvin. Älä huoli."

"Ah, näytät kauniilta, tyttäreni. Kuin prinsessa. Siinä hän on, Miss Kanada", Maria sanoi avatessaan oven ja esitellessään Terri odottavalle isälleen.

"Älä saa minua itkemään, isä, se pilaa meikkini."

"Meilläkin on juuri tehty meikit", Miranda sanoi.

Kirkossa Mirandan saattajana oli Freddo-setä. Hän säteili, kun hänen katseensa kohtasi Lancen.

Lance ajatteli, että Miranda näytti jopa kauniimmalta kuin morsian. Hän mietti, kävelisikö Miranda koskaan hänen kanssaan alttarille.

Terri oli ollut oikeassa Malviosta. Cheryl ei voinut irrottaa katsettaan hänestä. Malvio oli tyytyväinen, että Cheryl oli hänen käsivarrellaan.

Alttarilla odottaessaan Amadeolta salpautui henki, kun hän näki tulevan vaimonsa ensimmäistä kertaa. Terri oli sellainen nainen, joka näytti kauniilta riippumatta siitä, mitä hänellä oli yllään, mutta tässä valkoisessa, leijuvassa mekossa hän näytti enkeliltä, taivaan enkeliltä, joka oli tullut seisomaan hänen rinnalleen ja vannomaan, että hän olisi hänen kanssaan ja rakastaisi häntä ikuisesti.

Angelo kietoi tyttärensä käsivarren vävynsä käsivarteen ja astui taaksepäin. Hänet valtasi onni, ja seurakunta näki kyyneleiden virtaavan hänen poskilleen. Giovanni ja Maria lohduttivat Angeloa, kun hän istui heidän viereensä etupenkille.

Terri katsoi Amadeoa. Hän tiesi sydämensä syvimmässä, että oli jo naimisissa tämän kanssa. He olivat sielunkumppaneita.

Seremonia oli pian ohi, ja heidät julistettiin mieheksi ja vaimoksi. Herra ja rouva Amadeo Travetti kääntyivät tervehtimään vieraitaan.

Kirkon portailla otettiin valokuvia ja heitettiin riisiä, ennen kuin Terri ja Amadeo nousivat hopeiseen limusiiniin. Amadeo halusi, että heidän ensimmäinen ajelunsa avioparina olisi jotain aivan erityistä. Hän pyysi kuljettajaa jäähdyttämään pullon samppanjaa ja viemään heidät kiertoajelulle ympäri kaupunkia.

Terri katsoi Amadeon silmiin. Hän halusi häntä niin kovasti. Hän ei voinut lakata vapisemasta. Samppanjaa roiskui kaikkialle.

"Kuljettaja, haluaisimme vähän yksityisyyttä täällä takana. Voisitteko auttaa?"

"Totta kai, rouva", limusiinikuljettaja sanoi, kun lasi-ikkuna sulkeutui ja verhot liukuivat paikalleen auton molemmilta sivuilta.

"Nyt sinä olet kokonaan minun, herra Travetti. Riisu vaatteesi!"

"Anteeksi, kuljettaja – kuka tämä nainen on? Tämä ei ole minun suloinen, viaton Terri!"

"Hän ei voi auttaa teitä nyt, suljin sisäpuhelimen. Katsokaa. Olette minun, kokonaan minun! Ja aion viedä tämän avioliiton päätökseen juuri tässä ja nyt."

"Tarkoitukseni on miellyttää."

"Lupauksia, lupauksia."

LUKU 40

VASTAANOTTOSALISSA KAIKKI IHMETTELIVÄT, MISSÄ morsian ja sulhanen olivat.

"He saapuvat pian, älä huoli", Maria vakuutti. "Ota juotavaa ja pidä hauskaa."

"Ai, sieltä he tulevatkin", Angelo huudahti.

Herra ja rouva Travetti astuivat juhlasaliin. Heitä tervehti raikuvat aplodit.

He suuntasivat pääpöytään, jossa Malvio ja Cheryl juttelivat. Terri iski heille molemmille silmää istuutuessaan paikalleen.

Kippisten, puheiden ja ensimmäisen valssin jälkeen – kaikkien niiden perinteisten asioiden jälkeen, joita tapahtuu häissä ympäri maailmaa – Amadeo ja Terri lähtivät häämatkalle.

Amadeo oli vuokrannut hirsimökin Denveristä. He viettäisivät kaksi viikkoa täydellisessä eristyksessä. Ei puhelimia. Ei televisiota. Ei sanomalehtiä.

"Herra Amadeo Travetti, te ajattelette kaikkea."

"Rouva Terri Travetti, te ansaitsette kaiken."

LUKU 41

HÄÄJUHLIEN JÄLKEEN LANCE PÄÄTTI, ettei hän voinut enää salata tunteitaan. Hän aikoi ottaa riskin. Jos Miranda vihaisi häntä sen takia – olkoon niin.

Nyt tai ei koskaan.

Hän ojensi kätensä ja esti Mirandan nousemasta autosta. Hän kietoi kätensä Mirandan ympärille ja katsoi tätä silmiin.

"Rakastan sinua, Miranda Evans. Olen rakastanut sinua ensimmäisestä sokkotreffistämme lähtien. Haluan, että olemme yhdessä. Haluan, että menemme naimisiin."

"En... en tiedä, mitä sanoa."

"Älä sano mitään, jos et voi kertoa minulle, että sinäkin rakastat minua."

"Rakastan, mutta luulin, ettet rakasta minua."

Heidän huulensa löysivät toisensa, kaipaten ja tarviten täyttää tyhjiön, joka oli ollut heidän välillään niin kauan.

"Hyvää yötä", Miranda sanoi ja lähetti Lancelle suukon.

"Hyvää yötä, rakas", Lance sanoi.

Lance ei mennyt suoraan kotiin. Sen sijaan hän ajoi ympäriinsä tuntikausia. Hän ei halunnut palata tyhjään asuntoonsa. Hän halusi kertoa maailmalle, että hän oli rakastunut ja että häntä rakastettiin. *Olen maailman kuningas!* Miranda ei saanut unta. Hän oli niin hämmentynyt. *Pitäisikö minun muuttaa hänen luokseen? Muuttaisiko hän minun luokseni?* Lance mietti. *Mutta en halua, että asumme minun asunnossani. Se on liian pieni. Haluan, että meillä on oma koti.* Seuraavana päivänä Lance järjesti asiat ja laittoi asuntonsa myyntiin. Kun hän olisi saanut sen myytyä, hän yllättäisi Mirandan ja yhdessä he voisivat lähteä etsimään uutta kotia. Miranda mietti asiaa muutaman päivän. Hän päätti, että muutto Lancen luo oli paras ratkaisu toistaiseksi. Hänellä oli vain yhden makuuhuoneen asunto, mutta se oli kodikas ja ainakin he olisivat yhdessä. Se antaisi heille mahdollisuuden tutustua toisiinsa hieman paremmin. *Kyllä, kerron heti aamulla vanhemmilleni. Sitten kerron Lancelle.*

Luku 42

,, Haluaisin viedä sinut kotiin", Malvio sanoi.

"Se olisi ihanaa", Cheryl sanoi astuessaan limusiiniin.

Pian he pysähtyivät hänen talonsa eteen.

"Tule sisään kahville, Malvio", Cheryl sanoi. "Voit tavata siskoni ja veljeni."

"Oletko varma, etten tule häiritsemään?"

"Meillä on hyvin rento ilmapiiri. Tule sisään. Tämä on pikkusiskoni Evelyn. Hän on kuusitoista, mutta pian kaksikymmentäyksi."

"Hauska tavata", Evelyn sanoi. "Hän on upea."

"Kiitos", Malvio sanoi.

Cheryl punastui kuumasti ja läimäisi Evelyniä takapuolelle matkalla keittiöön.

"Istu olohuoneeseen, kun valmistan kahvia. Craig, pidä vieraalle seuraa, kunnes palaan."

"Selvä, sisko."

"Pidätkö urheilusta? Jääkiekko-ottelu on menossa", Craig sanoi.

"Pidän enemmän jalkapallosta, mutta jääkiekko käy hyvin. Voit selittää minulle; en oikein ymmärrä sitä."

"Toki", Craig sanoi, kun Cheryl lähti huoneesta.

"Evelyn, kuolin melkein häpeästä siellä. Ei Malvion kaltaiselle miehelle sanota, että hän on upea."

"Älä nyt, Cheryl. Hän kuulee varmasti tuollaista koko ajan."

"Ehkä, mutta hän on täällä vierailulla Roomasta, ja lupasin Terrille huolehtia hänestä. Hän on vain kohtelias, kun tuli tänne."

Kun Cheryl kantoi tarjotinta olohuoneeseen, Evelyn seurasi häntä.

"Olen niin väsynyt", Evelyn sanoi. "Hyvää yötä, Malvio, oli kiva tavata." Hän antoi Craigille merkin häipyä.

'Haukotus', minäkin olen väsynyt. Oli kiva tavata, Malvio. Toivottavasti näemme vielä."

Hänen englanninkielensä ei ollut loistavaa, mutta se oli yllättävän hyvää, ja he ymmärsivät suurimman osan siitä, mitä toinen yritti sanoa.

"Olisitko ystävällinen ja esittelisit minulle kaupunkia huomenna?"

"Se olisi minulle ilo."

Malvio suuteli Cherylia molemmille poskille ja kiitti häntä siitä, että hän oli niin ystävällinen vieraalle kaupungissa.

"Haen sinut huomenna aamulla noin kello 10. Sopiiko se sinulle?"

"Kyllä, kello 10 sopii hyvin. Kiitos ihanasta päivästä, Cheryl."

Cheryl meni sisälle ja seisoi selkä ovea vasten. Malvio oli unelma. Hän sulki silmänsä. Evelyn oli oikeassa, hän on KUUM. Ja parasta on, että hän ei edes tiedä sitä.

LUKU 43

ÄIVÄ MALVION KANSSA SISÄLSI iltapäiväesityksen
paikallisessa teatterissa – ohjelmistossa oli *Romeo ja
Julia*. Eikö se ollutkin täydellistä? Sitten he lähtivät
kävelylle joen varrelle ja piknikille, jossa oli kaikkea mitä
Cheryl oli löytänyt kanadalaisista herkuista.

He siemailivat samppanjaa. He kohottivat maljan
toisilleen.

"Cheryl, olen nauttinut suuresti ajastani kanssasi. Kiitos,
että näytit minulle kaupunkisi. En unohda tätä koskaan.
Mutta tämän ilon on päätyttävä. Lähden huomenna. Voisitko
viedä minut lentokentälle?"

"Toivoin, että pyytäisit minua."

Seuraavana päivänä lentokentällä Malvion piti mennä
porttien läpi. Hän suuteli Cherylia molemmille poskille.

"Näkemiin ja kiitos kaikesta." Hän heilutti kättään
hyvästiksi.

Cheryl heilutti kättään, ja hän oli poissa. He eivät olleet
vaihtaneet osoitteita tai puhelinnumeroita. He eivät olleet

sanoneet kirjoittavansa toisilleen tai pitävänsä yhteyttä. Se oli ohi, eikä se ollut edes alkanut.

Cheryl ajoi talonsa pihalle. Evelyn tuli juosten ulos.

"Et usko tätä!"

Koko talo oli täynnä ruusuja, pitkävartisia, lyhytvartisia, pienruusuja, vaaleanpunaisia, keltaisia, punaisia, valkoisia, mustia – kymmeniä ja kymmeniä ja kymmeniä ruusuja.

"Tässä on viesti", Evelyn sanoi ja ojensi kortin sisarelleen.

"Kiitos kaikesta. Olet aarre, eikä tämä ole hyvästi. Pysyn yhteydessä. Rakkaudella, Malvio."

Cheryl tunsi veren kiihdyttävän poskiinsa, kun hän suuteli Malvion allekirjoitusta.

LUKU 44

UTEN SOVITTU, MIRANDA KERTOI vanhemmilleen kaiken Lancesta. He eivät olleet yllättyneitä.

"Oli jo aikakin, kultaseni", Tom sanoi.

"Hän on hyvä mies", Elizabeth sanoi. "Olen todella iloinen, että te kaksi olette vihdoin tulleet järkiinne."

Miranda pakkasi laukkunsa ja ajoi Lancen talolle. Hänen asuntonsa ikkunassa oli kyltti, jossa luki: MYYTÄVÄNÄ.

Hän jätti laukkunsa autoon ja juoksi portaita ylös, tunteen kiihtyvän askel askeleelta. Hän oli liian vihainen käyttääkseen hissiä. Hänen piti miettiä.

Lähdetkö kaupungista? Jätätkö minut? Kuinka uskallat! Luulin, että olisit erilainen. Minun olisi pitänyt tietää.

Hän koputti.

Hän avasi oven.

"Lähdetkö kaupungista?"

"Mitä? Mistä sinä puhut?"

Hän halusi lyödä häntä. Hän esitti tyhmää – Miranda oli ollut oikeassa luullessaan häntä *tolloksi*. Hän ei ollut vain tollo! Hän oli tunteeton, ajattelematon, ärsyttävä tyyppi! Miranda osoitti "MYYTÄVÄNÄ"-kyltin.

"Ai se, ei se ole mikään iso juttu. Aioin kertoa sinulle. En tiennyt, että tulisit käymään."

"No, onneksi tulin. Muuten olisi ollut adios amigo, eikö? En olisi nähnyt sinua enää koskaan. Senkin paskiainen!!" Hän löi häntä olkapäähän.

"Miranda, Miranda." Hän kosketti hänen olkapäitään.

"Älä koske minuun, älä koskaan enää koske minuun."

"No, en ole koskenut sinuun tähän asti – mutta se ei ole asian ydin. Tule sisään, niin voimme puhua kunnolla."

"Ei, en jää tänne."

"Kyllä jäät! Okei, okei, kerron sen täällä. Rakastan sinua, Miranda Evans! Siinä. Haluatko, että sanon sen äänekkäämmin? Huutamaan sen. Teen sen. RAKASTAN MIRANDA EVANSIA. Haluan mennä naimisiin MIRANDA EVANSIN kanssa. Haluan myydä tämän paikan, ja kun teen sen, löydämme oman paikan, aivan oman paikan. Niin paljon rakastan Miranda Evansia."

"Olen pahoillani."

"Niin sinun pitäisikin olla." Lance otti Mirandan syliinsä ja vei hänet sisälle.

Lance tarjosi Mirandalle kupin kamomillateetä rauhoittamaan häntä. Miranda otti sen vastaan.

Keittiössä Miranda tarttui Lanceen ja suuteli häntä niin intohimoisesti, että Lance melkein menetti tasapainonsa. Ainoa asia, joka piti häntä pystyssä, oli keittiön pöytä, joka painautui hänen selkäänsä. Miranda työnsi häntä taaksepäin, jolloin suurin osa hänen painostaan lepää pöydän varassa. Hän veti puseronsa pään yli ja heitti sen keittiön lattialle.

Lance katsoi häntä, seurasi hänen esimerkkiään ja pyyhkäisi etusormellaan hellästi Mirandan rintojen yli. Hän halusi suudella niitä, suudella jokaista senttiä Mirandan ruumista, ja niin hän teki. Miranda halusi samaa. Hän pyyhkäisi kielellään Lancen rintaa pitkin.

He rakastelivat intohimoisesti ensimmäistä kertaa juuri siellä Lancen keittiön pöydällä.

Lance halusi hidastaa tahtia. Hän halusi asioiden etenevän mahdollisimman hitaasti, koska se oli hänen ensimmäinen kertansa. Hän nojautui taaksepäin ja antoi Mirandan kielen tutkia itseään. Hän tunsi olevansa kuin pilvellä leijumassa. Miranda seisoi hänen päällään, kun hänen kielensä löysi tiensä Mirandan vartaloon.

Sitten he siirtyivät suihkuun, jossa he rakastelivat uudelleen, mutta tällä kertaa hitaammin. He kaatuivat sänkyyn täysin uupuneina.

Mirandan syvä uni ei tuonut mukanaan unia. Hänen mielensä oli tyhjä, koska hänen elämänsä oli muuttunut uneksi.

Jälkisanat

Hyvät lukijat,

Toivon, että nauttitte lukemisesta Mirandasta, Terristä ja Cherylistä sekä yksinkertaisemmista ajoista.

Tämä oli ensimmäinen romaanini, ja sen ensimmäisen version kirjoittaminen auttoi minua selviämään elämäni traumaattisesta vaiheesta. Kesti vuosia, ennen kuin uskalsin tuoda sen julki.

Kiitos kaikille, jotka auttoivat minua tekstin muokkauksessa ja oikoluvussa... sekä kaikesta ystävyydestä ja tuesta matkan varrella.

Ja tietenkin: KIITOS!

Kuten aina, HYVÄÄ LUKEMISTA!

Cathy

Kirjoittajasta

Cathy McGough on kanadalainen kirjailija, jonka
tuotanto kattaa lastenkirjallisuuden, nuortenkirjallisuuden,
kaunokirjallisuuden, psykologiset jännityskirjat, runouden,
novellit ja tietokirjallisuuden. Hän asuu ja kirjoittaa
perheensä kanssa Ontariossa, Kanadassa.

Myös seuraavilta tekijöiltä:

E-Z DICKENS SUPERSANKARI KIRJA 1 JA 2 TATUOINTI
ENKELI: KOLME
E-Z DICKENS SUPERSANKARI KIRJA 3 PUNAINEN HUON
E-Z DICKENS SUPERSANKARI KIRJA 4 JÄÄLLÄ
MATEMAATTINEN VALTIO OF GRACE KIRJA 1 JA 2
TÄYDELLINEN SARJAT FRAGMENTTI; FINAALIYHDISTYMINEN